Mike Mason

Frischer Wind für die Seele

Das Experiment Freude –
Schritt für Schritt zu einer neuen Lebensperspektive

Mike Mason

Frischer Wind für die Seele

Das Experiment Freude –
Schritt für Schritt zu einer neuen Lebensperspektive

Projektion J

Titel der Originalausgabe:
Champagne for the Soul

1. Auflage 2004

ISBN 3-89490-530-1

Die Bibelstellen wurden, wenn nicht anders angegeben,
der „Gute Nachricht Bibel", Stuttgart: Deutsche Bibelgesellschaft 2000,
entnommen.

Übersetzung: Mechthild Bruchmann
Umschlaggestaltung und Illustration: Hanni Plato
Umschlagfoto: corbis
Satz: Die Feder GmbH, Wetzlar
Druck und Verarbeitung: Ebner & Spiegel, Ulm

Zur Erinnerung an Joel und Daniel

*„Ich weiß nicht, was Gott mit mir tun möchte;
ich bin immer sehr glücklich.“*

Bruder Lorenz

*„Aus unseren Wünschen
kristallisieren sich letztlich
zwei Grundbedürfnisse heraus:
Mehr zu lieben
und
glücklich zu sein.“*

Hafiz

Inhalt

Einführung

Ein Experiment mit der Freude

Im Oktober 1999 begann ich das Experiment mit der Freude. Mein Versuch dauerte 90 Tage – das heißt, ich wollte mich 90 Tage lang an Gott und dem, was er getan hat bzw. tut, freuen. Weil es sich um ein Experiment handelte, waren auch Rückschläge erlaubt. Wenn ich mich also zeitweise nicht sehr „freudig" fühlte, brauchte ich mir keine Vorwürfe zu machen oder zu verzweifeln. Vielmehr richtete ich langsam, aber stetig und so gut ich konnte, meine Aufmerksamkeit wieder auf die Freude.

Und damit begann die glücklichste Zeit meines Lebens, die bis heute anhält. Dieses Buch berichtet von diesem Experiment, aber ich habe auch noch einige Gedanken zum Thema „Freude" hinzugefügt, die mir erst nach dem Versuch kamen. Weil ich von den guten Ergebnissen meines Experiments selbst so überrascht war, habe ich einige Zeit gewartet, bevor ich ein Buch über dieses Thema schrieb. Ich wusste, meine Ideen mussten reifen, und – was mir noch wichtiger war – ich musste abwarten, ob die neue Freude, die mein Leben durchströmte, von Dauer war. Erstaunlicherweise ist sie das! Meine ursprüngliche These erwies sich als richtig: Freude ist wie ein Muskel, der immer stärker wird, je häufiger man ihn trainiert.

Diese Erfahrung war für mich kein Spaziergang, denn eigentlich bin ich kein sehr glücklicher Mensch. Es gibt Menschen, die eine Veranlagung dazu haben, glücklich zu sein. Aber ich bin eher ein Nervenbündel und war mein Leben lang ängstlich und neigte zu Depressionen. Mir war das gar nicht bewusst, bis ich mit Ende zwanzig einen Zusammenbruch erlitt und bei den Anonymen Alkoholikern landete. Später wurde ich Christ und fiel nach zehn Jahren in eine noch viel tiefere Depression.

Glücklich sein gehört also nicht zu meinen Stärken. Und das ist auch der Grund, warum ich ein Experiment mit der Freude durchführte. Eine Sucht lässt sich nur durch etwas Stärkeres ersetzen. Ich konnte mit meiner Sucht nach Spirituosen brechen, nachdem ich erlebt hatte, wie echte Spiritualität schmeckt. Wenn ich meine Sucht nach dem billigen Wein der Melancholie aufgeben wollte, musste ich nach Champagner für die Seele suchen.

Vor diesem Experiment mit der Freude hatte ich auch schon andere Versuche mit dem christlichen Glauben gemacht. Ich machte 90 Tage lang ein Experiment mit Frieden und schaffte es ein anderes Mal, mir eine ganze Woche lang keine Sorgen zu machen. Bei diesem letzten Versuch hatte ich schon von Beginn an nicht geglaubt, dass ich 90 Tage durchhalten würde, und so versuchte ich, das Beste daraus zu machen. Das Schöne ist, dass ein Experiment immer zeitlich begrenzt ist. Man muss also nicht für den Rest seines Lebens erfolgreich sein, sondern nur einen Tag lang oder sieben oder 90 Tage. Einfach durchhalten. Und bevor man sich's versieht, versucht man gar nicht mehr, erfolgreich zu sein, sondern man *ist* erfolgreich. Der andere Vorteil eines Experiments besteht darin, dass es *nur* ein Experiment ist. Es kann ruhig scheitern. Obwohl man fest entschlossen ist, möglichst erfolgreich zu sein, liegt das Ergebnis eines Experiments nicht im Erfolg. Das Experiment hinterfragt vielmehr die Wahrheit. Ist es tatsächlich möglich, sich jeden Tag zu freuen? Wenn ich es nicht ausprobiere, kann ich es nicht wissen.

Und warum gerade 90 Tage? Weil es nach meiner Erfahrung mindestens so viel Zeit dauert, um seinen Charakter zu verändern. Ich wollte nicht nur eine Wetterveränderung, ich wollte einen Klimawechsel erreichen. Ein Heroinabhängiger schilderte mir einmal, wie sich bei ihm nach 90 Tagen bei den Anonymen Drogensüchtigen Folgendes ereignete: „Plötzlich hob sich der dichte Nebel der inneren Zwänge und Unwahrhaftigkeiten, der mich gefangen gehalten hatte. Danach war ich frei." Als ich damals zu den Anonymen Alkoholikern ging, erwarteten sie von mir, dass ich in 90 Tagen an 90 Meetings teilnahm. Ich nahm sogar an über 100 teil! Jeder, der sich ernsthaft mit schweren Abhängigkeiten auseinander setzt, wird wohl bestätigen, dass an der Zeitspanne von 90 Tagen etwas dran ist.

Als ich nach den ersten sieben Tagen meines Experiments mit der Freude immer noch freudig gestimmt war, hatte ich das Gefühl, dass ein Wunder geschehen sei. Bisher war es für mich undenkbar gewesen, drei Tage am Stück glücklich zu sein, geschweige denn eine ganze Woche. Heute, nach dieser Erfahrung, habe ich gelernt, in der Freude zu leben, genauso wie ich gelernt habe, trocken zu sein, und ich glaube, dass das für jeden Menschen möglich ist.

Ich will damit nicht sagen, dass ich an jedem einzelnen Tag meines Experiments auf Wolke sieben schwebte. Etwa einen Monat lang war ich begeistert, aber im zweiten Monat setzten Kämpfe ein (ich hatte schon damit gerechnet), und ich kann nicht behaupten, dass ich die ganze Zeit über glücklich war. Und dennoch erkannte ich, wie ich allen Herausforderungen begegnen und weiterhin nach Freude suchen konnte. In dieser Zeit lernte ich, dass jeder, der glücklich sein möchte, darum kämpfen muss.

Während die Kämpfe nachließen, lauerte im letzten Drittel meines Experiments ein neuer Feind auf mich – die Langeweile. Ich wurde es leid, immer wieder zu versuchen, glücklich zu sein! Das ist natürlich Gift für jeden, der sich vorgenommen hat, Freude zu einem Bestandteil seines Lebens zu machen. Der Weg führte scheinbar in eine eintönige, langweilige, beängstigende Enge. Doch ich hielt durch. Und am Ende nahm Freude in meinem Leben einen so großen Raum ein, wie ich es mir niemals erträumt hatte.

Ich möchte noch hinzufügen, dass ich weder während meines Experiments noch seither irgendein persönliches Unglück erlitten habe. Ist mein Experiment deshalb nichts wert? Zählt es deshalb nicht? Nein, das glaube ich nicht. Die meisten von uns leben gewöhnlich ein ganz normales Leben. Es ist in normalen Zeiten genauso schwierig, ein glücklicher Mensch zu sein, wie in widrigen Zeiten. Kleine Probleme können die Freude ebenso zerstören wie große. Jeder, der in seinem normalen Alltag Zeichen der Freude entdeckt, wird sie überall finden.

Ob unsere Probleme nun klein oder groß sind, in diesem Buch geht es im Grunde um die Frage: Ist von unserem Christsein etwas verloren gegangen? Zur Zeit des Alten Testaments waren die Gesetzesbücher verloren gegangen. Sie wurden durch König Josia wieder eingesetzt. In unserer westlichen Welt haben wir keinen Mangel an Bibeln, aber *ein* Eckpfeiler unserer biblischen Botschaft ist verloren gegangen – die Freude. Hören Sie, was der Prophet Joel sagt: „Die Weinstöcke sind verdorrt, die Feigen- und Dattelbäume, die Granat- und Apfelbäume und alle wild wachsenden Bäume im Land sind entlaubt. Die ganze Freude der Menschen welkt dahin. [...] Mit eigenen Augen mussten wir zusehen, wie unsere Nahrung vernichtet wurde. Darum sind Freude und Jubel im Haus unseres Gottes verstummt" (Joel 1,12.16).

Es wird Zeit, dass das Volk Gottes die Freude an seinem Gott wieder entdeckt. Sind Sie bereit, ein 90-tägiges Experiment zu wagen? Wollen Sie eine Flasche Champagner mit mir trinken? Es gibt natürlich viele Gründe, viele *gute* Gründe, in unserer dunklen, schwierigen Welt unglücklich zu sein. Darum soll es in diesem Buch aber nicht gehen. Vielmehr lädt der Stapel Papier, den Sie in Ihren Händen halten, Sie dazu ein, sich zu freuen. Es ist eine unverschämte, ungeheure Herausforderung, alle Sorgen und Klagen abzuwerfen und der Einladung Gottes zu folgen: „Komm zum Freudenfest deines Herrn!" (Matthäus 25,21). Ich möchte Sie gern davon überzeugen, dass Sie heute, in diesem Moment, unabhängig von Ihren Lebensumständen nach der Freude wie nach einem Lichtschalter greifen können, um einen dunklen Raum mit Helligkeit zu erfüllen. Darum sage ich mit Paulus: „Freut euch immerzu, mit der Freude, die vom Herrn kommt! Und noch einmal sage ich: Freut euch!" (Philipper 4,4).

Auf Ihr Wohl!

1 Zerbrochenheit

„Lass mich wieder Freude erleben und mit deiner Gemeinde jubeln. Du hast mich völlig zerschlagen; richte mich doch wieder auf!“

Psalm 51,10

Besitzen Sie einen Lieblingssessel, ein Eckchen, in dem Sie es sich gemütlich machen können und in dem Sie sich wohl fühlen? Auch die Freude sucht sich ein solches Eckchen. Der Lieblingsplatz der Freude ist überraschenderweise gerade Ihre Traurigkeit, Ihre Schwäche, Ihr Kummer. Wo auch immer Sie Ihre Verletzungen versteckt haben – die Freude findet dieses Eckchen und lässt sich mit Wohlbehagen darin nieder. Ein fröhlicher Mensch kann sich von Herzen freuen, aber niemand erlebte Freude so stark wie unser Erlöser Jesus Christus, der „Mann, der mit Schmerzen und mit Leiden vertraut“ war (Jesaja 53,3; Elberfelder). Die Freude sucht sich ihren Platz in unserer Zerbrochenheit.

An einem Tag im Oktober – es war kurz bevor ich mit meinem Experiment mit der Freude begann – erhielt ich die Nachricht, dass zwei Teenager, die beiden einzigen Kinder von Freunden, mit dem Auto tödlich verunglückt waren. Diese Tragödie erschütterte mich zutiefst. Die beiden Brüder und ihre Eltern waren keine riskanten Autofahrer und Alkohol oder Drogen spielten in diesem Fall auch keine Rolle. Der Unfall ereignete sich ohne Vorwarnung. Es gab keinen offensichtlichen Anlass. Keinen Grund.

In jener Nacht lag ich vor Kummer wach und versuchte, diese Katastrophe zu verarbeiten. Gegen Morgen kam mir ganz plötzlich die Idee, ein 90-tägiges Experiment mit der Freude zu wagen. Dieses Projekt schien nicht gerade eine dumme Idee zu sein, aber in Anbetracht der Situation doch reichlich unangebracht. Da ich in keiner sehr freudigen Stimmung war, dachte ich darüber nach, das Experiment auf den Januar zu verschieben, und überlegte mir, dass der Entschluss, sich zu freuen, ein guter Vorsatz fürs neue Jahr wäre. Aber die Sache ließ sich nicht verschieben. Sie entwickelte eine Eigendynamik, die mich antrieb, und am nächsten Tag begann ich mit dem Experiment. Ich war mir sicher, dass es nicht meine, sondern Gottes Idee war.

Von Anfang an war dieses Projekt von Leiden und Verlusten begleitet. Wenn Sie die Widmung dieses Buches lesen, werden Sie entdecken, dass ich es jenen beiden jungen Menschen – Joel und Daniel – gewidmet habe. Wenn man jemandem ein Buch widmet, heißt das nicht, dass man nur locker einen Namen und ein paar nette Worte voranstellt. Nein, mein Buch wäre ohne die beiden Jungen nicht geschrieben worden. Wie eine Muse begleiteten sie mich durch meine geistliche Reise, und ich finde, ihre Inspiration hat in gewisser Weise jede Seite beeinflusst.

Obwohl diese widersprüchliche Mischung aus Freude und Tragödie für mich anfangs keinen Sinn ergab, erkannte ich nach und nach, wie viel Wahrheit sich darin verbirgt. Im Verlauf meines Experiments lernte ich drei Dinge:

Erstens: Joel und Daniel sind nun im Himmel und ganz glücklich bei Jesus. Wer könnte also besser ein Buch über die Freude inspirieren als zwei Menschen, die heute und für immer in der Fülle dieser Freude leben?

Zweitens: Ich brauchte diese beiden Jungen und ihre traurigen Eltern, damit ich nicht von der größten Gefahr eingeholt würde, die sich im Glücklichsein verbirgt: der Selbstzufriedenheit. Das Glücklichsein birgt die Gefahr, dass man sich von der Realität distanziert, besonders von Menschen, die unglücklich sind. Während ich dieses Buch schrieb, fuhr mir so manches Mal, wenn ich mit jemandem sprach, der deprimiert war oder in Schwierigkeiten steckte, ein kalter Schauer über den Rücken, weil ich merkte, dass ich das Leid meines Gegenübers gar nicht an mich heranlassen wollte. Ich war einfach zu glücklich. In solchen Momenten dachte ich dann an Joel und Daniel und an die Eltern der beiden. Der Gedanke an diese Familie, die halb im Himmel und halb auf der Erde lebt, schenkte mir wieder menschliche Wärme.

Drittens erkannte ich, dass Freude, die nicht aus einer Tragödie geboren ist, gar nicht erst aufkommt. Die Freude der Christen wurzelt im Dunkeln, im Chaos, in der Sinnlosigkeit, im Leid. Eine solche Freude ist kein windiges Ideal, sondern unangenehme Wirklichkeit, die unzertrennbar mit den Bedingungen unserer realen Welt verbunden ist. Trennen Sie die Freude vom Leid, und es bleibt nichts. Ich hätte mir gewünscht, dass Glücklichsein ein schönes Gefühl wäre, rein und unschuldig. Wahre Freude ist jedoch wie unser Körper, einerseits – meist äußerlich – ordentlich und andererseits – oft innerlich – ein großes Durcheinander. Und so gibt es keinen Gedanken, der uns so glücklich macht, wie der Gedanke an das von Christus für uns vergossene Blut.

2 „Freut euch immerzu!“

„Freut euch immerzu, mit der Freude, die vom Herrn kommt! Und noch einmal sage ich: Freut euch!“

Philipper 4,4

Während meines Experiments sprach ich mit einigen Leuten über das Projekt. Oft bekam ich zu hören: „Aber man kann sich doch gar nicht ständig freuen!“ Obwohl meine 90 Tage sicher auch Höhen *und* Tiefen hatten, konnte ich trotzdem erwidern: „Aber warum denn nicht?“ Warum nehmen wir nicht Gottes großartiges Geschenk für unser Leben wie ein großes Stück Wassermelone in die Hand, lassen uns das saftige, süße Fruchtfleisch auf der Zunge zergehen und spucken den ungenießbaren Rest einfach aus? Warum knabbern wir immer trübsinnig auf den Samenkörnern und der harten Schale herum?

Auch wenn seit meinem Experiment drei Jahre vergangen sind und ich viele neue Höhen und Tiefen erlebt habe, bin ich trotzdem weiterhin der Meinung, dass nichts einen Christen daran hindern sollte, der Aufforderung des Apostels Paulus zu folgen und sich „immerzu, mit der Freude, die vom Herrn kommt“, zu freuen. Außerdem werden wir aufgefordert, die Hoffnung niemals aufzugeben (Psalm 71,14), unablässig zu beten (1. Thessalonicher 5,17), „Gott, dem Vater, zu jeder Zeit für alles“ zu danken (Epheser 5,20) und immer Gottes Gebote zu befolgen (Deuteronomium 5,29). Würde die Bibel so hohe Maßstäbe aufstellen, wenn sie nicht zu erreichen wären? Jesus sagt sogar: „[...] wie die Liebe eures Vaters im Himmel, so soll auch eure Liebe sein: vollkommen und ungeteilt“ (Matthäus 5,48). Der Gott der Bibel ist ein Gott der Vollkommenheit.

Schauen Sie sich die Sache mit der Liebe an. Glaubt jemand von Ihnen, dass wir nur hin und wieder, aber nicht immer lieben sollten? Nein. „Die Liebe gibt nie jemand auf, in jeder Lage vertraut und hofft sie für andere; alles erträgt sie mit großer Geduld“ (1. Korinther 13,7).

Oder wie ist das mit der Freiheit? Jesus sagt: „Wenn der Sohn euch frei macht, dann seid ihr wirklich frei“ (Johannes 8,36). Wollen Sie nur ein bisschen Freiheit oder wollen Sie richtig frei sein? Das Reich Gottes ist keine vorübergehende Einrichtung, sondern es ist ein Reich, das ewig Bestand hat.

Kurzum: Gott will, dass wir uns tatsächlich immerzu an ihm freuen. Im ersten Augenblick stutzen wir bei dem kleinen Wort „immerzu“. Uns rutscht das Herz in die Hose – wie sollen wir das nur schaffen? Aber dabei übersehen wir die Kernaussage „die vom Herrn kommt“. An keiner Stelle der Bibel fordert Gott uns auf, etwas aus eigener Kraft zu tun, sondern immer nur in der Kraft, die er uns gibt. Es wäre grausam, von einem Menschen zu erwarten, dass er ohne Gott immer glücklich sein soll. Aber „mit der Freude, die vom Herrn kommt“? Warum eigentlich nicht? Wer würde nicht überglücklich sein mit einem Gott, der uns „alles geschenkt [hat], was wir zu einem Leben in wahrer Frömmigkeit brauchen“ (2. Petrus 1,3)? In einem Lied von Paul Gerhardt heißt es: „Warum sollt' ich mich denn grämen? Hab ich doch Christum noch, wer will mir den nehmen? Wer will mir den Himmel rauben, den mir schon Gottes Sohn beigelegt im Glauben?“ Wenn Gottes Heiliger Geist in Ihnen lebt, warum freuen Sie sich nicht immerzu? Und falls Sie noch nicht Christ sind, was hindert Sie, sich ihm zu öffnen?

Jedes Glück, für das wir nach unserer Meinung selbst verantwortlich sind, wird sehr bald fade. Die wahre Freude hat eine Ewigkeitsperspektive. Ja, wir können uns wirklich freuen, wenn wir wissen, dass unsere Freude nie enden wird, weil wir an die Quelle angeschlossen sind, die unerschöpflich ist und ewig strömt. Wir müssen uns gar nicht selbst abstrampeln, um Freude zu „schaffen“. Der Mensch wurde vielmehr dazu erschaffen, Gottes Freude aufzunehmen und sie wie ein Echo an Gott zurückzusenden. Das englische Verb für „freuen“ hat die Vorsilbe „re“ – „rejoice“. Das bedeutet im Grunde, sich „immer wieder“ oder „noch einmal“ freuen. Die Botschaft von der Freude muss wiederholt werden, denn in unserer dunklen Welt müssen wir immer wieder etwas von der Freude erfahren. Offensichtlich hat auch Paulus in diesem Sinne gedacht, als er aus seiner Gefängniszelle schrieb: „Und noch einmal sage ich euch: Freut euch immerzu!“ Wahre Freude ist unermüdlich. Sie ist wie ein kleines Kind, das quengelt: „Papa, bitte noch mal!“

Worauf unser himmlischer Vater begeistert antwortet: „Ja, das machen wir noch einmal! Und dann immer wieder!“

3 Ein Jubeljahr

„Und ihr sollt das Jahr des fünfzigsten Jahres heiligen und sollt im Lande Freiheit ausrufen für alle seine Bewohner. Ein Jubeljahr soll es euch sein.“

Levitikus 25,10; Elberfelder

Zu den Worten, die in unserer Sprache mit dem Wort Freude verwandt sind oder alternativ verwendet werden können, gehört neben den Verben „freuen“, „erfreuen“, „seine helle Freude haben“, „strahlen“, „genießen“, „glücklich sein“ und viele andere mehr auch das Wort „jubeln“. Im Alten Testament war das Jubeljahr ein besonderes Festjahr, das sich alle 50 Jahre wiederholte. So wenigstens war es von Gott angeordnet worden. Es wird aber nicht berichtet, ob die Israeliten ein solches Erlassjahr überhaupt beachtet haben, was wir, als vom Kapitalismus geprägte Gesellschaft, sehr gut nachvollziehen können. Ursprünglich sollten nämlich im Jubeljahr alle Schulden erlassen werden. Die Äcker wurden ein Jahr lang nicht bestellt und lagen brach. Jedes Eigentum ging unentgeltlich an die Erstbesitzer zurück. Das Jubeljahr sollte der Sabbat aller Sabbate sein. Ein ganzes Jahr sollte der Ruhe und Befreiung dienen.

Nachdem die Israeliten diese Radikalkur einige Jahrhunderte lang offensichtlich nicht beachtet hatten, wurden sie für 70 Jahre ins Exil geführt. Das 2. Buch der Chronik schließt mit einem beachtenswerten Kommentar zu dieser Zeitspanne: „Damit ging in Erfüllung, was der Herr durch den Propheten Jeremia vorausgesagt hatte: ‚Das Land soll siebzig Jahre lang brachliegen, bis alle Sabbatjahre nachgeholt sind, die Israel nicht eingehalten hat‘“ (2. Chronik 36,21). Können Sie sich das vorstellen? Können Sie sich den Seufzer der Erleichterung vorstellen, der durch Ihre Seele zieht, falls Sie sich mehr Zeit und Ruhe gönnen?

Das biblische Jubeljahr (Erlassjahr) war wie ein ein Jahr lang dauerndes Experiment der Freude. Es war eine Absage an Traurigkeit und Bindungen, eine Einladung, jedes andere Ziel zurückzustellen und die Freude in die Mitte des eigenen Lebens zu setzen. Wie wär's, wenn wir so etwas in unserem Land ausprobierten? Wie wär's, wenn wir so etwas in unserem Leben ausprobieren würden?

Gottes Konzept des Jubeljahres bedeutete nicht, dass die übrigen 49

Jahre freudlos verlaufen sollten. Wer beständig in der Freude leben will, muss sich für die Freude Zeit nehmen. Weil Freude und Freiheit durch den leidigen Pragmatismus unseres Existenzkampfes häufig unter den Tisch fallen, müssen wir von Zeit zu Zeit wachgerüttelt werden. Wir müssen regelmäßig an die zentrale Bedeutung von Freude und Freiheit im Leben eines Christen erinnert werden.

Falls die Israeliten dem Jubeljahr seinen eigentlichen Stellenwert eingeräumt hätten, wären sie dann anschließend wie üblich an ihre Arbeit gegangen? Nein. Ein ganzes Jahr der Freude hätte ihre Herzenshaltung verändert. Zweifellos hätten sie ihre Arbeit wieder aufgenommen und wie üblich gekauft und verkauft und ihr Land bestellt. Aber ihr gewöhnlicher Alltag wäre so verändert worden, dass er ihnen nicht mehr gewöhnlich vorgekommen wäre.

Wir brauchen unsere Sabbattage und unsere Ferien. Wir brauchen mehr Sabbat-Zeiten, denn Ruhe gehört zu unseren Grundbedürfnissen. Und Freude auch. Wir schlafen regelmäßig – aber wie regelmäßig freuen wir uns? Sollten wir nicht besondere Zeiten für die Freude reservieren, da wir die Kunst des Freuens so sehr vernachlässigt haben? Weihnachten ist eine solche Zeit. Aber wie häufig wird die Freude zu Weihnachten von der Geschäftigkeit des Weihnachtsgeschäfts überschattet?

Unmerklich verflüchtigt sich also die Freude. Allzu oft machen wir uns vor, dass Freude nicht so wichtig sei, dass unsere Tage ebenso gut ohne oder mit nur ein bisschen Freude dahineilen könnten und dass es im Leben im Grunde nicht um das Freuen geht, sondern bloß ums Überleben. Der Freude einen neuen Stellenwert zu geben, scheint nicht weniger radikal, als das ganze Land seinen ursprünglichen Besitzern zurückzugeben.

Wie denken Sie über die Freude? Ist sie für Sie wie ein Jubeljahr – schrecklich unpraktisch, ja sogar verrückt, ein veralteter Brauch, der in einem verstaubten Buch beschrieben wird?

Die Absicht, die Gott mit der Grund- und Bodenrückerstattung im Erlassjahr verfolgte, war klar: „Besitz an Grund und Boden darf nicht endgültig verkauft werden, weil das Land nicht euer, sondern mein Eigentum ist“ (Levitikus 25,23). Auch Ihr Herz gehört nicht Ihnen, sondern Gott. Sie sind *sein* Kind. Er will Sie froh und frei machen. Wollen Sie ihm zurückgeben, was im Grunde schon ihm gehört, und auf diese Weise die Freude finden, die Ihnen rechtmäßig zusteht?

4 Die Quelle unserer Freude

„Denn der Herr ist freundlich zu seinem Volk,
er erhöht die Erniedrigten durch seine Hilfe.
Alle, die zum Herrn gehören, sollen jubeln,
weil er sie zu Ehren gebracht hat!
Sie sollen vor Freude singen, auch in der Nacht!"

Psalm 149,4–5

Ich liebe dieses Bild von Menschen, die zu Gottes Familie gehören und sogar nachts im Bett vor Freude singen! Und diese Freude, die wir bekommen, wenn wir „im Herrn ruhen", hat nichts Langweiliges, Bewegungsloses an sich – sie ist dynamisch und aktiv. Jesus vergleicht das Reich Gottes mit einem Bauern, der seine Saat aussät: „[...] so geht er nach Hause, legt sich nachts schlafen, steht morgens wieder auf – und das viele Tage lang. Inzwischen geht die Saat auf und wächst; der Bauer weiß nicht, wie. Ganz von selbst lässt der Boden die Pflanzen wachsen und Frucht bringen" (Markus 4,27–28). Vielleicht machen wir einen Bogen um die Ruhe, weil wir befürchten, dass wir in dieser Zeit etwas versäumen könnten. Und doch kann Gott vor allem dann sein größtes Werk an uns tun, während wir „nichts" tun.

Bevor ich mein Experiment mit der Freude machte, war ich der Meinung, das ich bereits einiges über die Bedeutung von Ruhe wüsste. Jedoch musste ich mir in den 90 Tagen meines Experiments mehr Ruhe gönnen, als ich dachte, damit die Freude in mir lebendig blieb. Doch halt! Das stimmt nicht ganz. Ich musste nicht unbedingt mehr ruhen, aber häufiger innehalten. Ich habe festgestellt, dass fünf oder zehn Minuten Ruhe mitten in Arbeiten, die ich unbedingt erledigen wollte, die Freude neu beleben kann. Dabei hatte ich geglaubt, dass ich seit langem einen kontemplativen Lebensstil führte! Doch dann war ich sehr überrascht, festzustellen, dass ich im Grunde zu hektisch, zu getrieben, zu ungeduldig bin, um abzuschalten und die Erfrischung einer Pause zu genießen.

In der Bibel sind Freude und Ruhe ganz eng miteinander verbunden. „Achtet den Sabbat als einen heiligen Tag, der mir gehört! Entehrt ihn nicht dadurch, dass ihr euren Beschäftigungen nachgeht. Entweiht ihn nicht durch Reisen oder durch Arbeit oder irgendwelche Geschäfte. Betrachtet ihn nicht als eine Last, sondern als einen Anlass zur Freude! Dann werde ich selbst die Quelle eurer Freude sein. Über alle Hindernisse lasse ich euch triumphieren, und ihr könnt den Ertrag des Landes genießen" (Jesaja 58,13–14). Der biblische Sabbat ist mehr als ein Wochentag. Er ist eine Herzenshaltung. Ich finde, der Schriftsteller Robert Cormier bringt den Sinn der Ruhe in den folgenden Worten sehr schön zum Ausdruck: „Grüble nicht. Ärgere dich nicht. Sei nicht unglücklich. Gott möchte, dass du ihn entdeckst. Lass die Tage bringen, was sie dir bringen wollen, und mach dir keine unnötigen Gedanken darüber, wer oder was du bist. Lass die Tage kommen, die Dunkelheit und das Licht, und mach dir keine Sorgen."[1]

Bertrand Piccard und Brian Jones waren die Ersten, die in einem Ballon um die Welt fuhren. Das Geheimnis ihres Erfolges, so sagten sie, sei nicht ihr Pionierdrang gewesen. Ihnen ging es vor allem darum, mit den Winden in Einklang zu bleiben. „Möge Mutter Natur uns in ihre Arme schließen, uns um die Welt tragen und uns sanft wieder auf der Erde aufsetzen lassen", war ihre Parole und sonst nichts.[2]

Mehr braucht es tatsächlich nicht zu einem Leben der Freude. Während meines Experiments stellte ich fest, dass die Freude mich verließ, sobald ich mir Gedanken machte und mich fragte, ob ich auch wirklich ausreichend glücklich sei. Die Freude ist nicht habgierig. Sie drängt nicht nach Taten und Wissen. Im Gegenteil: Ruhe ist wie eine Faust, die sich öffnet. So kann sie empfangen und braucht nicht zu raffen. Wenn wir nicht ruhen wollen, wird Gott uns Ruhe verschaffen, weil er nicht möchte, dass wir durch unser Leben hetzen. Er möchte, dass wir uns über unser Leben freuen.

Glücklichsein hat eine interessante Eigenschaft: Wir können nicht glücklich sein, ohne es zu wissen. Wir können vieles sein – reich, gesegnet, geliebt, beschenkt – und wissen es oft gar nicht. Aber wir merken, ob wir glücklich sind. Ruhe ist eine gute Gelegenheit, sich die Freude bewusst zu machen. Wir brauchen den Schlaf, weil wir Träume (zum Verarbeiten unserer Erlebnisse) brauchen, und wir brauchen Ruhe, weil wir Träume (für unsere Zukunft) brauchen.

Im fünften Buch Mose ist zu lesen, dass das Verheißene Land kein Land war wie Ägypten, wo man sich plagen und die Äcker mühsam bewässern musste. „In dem Land, in das ihr jetzt kommt, gibt es Berge und Täler, und es wird vom Regen bewässert" (Deuteronomium 11,11). Trinkt Ihre Seele Regen, der vom Himmel fällt, oder schleppen Sie mühsam abgestandenes Wasser aus einem weit entfernten, versiegenden Wasserloch herbei?

5 Schatzsuche

„Die neue Welt Gottes ist mit einem Schatz zu vergleichen, der in einem Acker vergraben war: Ein Mensch fand ihn und deckte ihn schnell wieder zu. In seiner Freude verkaufte er alles, was er hatte, und kaufte dafür den Acker mit dem Schatz."

Matthäus 13,44

Welcher Schatz ist so groß, dass jemand alles, was er besitzt, hergibt, um dieses Kleinod zu erlangen? Jesus sagt, dass die „neue Welt Gottes" ein solcher Schatz sei. Und der Schlüssel dazu ist die Gute Nachricht.

Wie lautet eigentlich die Gute Nachricht?

Diese Frage wurde mir einmal von einem jungen Mann gestellt, der seit vielen Jahren Christ war und gerade einen dreijährigen Studienkurs an einem bekannten evangelikalen Seminar absolviert hatte. Damals gab mir Gott keine Antwort für ihn. Was sollte ich auch einem Mann sagen, der bereits bis zum Hals mit Theologie vollgestopft war? Und doch konnte auch sein ganzes Wissen nicht verhindern, dass er sich mit Schuldgefühlen herumquälte – über seine Schwächen, über alle unglücklichen Menschen in der Welt, über seine mangelnde Liebesfähigkeit und so weiter und so fort.

Natürlich verbargen sich hinter seinen Schuldgefühlen Wut und Zorn. Ich habe selten einen so zerrissenen jungen Mann erlebt. Gleichzeitig war er im Grunde ein ganz normaler Christ. Allerdings war er, was seine Verwirrung und sein Unwissen anging, ehrlicher als die meisten. Wie viele von uns kennen die Gute Nachricht wirklich? Oder tun wir nur so, als würden wir sie kennen?

Mit dem Gleichnis vom Schatz im Acker wollte Jesus die Gute Nachricht nicht nach theologischen Grundsätzen erklären. Vielmehr wollte er ihre starke Wirkung auf den Gläubigen zum Ausdruck bringen. „In seiner Freude", so lesen wir, verkaufte der Mann aus der Geschichte alles, was er hatte, und tauschte es gegen den neu entdeckten Schatz ein. Er hätte den Schatz nie angenommen – hätte sein Leben nie Gott anvertraut –, nur um Zweifel und Schuld loszuwerden. Dazu reichen beide Motivationen nicht aus. Sie sind zu schwach. Ein Mensch mag noch so berechtigte Zweifel haben und die Last seiner

Schuld mag ihn noch so niederdrücken (zeigt das nicht, wie gut er seine Sündhaftigkeit verstanden hat?) –, und doch können diese Gefühle ihn nicht motivieren, so zu leben, wie Gott es von ihm möchte.

Wir brauchen Freude, wenn wir Gott folgen und gehorchen wollen. Wir müssen zuvor einen kurzen Blick auf den größten Schatz – die „unaussprechliche und herrliche Freude" (1. Petrus 1,8) – erhaschen, um an Christus glauben zu können!

Es mag eine große Herausforderung sein, jeden Tag in der Freude zu leben. Doch denken Sie an den Siegespreis – eine erlöste Welt, ein reines Herz, eine Quelle in der Wüste, grenzenlose Hoffnung, ein unstillbares Verlangen, zu lachen und zu singen. Was würden Sie dafür geben, um solche Schätze zu erwerben? Oder anders gefragt: Was wären Sie *nicht* bereit, dafür zu opfern?

Der Mann aus dem Gleichnis gab alles für diese Freude auf. Er gab alles, um alles zu gewinnen. Was hält uns davon ab, dasselbe zu tun? Zweifellos fallen uns eine Menge Hindernisse ein. Doch im Grunde gibt es nur eines – der mangelnde Glaube an die Freude, die uns die Gute Nachricht schenkt. Wir hören auf unser Herz, wir spüren das Wirken des Heiligen Geistes, und wir empfinden eine Freude, die so köstlich und überirdisch ist, dass wir sofort vermuten, dass die Sache irgendwo einen Haken hat. Wir glauben, Freude sei wie Zucker oder Schokolade – sie schmeckt gut, hat aber noch eine negative Seite: die Kalorien. Wir denken: *Als gute Christen dürfen wir doch eigentlich ein so wunderbares Gefühl gar nicht empfinden. Dann besteht ja die Gefahr, dass wir all die schlimmen Dinge vergessen.* Und damit treten wir – ganz anders als der Mann im Gleichnis Jesu – wieder einen Schritt zurück und greifen nicht nach dem Schatz.

Woher weiß ich, dass ich die Gute Nachricht kenne? Durch die Freude, die sie mir schenkt. Mit anderen Worten: Ich erkenne, dass ich die Gute Nachricht nicht begriffen habe, wenn ich ruhelos, unglücklich, ängstlich bin und von subtiler Schuld gequält werde. Unzufriedenheit setzt mich matt. Nur Freude setzt mich in Bewegung und lässt mich die guten Seiten von Gottes Himmelreich erfahren.

Beantworten Sie also für sich selbst: Was ist die Gute Nachricht für Sie? Hören Sie nicht auf, sich diese Frage zu stellen, bis die Antwort einen Freudenausbruch in Ihnen auslöst.

6 Wo ist denn nur die Freude geblieben?

„Damals habt ihr euch glücklich gepriesen. Wo ist das nun geblieben?"

Galater 4,15

Achten Sie darauf, was Paulus mit seiner obigen Fragestellung impliziert: Christen sollten ein Leben voller Freude führen. Ist das nicht der Fall, stimmt wohl etwas nicht. Wenn wir unglücklich sind, sollten wir uns also fragen: „Wo ist die Freude geblieben? Wo bin ich vom Weg abgekommen?" Im ganzen Galaterbrief geht es darum, wie sich die ersten Christen von der guten Botschaft der Freude und Freiheit entfernt haben und was notwendig ist, um wieder dahin zu gelangen.

Hinter Paulus' Frage verbirgt sich außerdem die Auffassung, dass das Leben eines Christen immer mit der Freude beginnt. Wenn wir die Freude verloren haben, dann sollten wir einfach wieder zum Anfang unserer Beziehung zu Jesus zurückgehen – zu dem Augenblick, in dem wir ihm unser Herz geöffnet haben. Die gute Nachricht von Christus ist so toll, dass sie mit Freuden aufgenommen wird. So schrieb Paulus an anderer Stelle: „Obwohl ihr schwere Anfeindungen ertragen musstet, habt ihr die Botschaft mit der Freude angenommen, die der Geist Gottes schenkt" (1. Thessalonicher 1,6). Das ist der Grund, warum Menschen zu Christus kommen – sie spüren die große Freude, die nur er allein schenken kann. Noch bevor Sie Ihre Sünde bekennen, können Sie bereits den Frieden, die Freiheit und die enorme Erleichterung spüren, die Sie erhalten, wenn Sie alles bei Jesus abladen. Und deshalb vertrauen Sie sich Gott an, und er steht zu seinem Wort und überschüttet Sie mit seiner Freude.

Niemand würde Christ werden, wenn diese schwere Entscheidung nicht von unglaublicher Freude begleitet würde. Je nach Temperament und Lebensumständen erfahren einige die Freude ihrer Lebenswende eher intellektuell, andere mehr emotional. Einige erleben ihre Entscheidung als Folge von geistlichen Schritten, andere erinnern sich an ein einmaliges Ereignis. Jeder erfährt die Freude auf seine eigene Weise. Doch zu jeder Entscheidung für Christus gehört Freude untrennbar hinzu.

Die Freude der Lebenswende ist kein Strohfeuer. Sie wächst und wächst. Viele Christen erinnern sich an die ersten Tage ihres Glaubens wie an eine Zeit, in der sie die Welt mit ganz neuen Augen sahen. Die Farben leuchteten kräftiger, die Musik klang voller, Beziehungen vertieften sich, einige Probleme lösten sich wie von selbst. Warum das ganz normal ist, wenn jemand für das ewige Leben neu geboren wird? „[...] jetzt mache ich alles neu“ (Offenbarung 21,5), lautet das Versprechen, dessen Erfüllung jeder Christ von Anfang an erlebt. Wir beginnen in der Tat „ein neues Leben“ (Römer 6,4).

Paulus' Frage hat also ihre Berechtigung: „Wo ist das Glück nur geblieben?“ Gibt es Dinge in Ihrem Leben, an denen Sie festhalten, obwohl Sie sie eigentlich abwerfen sollten? Erinnern Sie sich nicht mehr an die wunderbare Freude, mit der Sie anfangs Jesus in Ihr Leben hineinließen? Warum geben Sie sich heute mit weniger zufrieden? Sind Sie im Augenblick weniger Christ als damals bei Ihrer Lebenswende? Nein. Im Gegenteil, Sie sollten ein Stück weiter gekommen sein. Sie sollten sich in jeder Beziehung glücklicher, freier und gesegneter fühlen. Welche rigiden Regeln und kleinlichen Frömmeleien trennen Sie von der Freude? Paulus schreibt aufgebracht an die Galater: „Ihr unvernünftigen Galater! Welcher Dämon hat euch um den Verstand gebracht? [...] Ihr kamt so gut voran! Wer hat euch aufgehalten, dass ihr der Wahrheit nicht mehr folgen wollt?“ (Galater 3,1; 5,7).

Allein die Tatsache, dass wir uns nach Freude sehnen, beweist, dass wir wissen, was Freude ist. Wir kennen sie, denn wir haben sie schon einmal erlebt. Und wenn wir sie einmal hatten, können wir sie wiedergewinnen. Wie haben wir die Freude beim ersten Mal gewonnen? Durch den Glauben. Wir haben die erstaunliche Botschaft gehört und geglaubt: „Es zählt nur der vertrauende Glaube, der sich in tätiger Liebe auswirkt“ (Galater 5,6).

7 Feuer vom Himmel

„Flammen gingen von ihr [der Herrlichkeit des Herrn] aus und verzehrten die Brandopferstücke und die Fettstücke auf dem Altar. Bei diesem Anblick brach das Volk in Jubel aus und alle warfen sich anbetend zu Boden."

Levitikus 9,24

Dies ist der Vers, in dem die Freude erstmals in der Bibel angesprochen wird. Viele finden das dritte Buch Mose ausgesprochen langweilig. Das Ergebnis der lästigen, grausigen Rituale und Opfer war, man höre und staune, dass die Menschen „in Jubel ausbrachen und sich anbetend zu Boden warfen". Und warum? Weil sie plötzlich das Ziel ihres Glaubens ergreifen konnten – sie konnten wieder bei Gott sein. Feuer fiel vom Himmel und verzehrte ihr Opfer. Es brannte alles weg, was sie von Gott trennte, und schenkte ihnen die Gewissheit, dass ihre Sünden vergeben wurden und ihre Beziehung zu ihm wieder in Ordnung waren.

Freude ist die Antwort auf die Gegenwart Gottes. Die Menschen freuten sich, weil Gott ihnen geantwortet und ihr Opfer angenommen hatte. Haben Gottes Feuerflammen Ihre Opfer – Ihre Frömmigkeit, Ihre Kirchgänge, Ihre Reue, Ihre Anstrengungen, gut zu sei – vollkommen verzehrt? Und sind Sie dabei in Jubel ausgebrochen? Falls nicht, stimmt etwas nicht. Ihr Opfer ist nicht vollständig.

Der biblische Begriff „Buße" besteht aus zwei Aspekten. Viele halten sich nur an den ersten Teil. Buße heißt Umkehr. Doch viele bleiben auf halbem Weg stehen. Der erste Teil der Buße bedeutet: sich mutig von der Sünde abwenden. Der zweite Aspekt heißt: sich stattdessen allen guten Gaben zuwenden, die Gott bietet. Auf diese Weise ist es zum Beispiel unmöglich, der Gier den Rücken zu kehren, ohne auch gleichzeitig großzügig zu werden, oder die Lust abzulegen, ohne sich auch für die Liebe zu öffnen, und der Bitterkeit zu entfliehen, ohne dann fröhlich zu feiern.

Natürlich ist es einfacher, Gottes Gesetze zu befolgen, als sich durch seine Gute Nachricht auch wirklich befreien zu lassen. Für die Freude gibt es zwei unüberwindliche Hindernisse: Schuld und Groll. Fühlen wir uns auf Grund unserer eigenen Sünde schuldig? Oder tragen wir Groll gegen einen Menschen mit uns herum? In beiden Fällen haben wir die Gute Nachricht nicht völlig verstanden, denn sie lehrt, dass sowohl Schuld als auch Groll in unserem Leben keinen Platz haben. Beides kann durch Vergebung direkt geheilt werden. Wir können Vergebung für uns selbst in Anspruch nehmen oder einem anderen gewähren. Vorbedingung für Vergebung ist immer unsere Reue.

Welchen Sinn erfüllten die alttestamentlichen Opfer? Verschaffte das Abschlachten der Tiere Gott eine gewisse Genugtuung? Nein. David betete in Psalm 51, Vers 18: „Tieropfer willst du nicht [...]; aus Brandopfern machst du dir nichts." Was sonst erwartete Gott sich von diesen fürchterlichen Opfern?

Er wollte sein Volk glücklich machen. Er wollte, dass die Menschen nach diesen Ritualen froh und frei nach Hause gingen und wussten, dass ihre Sünden erledigt waren und sie nicht weiter belasten konnten. Unbereinigte Sünde blockiert die Freude. Mit den komplexen Einzelheiten der Opferrituale sollten sich die Menschen ihre spezifischen Sünden bewusst machen und ihre Trauer darüber zum Ausdruck bringen können. Dabei war es nicht das eigentliche Ziel der Opfer, die Menschen traurig, sondern vielmehr *froh* zu machen. Gott wollte sie erleben lassen, wie unendlich glücklich man ist, wenn man von der Last der Sünde vollkommen befreit ist. Sie sollten empfinden, wie es ist, befreit in Gottes Heiligtum hineintanzen zu dürfen, um für immer bei ihm zu sein. Dieses Ziel konnte das Blut der Tiere natürlich nicht erreichen. Aber das Blut Jesus hat es getan. „Wir haben also freien Zutritt zum Allerheiligsten! Jesus hat sein Blut geopfert und uns den Weg durch den Vorhang hindurch freigemacht" (Hebräer 10,19), und das ohne jedes Ritual. Das wiegt mehr als Feuer vom Himmel.

Reue ist der Schlüssel, der die Dunkelheit in Licht verwandelt. Es ist genau wie damals, als unser Leben mit Christus begann und die Freude über diese neue Beziehung uns zum ersten Mal erfüllte, als wir unsere Sünde bekannten und uns Christus zuwandten. Wie fühlen Sie sich heute, wenn Sie sich vor Augen halten, dass Sie ein Sünder sind? Beschämt und ärgert Sie die Wahrheit über sich selbst? Oder empfinden Sie dabei eine große, befreiende Erleichterung? Viele werden es leid, ihre Schuld zu bekennen, denn das macht sie offensichtlich nicht glücklich. Und doch ist das Schuldbekenntnis an sich eine froh machende Angelegenheit. Falls wir dabei nicht froh werden, haben wir noch nicht alles bekannt. Freude ist das Zeichen, dass wir alle Schuld bekannt haben, denn Gott verzehrt unser Traueropfer und verwandelt es in Freude.

8 Überschäumende Freude

„Als die Jünger den Herrn sahen, kam große Freude über sie.“

Johannes 20,20

Wie brachten die Jünger ihre große Freude zum Ausdruck, als sie endlich wieder um ihren auferstandenen Herrn versammelt waren? Sanken sie mit hysterischem Gelächter zu Boden? Haben sie in die Hände geklatscht und getanzt? Haben sie die geballten Fäuste in die Luft gereckt und „Yippee!“ geschrieen? Was machen Menschen, wenn sie sich, wie im oben genannten Vers, sehr freuen?

In Apostelgeschichte 3, Vers 8 finden wir einen Hinweis. Ein lahmer Bettler war durch die Kraft Jesu geheilt worden. „Er folgte Petrus und Johannes in den Vorhof des Tempels, lief umher, sprang vor Freude und dankte Gott mit lauter Stimme.“ In Apostelgeschichte 12, Vers 14 gibt es einen weiteren Hinweis. Die Hausangestellte Rhode, eine junge Christin, hörte ein Klopfen am Tor. Sie war völlig überrascht, die Stimme des Apostels Petrus zu hören, den alle im Gefängnis wähnten. „Als sie Petrus an der Stimme erkannte, vergaß sie vor Freude, das Tor zu öffnen; sie rannte ins Haus und meldete, Petrus stehe draußen.“ Stellen Sie sich das einmal vor: Sie freuen sich so sehr über Ihren Besuch, dass Sie vergessen, ihm die Tür zu öffnen! Übergroße Freude kann dazu führen, dass Menschen den Kopf verlieren, sich merkwürdig benehmen und ganz verrückte Sachen machen.

Bruder Lorenz, der als besonders fröhlicher Mönch bekannt wurde, gestand, dass die Freude im Herrn ihn zeitweise so sehr überwältigte, dass er diese Freude aus sich „herausgeschrieen, -gesungen oder wie ein Verrückter -getanzt habe“. Ein Zeuge berichtet, dass „das Herz von Bruder Lorenz fast 30 Jahre lang so voll innerer Freude war, die noch ständig wuchs, dass er große Mühe hatte, sie nicht aus sich herauszulassen. Damit legte er ein Benehmen an den Tag, das noch verrückter als seine Frömmigkeit erschien.“[3]

Ich fragte einmal einen fröhlichen Freund, wie er Freude definieren würde. Ohne mit der Wimper zu zucken, antwortete er: „Freude ist ein tief liegendes Wohlgefühl, das sich oft durch Heiterkeit äußert.“

Beide Seiten dieser Definition sind hier wichtig. Ohne ein tiefes Wohlgefühl kann man sich nicht von seiner Befangenheit lösen. Es ist eine Grundvoraussetzung zur Freude. Fraglich ist zugleich, ob wahre Freude ohne regelmäßige Ausbrüche spontaner Heiterkeit denkbar ist. Naturgemäß durchströmt uns Freude und überflutet uns. Sie braucht unbedingt ein Ventil. Und so passiert es, dass wir in Gelächter ausbrechen, tanzen, singen, uns merkwürdig verhalten und albern sind.

Während meines Experiments war ich manchmal so glücklich, dass ich am liebsten laut singend durch die Straßen gezogen wäre. „O Gott, du bist zu gut zu mir! Das Leben war noch nie so schön!" Ein anderes Mal hätte ich mich totlachen können oder ich wäre am liebsten bei lauter Musik ums Haus getanzt. Einmal lag ich flach auf dem Rücken und konnte mich nicht bewegen, weil mein Glück zu groß war. Jedes Mal, wenn ich dachte, dass ich mehr Freude gar nicht verkraften würde, steigerte sich mein Glück noch! Gott lässt sich nicht bremsen. Es ist ein Kennzeichen seiner Freude, dass sie immer größer wird. Sie ist größer als wir und wir können sie nicht in unserem Inneren einschließen.

Die Psalmen, in denen die Verfasser so viel Angst zum Ausdruck bringen, beinhalten gleichzeitig mehr Freude als alle anderen Bücher der Bibel. „[...] die Hügel hallen wider von Freudenrufen. [...] die Täler hüllen sich in wogendes Korn – alles ist voll Jubel und Gesang" (Psalm 65,13–14). Psalm 65 wurde von David, dem großen König, geschrieben, der so von Freude erfüllt war, dass er halbnackt vor der Bundeslade durch die Straßen tanzte. Wie können wir uns dieses Tanzen vorstellen? War es ein majestätischer, feierlicher Staatsakt? Nein, es war wohl eher ausgelassene Freude. Er vollführte lustvolle Freudensprünge wie junge Kälber auf der Weide! Es war überschäumende Fröhlichkeit.

Ich habe festgestellt, dass einige der lustigsten Menschen oft tragische Verluste erlitten haben. Wenn sie anfangen, ihre Geschichten über geliebte Menschen zu erzählen, die an Krebs gestorben sind, können die makaberen Witze und das gruselige Lachen einen Außenstehenden tief erschüttern. Und doch brauchen überschäumende Emotionen ein Ventil. So kann gesunde Trauer unter anderem in einem verrückten Lachen ihren Ausdruck finden. Wenn wir uns immerzu freuen sollen, weil wir mit Gott verbunden sind, gehört lebenslustiges Lachen untrennbar hinzu.

9 Dies ist der Tag …

„Dies ist der Tag, den der Herr macht;
lasst uns freuen und fröhlich an ihm sein.“

Psalm 118,24; Luther

Einer meiner Lieblingsaussprüche stammt vom heiligen Hermann von Alaska: „Von heute an, von dieser Stunde an, von dieser Minute an lasst uns Gott über alles lieben.“ Wir dürfen Gott nicht nur an einem bestimmten Tag, zu einem bestimmten Zeitpunkt oder an einem bestimmten Ort lieben. Wir können die Grenze ins Land der Freude in jedem Augenblick überschreiten. Vielleicht waren Sie nicht glücklich, als Sie heute dieses Buch zur Hand genommen haben, und Sie können nicht vorhersagen, dass Sie morgen oder nächste Woche glücklich sein werden. Aber in diesem Moment können Sie Ihre Augen auf den herrlichen Tag richten, den Gott geschaffen hat, und Sie können sich an ihm erfreuen.

Schließlich ist die Gegenwart die einzige Zeit, über die wir verfügen und die wir beeinflussen können. An der Vergangenheit kann ich nichts mehr ändern. Sie ist vergangen. Und was die Zukunft bringt, weiß ich nicht, und deshalb kann ich sie nur in begrenztem Maße beeinflussen. Doch genau jetzt, in diesem Augenblick, kann ich beschließen, mich zu freuen und mein Leben zu verändern. Der Entschluss, sich in der Gegenwart über Gott und alles, was er erschaffen hat, zu freuen, verändert nicht nur die Gegenwart, er verändert auch meine Sicht der Vergangenheit und entzündet in mir die Hoffnung für die Zukunft. Wenn Sie sich dessen bewusst sind, erkennen Sie, welche Kraft sich im Augenblick der Gegenwart verbirgt, und *nur* in der Gegenwart. Sie kann die ganze Spanne Ihres Lebens verändern.

Vielleicht ist es zu viel verlangt, ein ganzes Leben in der Freude zu leben. Aber ist es zu viel verlangt, einen Augenblick lang glücklich zu sein? Sie kennen vielleicht den bekannten Witz: Wie isst man einen Elefanten? Indem man einen Bissen nach dem anderen nimmt. Das gewaltige Projekt des Lebens muss ebenso in überschaubare Schritte zerlegt werden. Darum hat Gott, bevor er alles Weitere geschaffen hat, zunächst nur einen Tag erschaffen: „Es wurde Abend und wieder Morgen: der erste Tag“ (Genesis 1,5). Sie sehen: Sogar das monumentale

Werk der Schöpfung entstand nach diesem Strickmuster: „Tag für Tag."

Schieben Sie Ihr Glücklichsein nicht auf morgen – es könnte sein, dass es nicht auf Sie wartet oder dass Ihnen kein Morgen zur Verfügung steht. Genau jetzt ist der Zeitpunkt, an dem Sie sich über Ihr Leben freuen sollten.

10 Zehn Gebote, die uns ein glückliches Leben schenken

„Jubelt dem Herrn zu, ihr Bewohner der Erde!
Stellt euch freudig in seinen Dienst!
Kommt zu ihm mit lautem Jauchzen!“

Psalm 100,1-2

Wir kennen wahrscheinlich alle die Zehn Gebote aus dem zweiten Buch Mose. Aber kennen Sie auch die zehn Gebote aus Psalm 100? Der ganze Psalm ist in Befehlsform geschrieben. Die ersten drei Befehle sind oben aufgeführt. Die übrigen sieben lauten (sinngemäß):

1. „Denkt daran: Der Herr allein ist Gott!“
2. „Denkt daran: Er hat uns geschaffen!“
3. „Denkt daran: Sein Volk sind wir, er sorgt für uns wie ein Hirte für seine Herde!“
4. „Geht durch die Tempeltore mit einem Danklied!“
5. „Betretet den Festplatz mit Lobgesang!“
6. „Preist ihn!“
7. „Dankt ihm für seine Taten!“

Moment mal! Haben wir nicht alle alttestamentlichen Gebote hinter uns gelassen, laut Paulus, „weil ihr mit Christus gestorben seid“ (Römer 7,4)? Kommen wir Christen nicht allein durch den Glauben und nicht durch Werke zu Gott? Tatsächlich gibt es im Neuen Bund genauso viele Gebote und Befehle wie im Alten Bund. Ja, die neuen Gebote sind sogar noch exakter als die alten, denn sie beinhalten Regeln für unser Innenleben wie: „Erschreckt nicht, habt keine Angst!“ (Johannes 14,1), „Erhebt euch nicht über andere, sondern seid immer freundlich“ (Epheser 4,2), „Seid besonnen und nüchtern, damit nichts euch am Beten hindert!“ (1. Petrus 4,7) und „Freut euch immerzu!“ (Philipper 4,4). Diese Aufzählung könnte die zehn Gebote aus Psalm 100 noch ergänzen.

Jeder Satz dieses Psalms beinhaltet entweder den direkten Befehl, sich zu freuen, oder den Befehl, etwas zu tun, was Freude auslöst. Wenn wir beispielsweise genau wissen, dass wir zu Gott gehören, dass wir „sein Volk sind“, „seine Herde“, sollten wir ihn da nicht preisen und „ihm für seine Taten" danken? Glücklich sind die Menschen, die wissen, zu wem sie gehören, die ihren Schöpfer mit Hingabe in aller Freiheit anbeten! Unglückliche Menschen loben nicht, und das ist der eigentliche Grund für ihr Unglücklichsein.

Freude ist ein biblisches Gebot. Ist es nicht unfair, wenn Gott Ihnen befiehlt, glücklich zu sein? Sprechen nicht alle Nöte, in denen Sie stecken, dagegen? Nein, das ist eine Lüge. Jesus hat alles getan, damit wir Grund haben, glücklich zu sein – „damit meine Freude euch erfüllt und an eurer Freude nichts mehr fehlt" (Johannes 15,11).

Niemand hinterfragt das wichtigste Gebot Jesu: „Ihr sollt einander lieben!"(Johannes 13,34). Warum wehren wir uns gegen die Aufforderung: „Freut euch"? Wenn es um Liebe geht, wissen wir, dass wir eigentlich Liebe geben sollen, und wir wissen auch, dass wir lieben *können*. Wenn wir nicht lieben, liegt das also nicht daran, dass wir nicht lieben können, sondern dass wir nicht lieben *wollen*. So einfach ist das.

Und mit der Freude ist es nicht anders. Glücklichsein ist eine Willensentscheidung. Abraham Lincoln brachte es auf den Punkt, als er sagte: „Die Menschen sind so glücklich, wie sie es sein wollen." Uns Christen fehlt nicht der Wille, die Gute Nachricht zu glauben, uns fehlt der Wille, uns über das zu freuen, was wir glauben. Mangel an Freude ist in der Tat ein Zeichen für Unglaube.

Das ist ein Grund, warum ich dieses Buch geschrieben habe. Ich möchte Ihnen zeigen, dass Glücklichsein kein Zufallsprodukt ist. Zum Glücklichsein gehört vielmehr ein tief greifendes geistliches Training. Wenn ich stark werden will, sitze ich nicht herum und warte, bis ich stark genug bin, um schwere Gewichte zu heben. Vielmehr stemme ich Gewichte, damit ich Kraft bekomme. Wenn ich „Freut euch!" als Gebot akzeptiere, muss ich zugeben, dass ich nicht froh werden kann, ohne etwas dafür zu tun. Die Kooperation mit meinem Willen gehört dazu, sonst kann ich mein Ziel nicht erreichen. Freude ist, genau wie Errettung, ein kostenloses Geschenk Gottes an uns. Beide kann man sich nicht verdienen. Und doch muss auch ein Geschenk geöffnet werden und der Empfänger muss es in Empfang nehmen (und auspacken). Es kostet Energie, wenn ich „dem Herrn zujubeln" will, aber Jammern kostet genauso viel, wenn nicht noch mehr Energie. Warum leiten wir unsere Anstrengungen nicht in andere Kanäle um, Kanäle, die zur Freude führen?

11 Glück definieren

„Erschrocken und doch voller Freude liefen die Frauen vom Grab weg."

Matthäus 28,8

Ist Freude ein Gefühl? Ja. Aber das Gefühl der Freude hat viele Nuancen und kann sich auch unter andere Gefühle mischen. Im oben stehenden Bibelvers lesen wir, dass Freude mit Furcht gemischt sein kann und doch Freude ist. Aus vielen anderen Bibelstellen und Liedern wissen wir, dass häufig Freud und Leid zusammengehören (z. B. Paul Gerhardt: „In dir ist Freude in allem Leide ..."). Manchmal fühlen wir uns wie befreit, wenn die Freude uns überwältigt. Manchmal empfinden wir die Freude wie ein unterschwelliges Vertrauen oder wie Mut. Manchmal ist Freude das, was leise durch die Ritzen unserer Seele sickert, wenn uns das Herz zu brechen droht.

Das soll nicht heißen, dass Freude sich grundsätzlich unter jedes vorhandene Gefühl mischen lässt. Nein, Freude ist unverwechselbar, so unverwechselbar, dass sie sich von anderen Gefühlen unterscheidet. Dafür sind wir oft dankbar, wenn die anderen Gefühle sehr stark sind. Ist die Freude getrübt, so erkennt sie inmitten der Traurigkeit bereits etwas Größeres, Mächtigeres. Ist Freude mit Furcht gemischt, ist der Sieg bereits in Sicht. Bricht das Herz vor Freude, fühlt sich die Freude frei und sicher genug, alles bereitwillig anzunehmen, selbst das Gefühl, dass sie zu zerreißen droht.

Ich möchte Ihnen in diesem Buch nichts vormachen. Ich will Ihnen nicht den Eindruck vermitteln, als sei ich im Verlauf meines Experiments jede Minute, jeden Tag überschwänglich glücklich gewesen. Das war auch gar nicht mein Ziel. Nein. Ich erlebte weiterhin negative Stimmungen - Frustration, Langeweile, Melancholie, Angst, Wut. Und doch kehrte die Freude stets wie die Flut nach der Ebbe zu mir zurück und spülte meine Seele wieder rein. Dabei ist „zurückkehren" nicht einmal das richtige Wort, weil die Freude nie wirklich aus einem glücklichen Herzen auszieht, sondern nur gelegentlich aus dem Blickfeld gerät.

Vielleicht sollten wir unsere Definition vom Glücklichsein noch einmal überdenken. Wenn wir eine schwierige Zeit durchmachen und unsere Definition vom Glücklichsein vermittelt uns den Eindruck:

„Eigentlich sollte ich mich doch immer wunderbar fühlen", haben wir ein Problem. Wir sollten unsere Definition von Glück anhand folgender Richtlinien korrigieren:

- Glücklichsein bedeutet, das Beste aus schwierigen Lebensumständen zu machen.
- Glücklichsein bedeutet, dass ich weiß, ich kann es schaffen.
- Glücklichsein bedeutet, dass ich mich immer wieder aufraffen kann.
- Glücklichsein bedeutet, mir Gottes Gnade und Barmherzigkeit so bewusst zu machen, dass ich mir nicht selbst etwas vormachen muss.

Die Liste ließe sich beliebig fortsetzen. Während meines Experiments beobachtete ich genau, wie sich Freude in der Praxis anfühlt. Gott veränderte auch weiterhin meine Sichtweise und zeigte mir immer neue Perspektiven der Freude. Das führte dazu, dass Freude für mich in allen möglichen Situationen leichter zugänglich wird. Wenn ich an einem Strand nach der perfekten Muschel suche, werde ich wahrscheinlich keine finden. Aber wenn ich nach Muscheln generell schaue, werde ich sie überall entdecken.

Glücklichsein verlangt unsere willentliche Bereitschaft. Wenn wir uns festgefahren haben und keinen Ausweg finden, müssen wir nach allen Möglichkeiten Ausschau halten und nach einem Ausweg suchen. Wir müssen lernen, wie wir unsere Depression überlisten und unsere Gedanken schneller mit Positivem füllen als mit Negativem. Wir müssen lernen, wie wir den Schlingen der Selbstvorwürfe, der Lethargie, des Selbstmitleids und des inneren und äußeren Durcheinanders entkommen können.

Freude mag uns wie ein Allheilmittel erscheinen, doch leider geht es bei der Freude nicht immer aufwärts. Sehr oft müssen wir, um froh zu werden, erst einmal abwärts gehen – hinunter durch den Lärm unserer wettstreitenden Gedanken, hinunter durch das schwindelerregende Chaos unserer Lebensumstände, hinunter durch die trügerischen Verführungen des Lebens, hinunter zu den stillen Wassern und grünen Auen des Herzens.

War ich heute glücklich? Ja, sehr sogar. Und doch habe ich auch Untiefen erlebt. Können diese beiden Gegensätze nebeneinander bestehen – Freude und tiefe Unruhe? Ja, es ist möglich. Eine unstete Freude ist nicht dasselbe wie eine helle, singende Freude, aber es ist trotzdem Freude. Trotz der Wolken am Himmel strahlt dahinter die Sonne.

12 Hier und heute

„Darum soll sich der Mensch an die Freude halten.
Er soll essen und trinken und sich freuen; das ist das Beste,
was er bekommen kann unter der Sonne, während des kurzen Lebens,
das Gott ihm schenkt.“

Prediger 8,15

Das Buch des Predigers, ein eher nüchternes, düsteres Buch der Bibel, hat erstaunlicherweise eine ganze Menge über Freude zu sagen. Wer es sorgfältig liest, wird feststellen, dass die Freude sogar sein zentrales Thema ist! In vielen Variationen sagt der Autor immer wieder: „Das Beste, was der Mensch tun kann, ist, sich zu freuen und sein Leben zu genießen“ (Prediger 3,12).

Wir finden das Buch des Predigers wahrscheinlich deshalb so langweilig, weil der Schreiber uns immer wieder mit der Nase auf den größten Feind des Glücklichseins stößt – die Sinnlosigkeit. Nennen Sie es Angst, Weltschmerz oder das Bewusstsein, dass alles vergänglich ist – es sind Gefühle, die jeden Menschen überkommen, der alles besitzt – außer Freude. Er ist überall gewesen. Er hat alles gehabt. Er hat alles gesehen.

Und genau darum geht es: Nachdem der Mensch alles ausprobiert hat – Geldbesitz, Frauen, Alkoholgenuss, Macht, ehrgeizige Projekte, alle weltlichen Vergnügungen einschließlich des Sammelns von Weisheit –, stellt der Autor resigniert fest: „Da war mir das ganze Leben verleidet“ (Prediger 2,17) und fasst es mit seinem Lieblingsausspruch kopfschüttelnd zusammen: „Vergeblich und vergänglich! Alles ist vergebliche Mühe“ (Prediger 1,2).

Nach Aussage des Predigers ist das Leben nicht in dem Sinne sinnlos, dass es ohne Sinn ist, sondern in der Hinsicht, dass die Bedeutung des Lebens nicht ganz entschlüsselt werden kann: „Ich wollte herausfinden, was an der so genannten Weisheit eigentlich dran ist. Darum habe ich dieses mühselige Geschäft beobachtet, mit dem der Mensch sich auf der Erde herumschlägt – Tag und Nacht tut er kein Auge zu. Und ich musste einsehen: Ein Mensch kann das, was Gott tut und geschehen lässt unter der Sonne, niemals in seinem Zusammenhang erfassen. Er mag noch so angestrengt danach suchen, den Zusammenhang der Dinge findet er nicht. Auch wenn ein Weiser behauptet, ihn zu kennen - gefunden hat er nichts" (Prediger 8,16-17). In diesem Buch ist somit sogar die Freude an sich sinnlos. Machen Sie die Augen auf, schauen Sie sich in der Welt um und versuchen Sie einmal, mit gutem Gewissen glücklich zu sein. Das geht gar nicht. Aber Freude ist eben *nicht* rational. Ihr Geheimnis kann nicht entschlüsselt werden; keine Philosophie kann das leisten. Einige Lebensumstände geben vielleicht gute Gründe zur Freude. Aber sich immer zu freuen? Das geht über jede Vernunft und übersteigt jeden Verstand.

Was sollen wir einem Menschen raten, der sich mit der Sinnlosigkeit und der Langeweile des Lebens herumschlägt? Ist es noch möglich, in ihm Freude zu entfachen? Der Prediger beantwortet diese Frage zwar mit Ja, aber er sagt nicht, wie. Statt zu erklären, wie man glücklich werden kann, ruft er einfach aus: „Gib dich zufrieden mit dem, was du hast, und verlange nicht nach allen möglichen anderen Dingen" (Prediger 6,9). Mit anderen Worten: „Es geht nicht darum, *was* du in deinem Umfeld siehst, sondern *wie* du es siehst. Du hast alles versucht - nun freue dich des Lebens genau so, wie es ist."

Natürlich fällt es uns schwer, diese schlichte Vereinfachung der Botschaft mit unserem wissenschaftlich geschulten Verstand anzunehmen. Wir können sie nicht begreifen, solange wir nicht das Geheimnis der Sinnlosigkeit verstehen. Der Prediger zieht allen den Boden unter den Füßen weg, die ihr Glück sinnvoll oder schematisch planen wollen, als ob es etwas wäre, das sie erlangen könnten, wenn sie nur gut genug oder schön genug oder vorsichtig genug wären. Jakobus öffnet diesen Menschen die Augen, wenn er schreibt: „Nun zu euch, die ihr sagt: ‚Heute oder morgen werden wir in die und die Stadt reisen! Dort werden wir ein Jahr lang Geschäfte machen und viel Geld verdienen.' Woher wisst ihr denn, was morgen sein wird? Was ist euer Leben? Es gleicht einem leichten Dampfwölkchen, das aufsteigt und sich sogleich wieder auflöst" (Jakobus 4,13-14). Gehen wir nicht genauso mit dem Glück um? Wir sagen uns: „Morgen werde ich dies oder das tun und dann bin ich glücklich" oder „Wenn ich heute meine Arbeit geschafft habe, kann ich mich ausruhen und mir etwas Schönes gönnen."

Unsinn. Freuen Sie sich jetzt! Wenn Sie in diesem Augenblick keinen Grund zum Glücklichsein finden, werden Sie ihn nie finden. Die Freude wartet nicht erst hinter der nächsten Ecke auf Sie - sie ist genau hier!

13 Das Geheimnis des Glücklichseins

„Wenn Gott einen Menschen reich und wohlhabend werden lässt und ihm erlaubt, seinen Teil davon zu genießen und sich am Ertrag seiner Mühe zu freuen, dann ist das ein Gottesgeschenk. Die Freude lässt ihn nicht mehr daran denken, wie kurz sein Leben ist."

Prediger 5,18–19

Der obige Bibelabschnitt trifft auf mich persönlich zu. Ich bin zwar, gemessen an einigen Standards, nicht außergewöhnlich reich, aber ich weiß, dass ich zu den oberen drei Prozent der Reichen dieser Welt gehöre. Und so wird es Ihnen wahrscheinlich auch gehen. Ich kann von mir sagen, dass ich darüber hinaus meine Arbeit sehr schätze. Warum sollte ich bei zwei beneidenswerten Segnungen nicht glücklich sein?

Und ich bin es auch, Gott sei Dank. Allerdings musste ich mein Glücklichsein hart erringen, denn die Liebe zur Arbeit und ein gutes Auskommen sichern noch lange kein Glück. In Wirklichkeit ging es mir bereits viele Jahre finanziell gut, und ich liebte meine Arbeit, bevor ich mich über beides freuen konnte. Nach Aussage des Predigers ist der Schlüssel zum Glück nicht das, was wir besitzen, sondern vielmehr unsere Fähigkeit, uns über das zu freuen, was wir haben, und unser Schicksal zu akzeptieren.

Gleichgültig, ob man reich oder arm ist – man tappt sehr leicht in die Falle der Begierde. Begehren heißt, sich nach etwas sehnen, das man nicht hat und oftmals nicht haben kann. Dagegen schreibt Paulus: „Ich habe gelernt, in jeder Lage zurechtzukommen und nicht von äußeren Umständen abhängig zu sein: Ich kann Not leiden, ich kann im Wohlstand leben; mit jeder Lage bin ich vertraut. Ich kenne Sattsein und Hungern, ich kenne Mangel und Überfluss" (Philipper 4,11–12). Die Armen glauben, dass sie glücklicher wären, wenn sie mehr Geld hätten, aber der Reiche glaubt dasselbe. Im Buch des Predigers heißt es kurz und knapp: „Je reicher jemand wird, desto mehr Leute wollen von seinem Reichtum leben. Welchen Nutzen hat er am Ende davon? Nur das Nachsehen" (Prediger 5,10).

So ist es auch mit der Arbeit. Wie auch König Salomo bei sich feststellen musste, kann selbst die bedeutendste Aufgabe der Welt schal und trocken werden. Ist es nicht erstaunlich, dass der erfolgreichste Mann der Welt erst lernen musste, glücklich zu sein, indem er seine eigenen Lebensumstände akzeptierte? Die meisten von uns neigen dazu, das Glück in ihrer Arbeit zu suchen. Doch nach Aussage des Predigers ist das Unsinn: „Der Mensch müht und plagt sich sein Leben lang, und was hat man davon?“ (Prediger 1,3). Glücklichsein ist vielmehr in der Arbeit selbst zu finden: „So habe ich eingesehen, dass der Mensch nichts Besseres tun kann, als den Ertrag seiner Arbeit zu genießen. Das hat Gott ihm zugeteilt“ (Prediger 3,22).

Wenn es nicht Geld oder eine Arbeitsstelle sind, die der Mensch begehrt, sind es Macht oder Ruhm oder Romantik oder etwas anderes, was er nicht hat. Aber alle diese Dinge machen nicht glücklich, sondern verursachen zunächst einmal eher Ruhelosigkeit, Schuld, Ängste und Komplikationen. Was brauchen Menschen sonst noch, um glücklich zu sein? Der Prediger antwortet nüchtern: Gar nichts, weil der Mensch alles hat, was er in diesem Moment zu seinem Glück braucht. Darum: „Nimm das Leben als ein Fest: Trag immer frisch gewaschene Kleider und sprenge duftendes Öl auf dein Haar! Genieße jeden Tag [...], solange das Leben dauert, das Gott dir unter der Sonne geschenkt hat. [...] Denn das ist der Lohn für die Mühsal und Plage, die du hast unter der Sonne“ (Prediger 9,8–9).

Eine Geschichte erzählt, dass ein Mann eine hübsch eingepackte Geschenkschachtel erhielt, die, als er sie öffnete, leer war. Mit einem Freudenschrei rief er aus: „Nichts! Das ist genau das, was ich mir immer gewünscht habe!“ Dieser Mann wusste, dass wahres Glück nicht darin besteht, etwas Besonderes zu haben oder zu erreichen. Glück zeigt sich in der Herzenshaltung. Das Buch des Predigers wirkt deshalb so trostlos, weil der Verfasser uns bewusst machen will, dass all die sichtbaren und oberflächlichen Dinge, von denen wir meinen, dass sie uns glücklich machen, dies überhaupt nicht leisten können. Er will uns damit das wahre Geheimnis des Glücks offenbaren: Es ist ein Geschenk Gottes.

Wenn das Geheimnis des Glücks darin besteht, dass es ein Geschenk ist, bedeutet dies, dass es nicht jeder haben kann? Nein. Es ist ein Geschenk, das jedem zur Verfügung steht; es ist das, was Gott jedem von uns gegeben hat. Haben Sie einen Anteil an diesem Leben? Da bin ich mir für mich sicher. Jeder hat seinen Anteil. Akzeptieren Sie Ihr Schicksal als Ihr Geschenk! Falls Sie nicht wirklich glücklich sein können, seien Sie zumindest zufrieden. Einen Anteil an diesem Leben zu haben und damit zufrieden zu sein, ist die einzige Voraussetzung, die Sie erfüllen müssen, um glücklich zu werden.

14 Freude und Glücklichsein

„Doch alle, die deine Nähe suchen, sollen über dich jubeln und glücklich sein!“

Psalm 70,5

Sie haben vielleicht festgestellt, dass ich in diesem Buch bisher nicht zwischen Freude und Glücklichsein unterschieden habe. Wenn ich mich mit anderen Menschen über mein Experiment unterhalte, bestehen meine Gesprächspartner häufig darauf, dass zwischen Freude und Glück ein großer Unterschied besteht. Da bin ich mir nicht so sicher. Wenn ich mich freue, bin ich glücklich, und wenn ich glücklich bin, freue ich mich. Was könnte klarer sein? Was sollte ich mit Freuden tun, die mich nicht glücklich machen, oder was mit einem Glück anfangen, das mich nicht erfreut? Glücklichsein ohne Freude ist oberflächlich und kurzlebig, weil es auf äußeren Umständen beruht und nicht auf einer Herzenshaltung. Genauso ist Freude ohne Glücklichsein eine vergeistlichte Lüge.

Die Bibel macht keinen Unterschied zwischen Freude und Glücklichsein, und das sollten wir auch nicht tun. Wiederholt wird dort beides zusammen erwähnt: „[...] in jeder Stadt [...] herrschte unter den Juden Freude und Jubel [...]“ (Ester 8,17) und: „Doch alle [...] sollen vor Freude jubeln“ (Psalm 35,27). Glücklichsein ist vielleicht sogar noch ein besseres Wort für Freude und Glück, weil es beide Wörter in sich vereint. Wer glücklich ist, dessen Gesicht strahlt, und er ist voller Freude. Könnten wir als Christen dieses Gütezeichen nicht häufiger tragen?

Falls es einen gewissen Unterschied zwischen Freude und Glück gibt, ist er vielleicht mit dem Unterschied zwischen Glaube und Werken vergleichbar. Diese beiden Begriffe sind nicht in dem Sinne unterschiedlich, dass wir einmal den Glauben und ein anderes Mal die Werke haben. Vielmehr sind sie zwei Seiten einer Medaille. Freude verspürt man eher im Inneren, ganz tief, während es beim Glücklichsein darum geht, die Freude auszugraben und sie in nützliche Dinge umzuwandeln. Wenn ein Mann und eine Frau sich zum ersten Mal verlieben, erleben sie große Freude. Werden sie anschließend diese Freude nehmen und sie in eine sichere, glückliche Beziehung umwandeln?

Sie haben Recht, es gibt auch eine tiefe innere Freude, die sich nicht direkt in einem äußeren Glücklichsein zeigt. Aber das ist eher die Knospe der Blüte und nicht ihre Frucht. Paulus hat in seinem Brief an die Galater deutlich gemacht, dass Freude eine Frucht des Heiligen Geistes ist - ein Wort, das Fülle, Reife, ein sichtbares und handfestes Produkt bezeichnet (Galater 5,22). Betrachten Sie die anderen Früchte des Geistes und fragen Sie sich, ob deren Eigenheiten innerlich oder äußerlich oder sowohl als auch sichtbar werden. Können wir uns zum Beispiel innere Selbstbeherrschung vorstellen, die nach außen hin keine Disziplin erkennen lässt? Wie ist es mit einer inneren Freundlichkeit, die sich nicht in freundlichen Gesten äußert? Oder wozu ist eine innere Liebe gut, die sich nicht sichtbar auf eine Beziehung auswirkt? Genauso ist eine innere himmlische Freude, die weder einen selbst noch andere glücklich macht, nicht die Freude, von der die Bibel spricht.

Glücklichsein bestätigt die Freude. Wenn das Herz sich freut, zeigt sich das im Gesicht. Bevor Jesus einen Gelähmten heilte, fragte er ihn: „Was ist leichter - zu sagen: ‚Deine Schuld ist dir vergeben', oder: ‚Steh auf und geh'?" (Matthäus 9,5). Ähnlich können wir auch bei der Freude fragen: „Was ist einfacher: an die Freude zu glauben oder in ihr zu leben?" Der ganze Mensch strahlt den inneren und äußeren Bereich seines Lebens aus. Gesunde Spiritualität verbindet nahtlos beides und hält ständig die Verbindung zwischen Himmel und Erde offen. Glücklichsein ist die Art und Weise, wie himmlische Freude den Alltag in dieser Welt gestaltet.

Freude kann aus verschiedenen Brunnen gespeist werden. Diese reichen von theologischen Meditationen bis zu sinnlichen Wahrnehmungen. Ich höre Musik, jemand umarmt und berührt mich, eine Gänseschar zieht in der Abenddämmerung über meinem Kopf gen Süden ... Auf geheimnisvolle Weise erhellt sich meine Stimmung und mir geht es gut. Ist das Freude - ist es Glück? Ist das wichtig? Wichtig ist, dass ich in dem nicht einfachen Leben ab und zu ein solches Schlückchen Glück oder Freude dankbar und freudig aus dem Becher der Herrlichkeit (des Vaters) nehmen darf.

15 Seele und Stärke

„Macht euch keine Sorgen, denn die Freude am Herrn umgibt euch wie eine schützende Mauer.“

Nehemia 8,10

Stundenlang hatten die Israeliten dem Bibeltext gelauscht, der laut vorgelesen wurde. Es machte sie traurig, dass sie feststellen mussten, wie weit sie sich von den hohen Werten der Heiligen Schriften entfernt hatten. Als Nehemia ihnen zurief: „Und seid nicht bekümmert, denn die Freude am Herrn ist eure Stärke!“ (Luther), war die Wirkung mitreißend: „Da gingen alle nach Hause und feierten ein großes Freudenfest. Sie aßen und tranken und teilten ihr Festmahl mit denen, die nichts hatten. Denn sie hatten begriffen, was ihnen vorgelesen worden war“ (Nehemia 8,12). Hurra! Endlich verstanden sie die Bibel!

Viele Menschen kennen ihre Bibel zwar sehr gut, aber ihre Freudenbotschaft begreifen sie nicht. Das Resultat sind Christen, die alles verstehen, aber mit langen Gesichtern herumlaufen. Nehemias Worte sagen uns klipp und klar, dass die Freude über Gott den Geist *und* den Körper erfasst. Wenn die Freude am Herrn Ihre Stärke ist und Sie sich nicht freuen, folgt daraus, dass Sie nicht stark, sondern schwach sind. Reale Freude spürt man im ganzen Körper. Die Freude des Herzens erfasst Körper, Seele und Verstand. Sie beschwingt den Schritt, lässt die Augen strahlen und belebt die Gedanken.

Wir gebrauchen gern das Wort „Spiritualität“, als sei das Geistliche irgendwie vom Körperlichen getrennt. Was für ein Irrtum! Das Christentum mit seiner klaren Betonung der Fleischwerdung und körperlichen Auferstehung widerspricht dieser Lehre geradezu. Ja, das Geistliche ist größer als das Körperliche, aber eigentlich nur, weil es das Körperliche mit einschließt. Die Freude am Herrn ist wie ein Muskel, und wie ein Muskel kann sie bewegt werden. Man kann mit ihr wie mit einem Muskel spielen, sie zum Schwingen von Werkzeugen und Waffen nutzen und zur Erledigung einer Arbeit einsetzen. Ein Muskel, der nicht benutzt wird, verkümmert. Und das gilt auch für die Freude an Gott, die nicht in eine glückliche Lebensweise umgesetzt wird.

Die Bibel propagiert keine Körperfeindlichkeit – diese ist zwar hier und da gut gemeint, lässt sich aber praktisch nicht verwirklichen. Zu einem authentischen Leben gehören Tugenden, die sich in der realen Welt ausleben dürfen. Freude ist weniger ein innerer Zustand. Sie ist vielmehr ein dynamischer Zusammenstrom von Innen- und Außenleben. Dieser Freudenstrom beginnt im eigenen Inneren und fließt von hier nach außen zu anderen hin, sodass er die Welt verändert. Echte Freude kann nicht anders, als in das reale Leben hineinzuströmen. Ein äußeres Zeichen ist Glücklichsein. Glücklichsein ist im Grunde in die Praxis umgesetzte Freude.

Freude ist wie Atmen: Es genügt nicht, nur einzuatmen. Man muss auch ausatmen. Mit anderen Worten: Man muss die Luft ausströmen lassen. Lassen Sie auch Ihre Freude ausströmen! Umarmen Sie jemanden! Tanzen Sie! Machen Sie anderen Mut! Schreiben Sie einen Brief oder ein Buch! Denken Sie nicht nur über die Freude nach – freuen Sie sich auch praktisch! Freude verlangt danach, im Körper, in der Tat Ausdruck zu finden. Sie will gelebt werden. Viele Christen haben Jesus in ihr Herz eingeladen, aber nicht in ihre Seele oder in ihre Stärken.

Unglücklichsein ist nicht in erster Linie die Folge von Schmerz und Schicksalsschlägen. Es hat seinen Ursprung im Widerstand gegen den Willen Gottes. Für viele ist dies eine harte Lektion. Wenn wir von Leiden niedergedrückt werden, ist es grausam zu hören, dass wir glücklich sein sollen. Es stimmt, dass jeder von uns schwierige Lebensphasen durchmachen muss, die sich durch nichts aufhalten lassen. Das Evangelium allerdings schubst uns immer wieder an und fordert uns auf, uns zu freuen und zu feiern. Natürlich zwingt uns niemand, diesem Anschub auch zu folgen. Aber wenn wir es nicht tun, bleibt unser Glück dabei auf der Strecke.

Wir sollen nicht nur orthodox sein (das heißt, die richtigen Lehrmeinungen vertreten), wir müssen auch orthopatisch sein, was so viel heißt wie „die richtigen Gefühle haben“. Die Bibel fordert uns auf, auf die richtige Lehre zu achten. Aber sie fordert uns auch auf, die richtigen Gefühle zu entwickeln. Immer wieder wird uns geboten: „Sorgt euch nicht!“, „Fürchtet euch nicht!“, „Seid zufrieden!“, „Gebt nicht Raum dem Zorn!“ oder: „Friede sei mit euch!“ Zusammengefasst ergeben diese Anweisungen ein Bild vom Glücklichsein, von innerer Freude, die so in unseren Körper hineinwirkt, dass ein glückliches Leben aus ihm herausströmen muss.

16 Authentisch leben

„Freuen dürfen sich alle, die nur von Gott etwas erwarten – mit Gott werden sie leben in seiner neuen Welt.“

Matthäus 5,3

Wie stelle ich fest, dass ich mit Jesus in seiner neuen Welt lebe? Ich freue mich darüber! In den Seligpreisungen steht klar und deutlich, dass der Mensch glücklich (oder selig) ist, der mit Gott lebt. In der Bibel wird häufig das Wort „selig“ gebraucht. Es kann auch mit „glücklich sind“ oder wie in manchen Bibelausgaben mit „freuen dürfen sich alle, die ...“ übersetzt werden. Jesus eröffnet seine Bergpredigt mit neun Herausforderungen – sie reichen von Sanftmut über Traurigkeit bis hin zur Verfolgung –, die, so verspricht er, glücklich machen sollen, wenn wir sie bewältigen.

Moment mal! Wie lassen sich die offensichtlichen Gegensätze in Jesu Seligpreisungen erklären? Schauen Sie sich Vers 4 im 5. Kapitel des Matthäus-Evangeliums an: „Freuen dürfen sich alle, die unter dieser heillosen Welt leiden.“ Und wie ist es, bitte schön, zu verstehen, dass Trauernde sich freuen dürfen?

Auch ich habe mich bei meinem Experiment mit der Freude mit diesem Paradox herumgeschlagen. Konnte ich mich „immerzu freuen“ und dabei gleichzeitig alle unglücklichen Gefühle annehmen, die jeder Mensch irgendwann einmal erlebt? Ist Glücklichsein mit Traurigkeit, Sehnsucht und Frustration in Einklang zu bringen? So absonderlich es klingen mag, ich stellte fest, dass es möglich ist. In der Tat gibt es kein Glück ohne die ganze Spannbreite der vielen konträren menschlichen Emotionen, die das Glück begleiten. Eine weitherzige, authentische Menschlichkeit ist der Boden, auf dem die Freude gedeiht.

Und genau das hat Jesus mit seinen Seligpreisungen gelehrt! Glücklich sind nicht die Menschen, die ihre Schwächen nicht wahrhaben wollen, sondern die, die authentisch das Paradox der menschlichen Existenz ausleben. Sünde überwinden bedeutet nicht, negative Impulse zu vergeistigen. Sünde überwinden heißt, seine Schwächen zu erkennen und in schlichter Abhängigkeit von Gott zu leben. Der glückliche Mensch schrickt nicht vor der Wahrheit über sich selbst zurück. Er nimmt sich so an, wie er ist.

Die Freude überwindet vertrauensvoll alle Widerstände und fürchtet sich vor nichts. Barmherzige Menschen sind glücklich, weil sie sich nicht vor der eigenen Sünde oder den Verfehlungen anderer Menschen fürchten. Darum sind sie frei und können barmherzig sein. Friedensstifter sind glücklich, weil sie keine Angst vor Streit haben; andernfalls könnten sie ja keinen Frieden stiften.

Interessanterweise gibt es keine Seligpreisung für die Freude. Jesus sagt nicht: „Freuen darf sich der Glückliche." Offensichtlich ist der Glückliche bereits gesegnet und weiß es auch. In diesem Wissen verbirgt sich die Gefahr der Selbstzufriedenheit, wie Lukas in einer veränderten Version der Seligpreisungen warnt: „Weh euch, die ihr jetzt lacht! Ihr werdet weinen und klagen" (Lukas 6,25). Wenn ich mir immer wieder einrede, wie klug und weise ich bin, empfange ich keinen Segen – weil ich davon ausgehe, dass ich ihn gar nicht nötig habe. Ich empfange Segen, wenn ich meine eigene Unzulänglichkeit erkenne und annehme.

Glücklichsein kann also auch gefährlich werden. Ich weiß, dass eine zu starre Fixierung auf die Freude genau das Gegenteil bewirken kann; unbemerkt beginnt man, gute Gefühle zu produzieren, bis schließlich kaum noch Luft zum Atmen oder zum Menschsein bleibt. Dagegen kann man täglich nach den Empfehlungen der Bergpredigt leben und daran geistlich reifen. Sie sind Quellen der Freude.

Bezeichnenderweise gilt das letzte „Freuen dürfen sich alle" denen, die beschimpft und verfolgt werden, weil sie Teil von Gottes Familie sind. Sie haben am meisten Grund, sich trotz der schwierigen Umstände zu freuen. Ihnen ruft Jesus zu: „Freut euch und jubelt, denn bei Gott erwartet euch reicher Lohn."

Kann es sein, dass wir an den falschen Stellen nach der Freude suchen? Durch die Bergpredigt lehrt uns Jesus, dass Freude nicht isoliert zu haben ist. Freude ist die Frucht gewisser göttlicher Werte – wie Demut, Reinheit, Friedfertigkeit und Mut. Nimmt man die Freude als Selbstzweck, wird alles, was falsch zu laufen scheint, zu einem riesigen Sorgenberg. Wer dagegen bereit ist, sich immer und nur in Gott zu freuen, dem wird alles zum Segen.

17 Die Stimme des Bräutigams

„Wer die Braut bekommt, ist der Bräutigam.
Der Freund des Bräutigams steht dabei,
und wenn er den Bräutigam jubeln hört, ist er voller Freude.
Genauso geht es jetzt mir.“

Johannes 3,29

Freude hat eine Stimme. Die Menschen sind unglücklich, weil sie auf Stimmen hören, die ihnen einreden, sie seien unglücklich. Falls Sie gerade nicht glücklich sind, hören Sie bestimmt auf eine Stimme, die Ihnen die falsche Botschaft vermittelt. Wenn Sie wieder froh werden wollen, müssen Sie auf eine fröhliche Stimme hören, die sich von allen anderen Stimmen, die um Ihre Aufmerksamkeit buhlen, durch einen fröhlichen Tonfall unterscheidet.

Im ganzen Universum gibt es keinen niederträchtigeren Schurken als Satan. Der Teufel kann der wahren Freude keine Stimme verleihen; das ist unmöglich für ihn. Er kann uns aber auf vielerlei Weise auf die Probe stellen – nur nicht dadurch, dass er die Stimme der Freude nachahmt. Er kann uns aber mit einer Stimme, die an sich nicht glücklich ist, Glück versprechen.

Gottes Stimme hingegen ist *die* Stimme der Freude. Es könnte so viel menschliches Elend, so viel Böses und Ruheloses und vergeudete Zeit vermieden werden, wenn wir die Fähigkeit entwickeln würden, auf die Stimme der Freude zu hören und grundsätzlich nur ihr allein zu folgen. Jesus sagte: „Meine Schafe hören auf mich. Ich kenne sie und sie folgen mir.“ Er macht aber auch deutlich: „Einem anderen Menschen werden sie niemals folgen. Im Gegenteil: Sie werden vor ihm davonlaufen, weil sie seine Stimme nicht kennen“ (Johannes 10,27.5).

In unserem Streben nach Glück geht es nicht um die Freude allein, sondern um die Freude, die wir bei Gott finden. Er ist der Einzige, der uns wirklich glücklich machen kann. Wer glücklich werden will, muss auf den Freudenbringer hören und ihm in allen Dingen gehorchen. Hören wir, welche Pläne er für uns hat: „Unter Jubel werdet ihr den Weg in die Freiheit antreten, mit sicherem Geleit werdet ihr heimkehren“ (Jesaja 55,12). Wer unglücklich ist, dem fällt es schwer zu hören, was Gott, der Vater, sagt, und noch schwerer, ihm allein zu gehorchen.

Natürlich wird niemand, der fest entschlossen unter Jubel seinen Weg in die Freiheit antritt, vor Herausforderungen verschont. Alle möglichen Kräfte werden sich gegen ihn verschwören, um ihn abzulenken und von seinem Weg abzubringen. Es spielt sich ein geistlicher Kampf ab. Die einzige Möglichkeit, zu gewinnen und den Frieden wieder herzustellen, ist ein feines Gespür, ein aufmerksames Gehör für die leise, ruhige, freudige Stimme unseres Gottes, und nur dieser Stimme zu folgen.

Die meisten Gläubigen haben einen Lieblingsbibelvers, einen Vers, der sie ganz besonders anspricht. Mein Vers ist Jakobus 3, Vers 17: „Aber die Weisheit von oben ist zuerst einmal rein und klar." In diesem Bibelabschnitt stellt Jakobus zwei Weisheiten einander gegenüber. „Die eine Art von Weisheit kommt nicht von oben, sie ist irdisch, sinnlich und teuflisch. Wo Eifersucht und Streit herrschen, gibt es Unordnung und jede Art von Gemeinheit. Aber die Weisheit von oben ist zuerst einmal rein und klar; sodann ist sie friedliebend, freundlich, nachgiebig. Sie ist voller Erbarmen und bringt viele gute Taten hervor. Sie kennt weder Vorurteil noch Verstellung. Die Saat der Gerechtigkeit, von Gott gesät, geht nur bei denen auf, die auf Frieden aus sind, und nur bei ihnen bringt sie Frucht" (Jakobus 3,15–18). Jakobus macht es uns einfach und erklärt, dass es nicht viele geistliche Stimmen gibt, sondern nur diese beiden. Ich denke, dass mein Lebenswerk von diesen beiden Stimmen gekennzeichnet ist, und habe gelernt, meine Aufmerksamkeit auf die Stimme zu richten, die vom Himmel kommt.

Das Experiment mit der Freude ist also ein Experiment, in dem es darum geht, auf Jesus zu hören und ihm zu folgen. Wenn wir uns entschließen, Jesus in allem zu folgen, wissen wir oft nicht, was wir nun tun sollen. In diesem Fall müssen wir ihn um Leitung bitten und auf seine Antwort lauschen. Dazu müssen wir stille werden, uns ausruhen, einige Dinge in unserem Leben verändern. Selbst wenn die Antwort, auf die wir so sehr gewartet haben, endlich kommt, wagen wir möglicherweise nicht, unseren Ohren zu trauen. Wahrscheinlich scheint uns alles zu einfach, zu anspruchslos, zu schön, um wahr zu sein.

Aber genau das ist die Stimme der Freude. Wenn Gott anfängt, Ihnen Dinge zu erzählen, die so schön sind, so groß und wunderbar, dass Sie aus freudiger Erleichterung laut loslachen, werden Sie wissen, dass Sie mit dem realen Jesus in Verbindung sind.

18 Segen und Fluch

„Wenn ihr dem Herrn, eurem Gott, nicht gern und voll Freude dient, aus Dank für den Wohlstand, den er euch schenkt, werdet ihr euren Feinden dienen müssen, die der Herr gegen euch aufbietet, und ihr werdet dabei von Hunger und Durst gequält, ihr werdet nichts anzuziehen haben und an allem Mangel leiden. Der Herr wird euch unter ein eisernes Joch zwingen."

Deuteronomium 28,47–48

Die Bibel zeigt den Weg zur Freude deutlich auf. Weil Gott möchte, dass dieser Weg sonnenklar ist, hat er einmal den Unterschied zwischen Glück und Unglück darstellen lassen. Er ließ die Israeliten in zwei Gruppen teilen, die sich jeweils auf verschiedenen Bergen aufstellen sollten. Von einem Berggipfel rief die eine Gruppe Flüche aus, die jeden treffen, der Gott nicht gehorcht. Von dem gegenüberliegenden Gipfel wurden Segnungen ausgerufen, die jedem zuteil werden, der Gott gehorcht. Schlagen Sie jetzt das 28. Kapitel von 5. Mose auf und lesen Sie die großartige Liste der versprochenen Segnungen. Sie werden staunen! „Die ganze Fülle seines Segens wird euch dann zuteil werden" (Deuteronomium 28,2).

Lesen Sie anschließend in demselben Kapitel all das Unglück, das den Ungehorsamen trifft: „Weil ihr den Herrn mit euren bösen Taten beleidigt und euch von ihm abgewandt habt, wird er in kürzester Zeit mit euch zu Ende sein" (Deuteronomium 28,20). Ist das fair, dass Gott einen Fluch über seine Menschheit ausspricht und sie zerstört? Achtung! Hier geht es nicht um Fairness. Wir müssen den Tatsachen ins Auge blicken: Wer sicher an sein Ziel kommen will, beachtet die Verkehrsregeln. Wer die Ampeln ignoriert, wird sehr schnell auf Schwierigkeiten stoßen.

Sind die im 5. Buch Mose ausgesprochenen Segnungen und Flüche überholt? Nein. Sie sind heute noch genauso gültig wie damals. Gott stellt keine ungedeckten Schecks aus. Er hat seinen Menschen klar und deutlich gesagt, wie sie glücklich sein können. Leider haben sie sich taub gestellt, und darum ist all das Elend über sie hereingebrochen, vor dem sie gewarnt wurden. Die Wahlmöglichkeiten waren eindeutig: Segen für Gehorsam. Fluch für Ungehorsam. Glück oder Unglück. Vielleicht fällt es uns heute schwer, unsere eigene Beziehung zur

Freude in solchen Schwarz-Weiß-Kategorien zu sehen. Doch wenn wir Freude als Grauzone behandeln, in der gewisse Dinge einfach nicht festgelegt sind, welche Farbe würde dann unsere Freude annehmen?

Es gibt eine direkte Verbindung zwischen Glücklichsein und Gott Freude machen. „Den Menschen, an denen Gott Gefallen hat, gibt er Weisheit, Wissen und Freude“ (Prediger 2,26). Von Maria, die „Gnade bei Gott gefunden“ hatte (Lukas 1,30), stammt einer der schönsten Lobgesänge in der Bibel: „Mein Herz preist den Herrn, alles in mir jubelt vor Freude über Gott, meinen Retter!“ (Lukas 1,46-47).

Gott interessieren Adverbien mehr als Verben. Er will nicht nur, dass wir ihm dienen; er möchte, dass wir ihm *fröhlich* dienen. Ohne Freude werden ihm unsere Werke und Opfer oder gar eine fehlerlose Theologie gar nicht gefallen. Gott liebt nicht alle Geber. „Gott liebt fröhliche Geber!“ (2. Korinther 9,7). Er möchte, dass wir glücklich sind. Das zählt bei ihm mehr als unser Geld oder unsere guten Werke.

Würden Sie sich als Eltern über pflichtbewusste Kinder freuen, die schwermütig und von Schuld und Angst bedrückt durchs Leben gehen? Die sich vor den Konsequenzen ihrer Untaten fürchten und nie so unbekümmert sind, dass sie mit Ihnen lachen oder spielen können? Wollen liebevolle Eltern nicht vor allem, dass sich die Kinder ihres Lebens freuen? „Wer von euch würde seinem Kind einen Stein geben, wenn es um Brot bittet?“ (Matthäus 7,9).

Warum sind viele Christen nicht glücklich? Warum findet man in unseren Gemeinden so selten echte Freude? Könnte es sein, dass wir nicht wirklich an einen liebenden himmlischen Vater glauben, der möchte, dass seine Kinder glücklich sind? Ihm geht es bei allem, was er tut, in erster Linie um unsere Freude. Die Botschaft, die hinter Jesu Gleichnis vom Hochzeitsmahl steht, ist, dass Gott uns zu einem großen Fest einlädt, aber niemand will kommen! Unser König hat für uns einen Freudensaal bereitet, und er müht sich, uns in seinem Reich froh zu machen. Wenn wir das nicht begreifen wollen, wenn wir nur trübsinnig und missmutig herumlungern, muss er uns vielleicht herausfordern und uns wie den schäbig gekleideten Gast fragen: „Wie bist denn du hier hereingekommen? Du bist ja gar nicht hochzeitlich angezogen“ (Matthäus 22,12).

19 Eine positive Grundhaltung

„Ich bin überzeugt: Was wir in der gegenwärtigen Zeit noch leiden müssen, fällt überhaupt nicht ins Gewicht im Vergleich mit der Herrlichkeit, die Gott uns zugedacht hat und die er in der Zukunft offenbar machen wird."

Römer 8,18

Welche Einstellung haben Sie zu Ihren augenblicklichen Leiden und Schwierigkeiten? Wollen Sie sie vor allem loswerden oder ahnen Sie, dass sie auch positive Seiten haben? Wenn man Probleme loswerden will, ist man im Grunde auf dem besten Weg, seine Probleme zu behalten. Der Teufel riecht nämlich diese Schwäche in uns, dieses Zögern zu kämpfen, und schleicht sich leise heran, um uns auch noch den letzten Schlag zu versetzen. Es ist für ihn viel schwieriger, Menschen anzugreifen, die bereit sind, alles auf sich zu nehmen, weil er weiß, dass sie den Sieg davontragen werden.

In einer Zeit, in der ich mich schwach und unterlegen fühlte, fragte mich ein Freund: „Hast du schon einmal einen Kampf verloren?" Plötzlich erkannte ich, was er mir eigentlich sagen wollte: Jedes Problem, das ich je gehabt hatte, lag hinter mir, bis auf das, dem ich im Augenblick gegenüberstand, und auch dieses würde sich eines Tages regeln lassen. Die Frage meines Freundes brachte mich zur Besinnung und ich antwortete: „Nein. Ich habe noch keinen Kampf verloren."

Durch Christus sind unsere Niederlagen der Stoff, aus dem unsere Siege gemacht werden. Der Teufel kann niemals gegen uns gewinnen, weil der Kampf gegen Christen wie der Kampf gegen die Hydra ist: Für jeden abgeschlagenen Kopf wachsen dem Untier zwei neue! Für jeden offensichtlichen Triumph der Finsternis wird in Gottes Himmelreich ein viel größerer Sieg für den Gläubigen errungen. Paulus drückte dies in seinem zweiten Brief an die Gemeinde in Korinth folgendermaßen aus: „Die Leiden, die ich jetzt ertragen muss, wiegen nicht schwer und gehen vorüber. Sie werden mir eine Herrlichkeit bringen, die alle Vorstellungen übersteigt und kein Ende hat" (2. Korinther 4,17).

Es macht einen großen Unterschied, ob ich meine Probleme als leicht und von nur vorübergehender Dauer betrachte oder als schwer und unlösbar. Habe ich mich erst einmal entschlossen, mich mit der Lage abzufinden, und trete jeder Versuchung mutig gegenüber, kann ich ohne diese Belastung leben. Schwierigkeiten stellen nämlich nur dann ein Problem dar, wenn ich mir nicht sicher bin, ob ich sie lösen kann.

Glückliche Menschen haben genauso viele Nöte wie „normale“ Menschen auch und oft noch mehr. Es spricht einiges dafür, dass der Glückliche Schmerz heftiger empfindet als der Unglückliche, dessen Gefühle relativ abgestumpft sind. Der eigentliche Unterschied besteht jedoch darin, dass glückliche Menschen sich nicht von ihrem Schmerz gefangen nehmen lassen. In einem glücklichen Herzen setzt sich der Schmerz nicht fest, sondern er fließt wie durch einen Kanal durch das Herz hindurch, und dieser Kanal ist die Freude. Freude hält den Schmerz nicht fest.

So bedeutet Glücklichsein also nicht, dass es für den Glücklichen überhaupt keinen Schmerz gibt. Glücklichsein bedeutet, mit seinen Lebensproblemen besser fertig zu werden. Glückliche Menschen bleiben nicht lange am Boden liegen. Ihr Leben ist dafür zu reich an anderen guten Dingen. Die Freude gibt ihnen die Kraft, weitere Herausforderungen anzunehmen. Und mit den Herausforderungen wächst die Freude.

Freude weiß, dass sie auf der Gewinnerseite ist. Darum kann sie sich sogar inmitten des Leids freuen. Wenn Lebensnöte unbesiegbar und von Dauer wären, gäbe es überhaupt keine Freude. Wie leicht lassen wir uns in eine feige Haltung drängen! Es bedarf keiner großen Katastrophe, um uns in die Knie zu zwingen. Ein wenig Ärger reicht da schon aus. Ein Tag, eine Woche, selbst ein ganzes Leben kann von einer Serie kleiner vorübergehender Schwierigkeiten zerstört werden. Während ein gläubiger Mensch Gott trotz seiner Krankheit lobt und preist, murrt ein anderer schon wegen seiner triefenden Nase. Wo liegt der Unterschied zwischen diesen beiden Menschen? In ihrer Lebenshaltung.

Nehmen Sie die Haltung eines Opfers ein und Sie fühlen sich niedergeschlagen. Nehmen Sie die Haltung eines Siegers ein und Sie fühlen sich ausgezeichnet! Das Opfer, das mit einem Problem konfrontiert wird, zittert und möchte, dass sich das Problem sofort auflöst. Der Sieger, der sich dem gleichen Problem gegenübersieht, schaut ihm durchdringend ins Auge und geht das Problem an. Ein Freund, der Krebs hat, lebt heute nach dem Motto: „Krebs spielt nicht fair; er will gewinnen – und das will ich auch.“

Auch James Birrell, ein Junge, der mit acht Jahren an Leukämie starb, sagte dies in seinen eigenen Worten: „Du darfst dir vom Krebs nicht den Tag verderben lassen.“

20 Geistliche Kriegsführung

„Aber nicht darüber sollt ihr euch freuen, dass euch die bösen Geister gehorchen. Freut euch lieber darüber, dass eure Namen bei Gott aufgeschrieben sind."

Lukas 10,20

Ein Buch über die Freude ist notwendigerweise auch ein Buch über geistliche Kampfführung. Was ist mit diesem viel zitierten Ausdruck gemeint? „Legt die Waffen an, die Gott euch gibt, dann können euch die Schliche des Teufels nichts anhaben", schreibt Paulus in seinem Brief an die Epheser (Epheser 6,11). Es findet ein Krieg statt und wir stehen mitten drin. Gottes Streiter sollten also jederzeit zum Kampf gerüstet sein. In dem Augenblick, in dem wir nachgeben, ist der Kampf verloren, denn der Feind schläft nie.

Jesus weiß, dass es in der geistlichen Kampfführung sehr gefährlich wird, wenn man sich zu sehr mit der Finsternis beschäftigt. Seine Jünger waren ganz begeistert von den vielen Dämonen, die sie ausgetrieben hatten. Darum musste er sie wieder auf den Teppich zurückholen und ihnen den wahren Grund ihrer Freude klar machen. Geistliche Siege können Begeisterung hervorrufen. Doch wahre Freude verbirgt sich in der schlichten Tatsache, dass unsere „Namen bei Gott aufgeschrieben sind". Allein aus dieser Freude erwächst die Stärke, den Feind anzugreifen und sich zu verteidigen.

Das Leben ist ein erbitterter Kampf zwischen Gut und Böse. Das ist der Grund, warum wir auf der Erde sind – um diesen Kampf zu bestehen. Und das ist auch die Antwort auf die Frage: „Warum geschieht so viel Böses in dieser Welt?" oder: „Warum lässt Gott das Böse zu?" Den guten Kampf zu kämpfen, das ist unser Lebenszweck. Jeder, der diese grundlegende Tatsache nicht zur Kenntnis nehmen oder gar akzeptieren möchte, wird es sehr schwer haben, wahre Freude zu finden.

Jesus selbst gab dem geistlichen Kampf oberste Priorität gegenüber seinen unzähligen guten Taten. Unmittelbar nach seiner Taufe „führte der Geist Gottes Jesus in die Wüste, wo er vom Teufel auf die Probe gestellt werden sollte" (Matthäus 4,1). Erst nachdem er diesen ersten Kampf gewonnen hatte, konnte er seine Aufgabe, „erfüllt mit der Kraft des Heiligen Geistes" (Lukas 4,14), übernehmen. Etwas später lehrte Jesus: „Niemand kann in das Haus eines Starken eindringen und ihm seine Beute rauben, wenn er den Starken nicht zuvor gefesselt hat. Dann erst kann er sein Haus ausrauben“ (Markus 3,27).

Viele von uns versuchen, etwas für Gott zu tun, ohne zunächst den Feind zu fesseln. Wenn wir nicht das Haus des Feindes ausrauben, wird er unser Haus ausrauben – oder in Anlehnung an das bekannte Sprichwort „Wer zuerst kommt, lacht zuerst.“ Wenn es dem Widersacher gelingt, uns die Freude zu rauben, ist alles verloren. Was nützen uns alle Segnungen, wenn wir uns nicht an ihnen erfreuen können? Mit anderen Worten: Kann der Teufel uns unsere Freude nicht rauben, kann er uns auch alles andere nicht stehlen. Ein glücklicher Mensch kann nicht beraubt werden.

Wer sich freuen will, muss um die Freude kämpfen, besonnen oder verbissen. In unserer Gesellschaft, in der nur der äußere Schein zählt, geschieht es nur allzu leicht, dass wir schlafwandelnd durch unser Leben trotten und zur leichten Beute für monströse Ungeheuer werden. Sie lauern gewitzt hinter dem Schein der Höflichkeit, der materiellen Annehmlichkeiten und hinter falschen Sicherheiten. Da unsere Zivilisation innerlich verkümmert, ist unsere Aufmerksamkeit auf Selbstsucht, Kurzzeitziele und unwesentliche Wehwehchen gerichtet. Wenn wir uns bewusst machen, dass wir tatsächlich in einem geistlichen Kampf stehen, wird uns die wahre Natur unserer Kämpfe sichtbar und festigt unseren Blick für die Realität.

Gelingt es uns nicht, geistliche Siege zu erringen, haben wir nur wenig Freude. Ein selbstgefälliges Glücklichsein vergeht sehr bald. Die Freude sitzt nicht müßig herum und freut sich an sich selbst; sie ist, falls erforderlich, aggressiv, quicklebendig und kompromisslos. Freude scheut keine Opposition. „Solange es Tag ist“, sagte Jesus, „müssen wir die Taten Gottes vollbringen“ (Johannes 9,4). Dazu gehört, dass wir „die Werke des Teufels [...] zerstören“ (1. Johannes 3,8). Sind wir am Werk unseres himmlischen Vaters beteiligt? Triumphieren wir täglich über Ärger, Sorgen, Zweifel und Lethargie?

Da geistliche Kriegsführung keine Aufgabe unter vielen, sondern dringende Notwendigkeit ist, sollten wir uns auch darüber freuen, dass Gott sie uns anvertraut hat. In Christi Namen einen Feldzug zu führen ist keine bedrückende Pflicht. Es ist ein königliches Privileg, das mit Freude verbunden ist. Unser Gott möchte, dass wir neben der Freude am Sieg auch die Freude am Kampf kennen lernen. Wer vor Kämpfen zurückschreckt, verzichtet auf einen Teil seines Menschseins. Durch und durch lebendig zu sein bedeutet, das Leben kraftvoll umzupflügen, um es in seinen tiefsten Tiefen kennen zu lernen. Und dazu gehören auch die Schrecken des Lebens.

21 Kampfbereitschaft

„Kämpfe den guten Kampf des Glaubens.“

1. Timotheus 6,12

Möchten Sie wissen, wie man den geistlichen Kampf gewinnt? Durch die Bereitschaft zum Kampf. Wie ein Fußballspieler Lust zum Fußballspielen braucht, braucht der Kämpfer Lust, um mit Feuereifer zu kämpfen. Es ist die Lust am Kampf selbst, an den Adrenalinstößen, am Bewusstsein der eigenen Stärke und Geschicklichkeit, an den Schreien des Gegners, dem Geruch des Blutes.

Haben die Dämonen auf ihre Weise Lust an dem, was sie tun? Natürlich haben sie Lust, uns anzugreifen! Allerdings zittern sie auch! Aber eine Art Lust treibt sie genauso an wie uns. Doch durch Christus werden wir nicht nur durch Lust, sondern vor allem durch die wahre Liebe angetrieben, die die Angst vertreibt (vgl. 1. Johannes 4,18). Diesen Vorteil müssen wir nutzen! Wenn wir den Kampf (um Jesu willen) lieben, sind wir stärker als der Feind und damit unbesiegbar. Die Liebe zu Jesus und damit zum Kampf ist der Weg zum Sieg.

Der Teufel kennt unsere menschlichen Schwächen. Er weiß, dass die meisten von uns keine Probleme haben wollen. Wir mögen sie nicht. Wenn Schwierigkeiten auftreten, schrecken wir zunächst einmal vor ihnen zurück. Wir versuchen, sie zu ignorieren. Die meisten Menschen tun fast alles, um einer Konfrontation auszuweichen. Wissen Sie, was uns daran hindert, die Kämpfe unseres Lebens zu gewinnen? Wir sind weit davon entfernt, den Kampf zu lieben. Wir betrachten ihn als ein schmutziges Geschäft, das wir um jeden Preis vermeiden müssen. Wir würden lieber alles andere tun, sogar Füße waschen, als uns denen zu stellen, die die Bibel „unsichtbare Mächte und Gewalten, [...] die bösen Geister, die diese finstere Welt beherrschen“ (Epheser 6,12) nennt.

Zur Zeit Samsons wollte Gott „[...] einen Anlass haben, um gegen die Philister vorzugehen“ (Richter 14,4). Das ist eine Haltung, die wir uns als Christen auch aneignen sollten. Obwohl wir die Mächte der Finsternis nicht herausfordern wollen, können wir sicher sein, dass Gott es durch uns tun wird. Und darauf sollten wir uns einstellen. Einstellen ist eigentlich zu wenig; wir sollten uns *bemühen*, dem Widersacher eins auszuwischen. Statt Problemen aus dem Weg zu gehen, sollten wir auf Beute lauern, weil wir wissen, dass dadurch das Reich Gottes schneller herbeikommt. Wir haben nicht wie der Teufel Lust an Problemen an sich, aber wir spüren die Möglichkeiten, die sie uns bieten. Wir lernen, Kämpfe zu lieben, anstatt sie zu hassen, weil sie eine Chance bieten, gegen den Feind anzugehen und unser Gebiet der Freude zu erweitern.

Christen sollten aus drei Gründen den geistlichen Kampf lieben. Erstens, wir kämpfen in dem Wissen, dass Christus unser Befehlshaber ist, und er ist es, der den Kampf führt. Wir lieben den Kampf in seinem Namen um seinetwillen. Zweitens, wir lieben den Kampf, weil er notwendig ist. Das Böse existiert und muss bekämpft werden. Drittens lieben wir den Kampf, weil er ein Ende oder Ziel hat. Das Ziel heißt Frieden. Wir sind zwar friedliebend, wissen aber, dass in der spirituellen Welt der Weg zum Frieden ein Kriegspfad ist.

Können wir nicht den Sieg ohne vorherigen Kampf lieben? Nein, denn auch der Kampf ist gut. Geistliche Kampfführung ist eine gute Sache; wenn es anders wäre, würde Jesus sie nicht von uns verlangen. Er möchte, dass wir an seiner Seite kämpfen. Er sehnt sich mit uns danach, dass wir uns aus unserem Elend und unserer Apathie befreien und die Waffen gegen den Feind erheben und die Siegesfreude spüren, die durch unsere Adern rauscht. Er möchte, dass wir wissen, wie real und lebendig es sich anfühlt, wenn wir „kämpfen und uns abmühen“ (vgl. Kolosser 1,29) und gegen die Dinge angehen, die uns niederdrücken.

Ein Christ weiß, dass es nur eine Möglichkeit gibt, frei zu werden, und die besteht darin, sich gegen den Feind unserer Seele zu erheben. Gott wird uns die Waffen, den Mut, die Kraft und alles andere geben – wenn wir den Willen und die Bereitschaft zum Kampf aufbringen. Nur wir können beschließen, den Kampf so zu lieben, wie Gott ihn liebt, und uns ganz darin engagieren.

Wollen Sie den Willen Gottes tun? Dann nehmen Sie den geistlichen Kampf auf. Auch Jesus tat dies. Er gab sein Leben in diesem Kampf. Er stellt sich dem Kampf, weil er uns liebt. Wenn ich den wichtigsten Schlüssel zur Freude nennen sollte, würde ich „Kampfbereitschaft“ nennen.

22 Einen Vorgeschmack auf den Sieg

„Das Volk Gottes stimmt das Siegeslied an;
aus allen Zelten schallt es laut:
‚Der Herr hat seine Macht gezeigt;
seine Hand ist siegreich erhoben.
Er hat die Feinde geschlagen!'"

Psalm 118,15

Freude ist, wie wir gesehen haben, in ihrem Wesen mit Kampf verbunden. Freude entsteht nicht im Stillstand, sondern indem man sich gegen Widerstände zur Wehr setzt. Wenn Freude bleibt, bewacht sie nicht nur das eroberte Gebiet. Die Freude lebt vom Vorgeschmack auf den Sieg – und wer siegreich sein will, muss einen Gegner haben. Freude braucht das Gefühl, gegen Kräfte anzugehen, die sie zerstören wollen. Je größer die Herausforderung, desto größer ist das Freudenpotenzial.

Wenn ich an einem ganz normalen Tag in mich hineinschaue, erkenne ich nur wenige Augenblicke reiner Freude. Oft sind es nur ein paar kurze Momente, die nicht von düsteren Gedanken oder Gefühlen überschattet sind. Selbst an einem herrlichen Sonnentag, an dem die Schatten nicht dominieren, kann ich die dunklen Schatten nicht verleugnen. Sie sind immer gegenwärtig. Eher öfter als selten „bereite[t der Herr] vor mir einen Tisch im Angesicht meiner Feinde" (Psalm 23,5; Luther). Wende ich meinen Blick ein wenig von meinem gedeckten Tisch ab, erblicke ich schon die finsteren Gestalten – Zweifel, Apathie, Angst –, die um mich lauern.

Auch wenn ich vollkommene Freude nur selten erfahre, heißt das nicht, dass es sie nur selten gibt. Ganz im Gegenteil. Ohne Widerstand verliert die Freude ihren Reiz und wächst sich zur Selbstzufriedenheit aus. Gott kennt vollkommene Freude in sich selbst. Wir aber kennen Glücklichsein nur im Gegensatz zum Unglücklichsein.

Als ich meiner zehnjährigen Tochter Heather erzählte, dass ich beabsichtigte, ein Buch über die Freude zu schreiben, sah sie mich besorgt an. Sofort setzte sie sich hin und schrieb mir folgenden kurzen Brief:

„Lieber Papa,

heute hattest du die Idee, ein Buch über die Freude zu schreiben. Während du das Buch schreibst, wirst du wahrscheinlich sehr unglücklich werden, weil der Teufel nicht möchte, dass du es zu Ende bringst. Sobald du das spürst, nimm diese Notiz zur Hand und lies sie!

Ein weises Wort von Heather"

Ein weises Wort. Allerdings! Heather wusste sehr gut, dass ein Leben in der Freude unvermeidlich das Waffenfeuer des Feindes auf sich lenkt. Sie wusste auch, dass der Teufel Menschen unglücklich macht und nicht Gott. Beim geringsten Anzeichen von Freude kommt der Feind vorbei und flüstert hinterhältig: „Meinst du, dass dich das glücklich machen wird? Ich glaube nicht." Damit streckt er seinen kleinen Widerhaken nach uns aus und piekst uns an einer empfindlichen Stelle. Noch bevor wir es bemerken, fühlen wir uns elend oder werden schlecht gelaunt, es gibt Streitereien in der Familie oder ein Plan löst sich in Luft auf.

Solche Dinge passieren unweigerlich. Wenn Ihnen das passiert, *dann nehmen Sie dieses Buch zur Hand und lesen Sie es!* Lesen Sie wenigstens die kurze Nachricht von Heather und achten Sie auf die Warnung eines Kindes. Der Teufel wird versuchen, uns Angst einzujagen. Aber wir dürfen nicht aufgeben, denn zusammen mit Christus haben wir die Macht, ihn zu bekämpfen. Und Jesus möchte, dass wir das angenehme Gefühl des Siegens kennen lernen.

Die Kämpfe, von denen uns im Alten Testament berichtet wird, wurden gegen Widersacher aus Fleisch und Blut ausgefochten. Das Schlachtfeld hat sich verändert. Jesus ist in den Himmel zurückgekehrt, sodass der Heilige Geist kommen konnte. Und der Heilige Geist ist gekommen, damit der Kampf weitergehen kann. Gott hätte alle Feinde Israels auch ohne das Zutun von Armeen zerstören können. Doch er wollte, dass die Israeliten kämpfen und sich nicht fürchten. Warum? Krieg bedeutet nicht allein, den Feind zu besiegen, sondern auch, dass wir die Angst überwinden. Unsere Freude hängt davon ab.

Wie fremdartig und aufregend und erstaunlich ist dieses Lebensgeschenk! Was macht es schon, dass es schwierig zu erwerben ist? Was macht es schon, dass wir von Schwierigkeiten umgeben sind und von allen Seiten bedrängt und angegriffen werden? Viele, viele gute Geschenke wiegen die Prüfungen auf. Gott sei Dank, dass wir auf unserem Weg durch diese Welt mit einigen Widerständen konfrontiert werden! Gott sei Dank, dass er das Leben nicht leicht gemacht hat! Er führt uns an unsere Grenzen heran und macht aus trägen, undankbaren Menschen Gottes Kinder, die stark und furchtlos und liebevoll sind.

23 Beifallsstürme

„Sie sollen ihm danken mit Opfergaben und voll Freude verkünden, was er getan hat!"

Psalm 107,22

Wann ist ein „Dankeschön" ein Opfer? Wenn ich mich nicht danach fühle, jemandem für etwas zu danken. Das ist der Unterschied zwischen einem „Dankeschön" und Dankbarkeit. Dankbarkeit ist eine Haltung des Herzens. Ein Dankeschön ist eine Tat – und wo kein Danke gesagt wurde, entwickelt sich keine Dankbarkeit.

Vor einigen Jahren erkannte ich, dass ich dankbarer werden sollte. Darum begann ich damit, Gott jeden Abend vor dem Einschlafen für fünf Dinge zu danken. Ich tue das auch heute noch, sobald ich spüre, dass ich nicht dankbar genug bin. Statt auf Sorgen und Ängste zu starren, suche ich nach Dingen, für die ich dankbar sein kann. Ich setze, bildlich gesprochen, eine neue Brille auf, und das Leben sieht durch die Brille der Dankbarkeit ganz anders aus.

Sollten Sie einmal ganz unten sein und nur noch ein Gebet auf den Lippen haben, dann formulieren Sie bitte ein Dankgebet. Das geht oft viel leichter und ist meist kraftvoller. Außerdem besteht eine besondere Verbindung zwischen Dank und Freude. Unter manchen Umständen ist der Dank – wie die Vergebung – der kürzeste und oft einzige Weg zur Freude. Dankgebete, die von Herzen kommen, ziehen uns näher zum Licht und damit zum Feuer der Freude.

Mit einem Dankeschön können wir Freude sammeln. Stellen Sie sich vor, Sie sind auf einer Wiese und fangen mit einem Netz Schmetterlinge ein. Die Wiese ist voller Spinnen, aber Sie beachten sie nicht. Auch Wildkräuter und weggeworfene Abfälle ignorieren Sie. Sie sammeln weder Spinnen noch Wildkräuter, noch Abfälle. Sie sammeln Schmetterlinge und haben nichts anderes im Blick als diese farbenfrohen, leuchtenden Insekten.

Auch Freude verlangt unsere ungeteilte Aufmerksamkeit. Die Welt bietet uns tausend Gründe, aus denen wir traurig oder niedergeschlagen sein könnten. Aber auch Gutes und Schönes sind im Überfluss vorhanden. Worauf wollen wir unseren Blick richten? Die Sache, auf die Sie Ihre Aufmerksamkeit richten, ist auch das, was Sie aufsammeln.

Nun stellen Sie sich vor, Sie sind auf einer Wiese und pflücken Blumen – sagen wir, Veilchen. Es blühen auch viele andere Blumen auf der Wiese. Aber Sie haben nur ein Auge für die violetten duftenden Veilchen. Was haben Sie in der Hand, wenn Sie fertig sind? Steine oder Zweige oder Gras? Nein, Sie haben einen Veilchenstrauß in der Hand.

Jeden Tag wartet die Freude darauf, gepflückt zu werden. Wollen Sie sich die Mühe machen, nach Freude zu suchen und dankbar zu sein? Die Freude ist wie eine Fremde, die vor Ihrer Haustür steht. Die Dankbarkeit ist die Gastgeberin, die die Tür öffnet und sagt: „Treten Sie bitte ein und machen Sie es sich bei mir gemütlich." Ohne Dankbarkeit steht die Freude immer nur draußen vor Ihrem Herzen und klopft an, und Sie bemerken es nicht einmal!

Wir erleben die Freude nicht wirklich als *unsere* Freude, bis wir sie uns bewusst machen und für sie danken. Wie viele freudige Erlebnisse mögen uns täglich gedankenlos verloren gehen, weil wir uns nicht die Zeit nehmen, sie in unser Haus hineinzulassen?

Ist Gott an unseren schlechten Tagen weniger gut zu uns? Nein. Gott verändert sich nicht. Er ist immer ehrfurchtgebietend und liebevoll. Verdient er es nicht, dass wir glücklich sind? Ist er es nicht wert, dass wir ihn verehren? Er tippt das Himmelsgewölbe über unseren Köpfen an und es wird Licht. Er kleidet die Kontinente mit den Satinkleidern der Meere. Wenn er nichts weiter geschaffen hätte als diese beiden Wunder, wären diese Fakten allein nicht schon unsere ständigen Beifallsstürme und unseren Freudenapplaus wert?

Freude ehrt Gott. Wenn wir uns wohl fühlen, strahlt Gott. Seien Sie Gott gegenüber nicht halbherzig. Klatschen Sie ihm jeden Tag Beifall. Er wartet darauf. Und Sie auch. Ihr ganzes Sein wartet darauf, in einen begeisterten, nicht enden wollenden Applaus auszubrechen. Anders werden Sie nicht wirklich glücklich. Sie werden erst glücklich, wenn Ihr erster Gedanke beim Aufwachen ist: „Danke, Gott, dass ich leben darf!" Sie werden erst dann glücklich sein, wenn Sie es wie ein kleines Kind kaum erwarten können, aus dem Bett zu klettern und auf Zehenspitzen die Treppe hinunterzugehen und zu sehen, was Sie heute Schönes erwartet. Sie werden erst dann glücklich sein, wenn Sie Ihre Probleme vergessen und zum Himmel aufschauen und von Herzen für ein Leben danken können, das von all den guten Dingen, die Ihnen Gott gegeben hat, überfließt.

24 Die Qual der Wahl

„Noch gibt es keine Feigen oder Trauben, noch sind keine Oliven zu ernten, noch wächst kein Korn auf unseren Feldern und die Schafhürden und Viehställe stehen leer – und doch kann ich jubeln, weil der Herr mir hilft; was er zugesagt hat, erfüllt mich mit Freude."

Habakuk 3,17–18

Habakuk lehrt uns, dass Freude nicht von Lebensumständen abhängig ist. Freude kann in den schlimmsten Zeiten aufkommen. Glücklich ist man nicht ohne Grund; zum Glücklichsein gehört ein fester Wille. „[...] entscheidet euch heute, wem [...] ihr dienen wollt" (Josua 24,15). Habakuk zeigt uns, wie diese Entscheidung in der Praxis aussieht.

Es dauerte gar nicht lange, da erlebte ich während meines Experiments einen jener Tage, an denen wir am Morgen lieber im Bett hätten bleiben sollen. Es war ein Tag voller unerwarteter Frustrationen. Ich nahm mir vor, trotzdem an der Freude festzuhalten, aber es gelang mir nur mit knapper Not. Gegen Mitternacht hing meine Freude an einem seidenen Faden. „Wenn jetzt noch irgendetwas passiert", sagte ich mir, „dann flippe ich aus." Genau in diesem Moment, als ich zum letzten Mal an diesem Tag die Treppe zum Schlafzimmer erklimmen wollte, um müde in mein Bett zu sinken, bemerkte ich, dass unser Hund Durchfall hatte und der ganze Teppichboden im Flur dreckig war. Während ich mir die Bescherung ansah, ging mir auf: „Mike, du hast jetzt zwei Möglichkeiten: Du kannst deine Freude endgültig über Bord schmeißen oder du kannst bereitwillig und mit Freude den Schmutz beseitigen." Diese beiden Alternativen standen so klar und deutlich vor meinen Augen, als habe sich in meinem Herzen das Tor der Wahl geöffnet und mir die Macht gezeigt, die einen Moment lang in meiner Entscheidung lag.

In dieser Nacht wählte ich zum Glück die Freude und ich ging so froh zu Bett wie nur selten in meinem Leben.

Glücklichsein ist Willenssache. Es ist eine Reihe von vielen Entscheidungen, eine Reihe von kleinen Schritten, die einer nach dem anderen in die gleiche Richtung führen. Sie können, ganz gleich, wo Sie sind, in diesem Augenblick einen dieser Schritte gehen. Die Wunden in

Ihrem Herzen werden nicht durch ein einmaliges Wunder heilen, sondern durch viele kleine Entscheidungen, die eine nach der anderen getroffen werden. Dabei geht es um Glaube statt Zweifel, um Glücklichsein statt Unglücklichsein. Während sich Leid nicht vermeiden lässt, ist Kummer eine Sache der Entscheidung. Schmerz lässt sich nicht vermeiden, Freude lässt sich vermeiden. Solange Sie die Macht der Entscheidung anzweifeln, werden Sie sie nicht ausprobieren und erleben.

Schritt 1 aus dem 12-Schritte-Programm der Anonymen Alkoholiker lautet: „Wir geben zu, dass wir [dem Alkohol gegenüber] machtlos sind – und unser Leben nicht mehr meistern können." Ein Freund, der bei seinem ersten Meeting mit diesem Schritt konfrontiert wurde, gestand, dass er machtlos gegen seine Wolllust sei. Nach zwei Jahren und vielen Meetings hatte mein Freund immer noch ein großes Problem mit seiner Sexsucht. Als Alkoholiker, der seit über 20 Jahren trocken ist, forderte ich ihn endlich heraus: „Warum gibst du nicht einfach auf? Sexsucht ist nicht anders als Alkoholismus. Vielleicht scheint es einfacher zu sein, den Alkohol aufzugeben, weil er greifbar ist, aber das Programm funktioniert bei Sexsucht genauso. Du kannst wirklich damit aufhören und frei werden."

Und das gilt auch für das Unglücklichsein. Kummer ist eine Sucht. Wenn man sich von ihr befreien will, muss man ganz klar mit dieser Angewohnheit brechen, sodass Unglücklichsein keine Entscheidungsmöglichkeit mehr ist. Der erste Schritt ist – genau wie bei der Alkohol- oder jeder anderen Sucht –, dass ich mir bewusst werde: „Gegenüber dieser zerstörerischen Krankheit bin ich machtlos." Wie der Alkoholiker, der Alkohol in jeder Form meiden muss, muss der Melancholiker jede Form des Jammerns meiden. Sobald ein Problem auftritt, muss der Melancholiker einen anderen Weg als sein Wehklagen finden, um damit fertig zu werden. Er findet diesen Weg nicht, indem er ein entsprechendes Buch durchliest, einen Berater konsultiert oder einige große Konferenzen besucht. Er findet den neuen Weg nur, indem er sich bewusst macht, welches Tor er öffnen will, und dann mit eiserner Entschlossenheit über die richtige Schwelle schreitet.

Ich zweifle nicht daran, dass Gott sich den ganzen Tag über ein Bein ausreißt, um mir Freude zu schenken – aber ich muss die Freude auch in mein Leben lassen. Jesus steht auf der Kreuzung und weist mir den Weg. Er lädt mich ein. Er macht mir Mut. Aber ich muss mich entscheiden. Dauerhaftes Glücklichsein finde ich nur, wenn ich zahllose kleine Entscheidungen treffe, jeden Tag aufs Neue. Wenn ich das erst einmal erkannt habe, ist die Entscheidung nicht mehr schwierig.

25 Die eigenen Vorstellungen ändern

„Doch die Treuen, die zu ihm halten, freuen sich und jubeln vor ihm in überschäumender Freude."

Psalm 68,4

Ich bin davon überzeugt, dass die eine Sache, die uns hauptsächlich daran hindert, glücklich zu sein, eine falsche Vorstellung von Glücklichsein ist. Menschen sind unglücklich, weil sie sich nicht vorstellen können, dauerhaft glücklich zu sein. Damit ich mein Experiment mit der Freude durchführen konnte, musste ich einige meiner Vorstellungen über Bord werfen. Von einer Theologie des Bekümmertseins musste ich zu einer Theologie des Glücklichseins umschalten.

Jahrelang hatte ich geglaubt, Betrübnis sei ein gutes, normales Lebensgefühl. Traurigkeit war eine mitfühlende, pragmatische, oft realistische Reaktion auf die Komplexität des Lebens. Was für eine Überraschung erlebte ich, als ich feststellte, dass eine ständige unterschwellige Melancholie in Wirklichkeit meine letzte Verteidigungsstrategie gegenüber der Liebe Gottes war! Verdrossene Menschen nehmen Gott alles übel, was in ihrem Leben schief gelaufen ist. Atheisten beschäftigen sich mit Gott, indem sie nicht an ihn glauben. Doch diese Alternative war mir verschlossen geblieben. Ich *musste* einfach an Gott glauben. Es sprach ganz offensichtlich zu vieles für ihn. Ich wusste, dass die Welt voller Wunder ist, dass das Leben unsagbar wertvoll ist, dass ich von Zeichen und Botschaften der Macht und Liebe meines Schöpfers umgeben bin. Wie sollte ich, der dies voll im Blick hatte, das Festhalten an meiner selbstsüchtigen Verdrossenheit rechtfertigen?

Die Antwort war einfach: Glaube an die Traurigkeit. Glaube, dass ein gewisser Grad an Melancholie in dieser Welt unvermeidlich ist. Glaube, dass Freude kurzlebig und flüchtig ist. Freude ist eher die Ausnahme als die Regel. Freude ist ein unberechenbarer Segen und kein Gebot.

Sind Sie heute unglücklich? Hinterfragen Sie einmal, was Sie glauben. Was ist Ihre Entschuldigung dafür, dass Sie glauben, heute nicht in Freuden leben zu können? Niemand kann glücklich sein, ohne dass er glaubt, dass Glücklichsein gut, richtig, angemessen und erlaubt ist.

Solange wir glauben, dass Freude eine kurzfristige Zuwendung ist, die sorgfältig eingeteilt werden muss, werden wir uns nicht freuen. Der großzügige Reichtum von Gottes Himmelreich ist für das bloße Auge nicht sichtbar. Darüber kann sich nur der freuen, dessen Glaube stark genug ist, dass er ihn in die Tat umsetzen kann.

Glaube und Werke gehen Hand in Hand. Jeder, der wirklich an das Himmelreich glaubt, wird alles daransetzen, dorthin zu gelangen. Wir setzen uns nicht für etwas ein, von dem wir nicht überzeugt sind. Dieses Prinzip gilt auch für das Glücklichsein. Wer nicht an das Glücklichsein glaubt, krümmt keinen Finger, um es sich zu ermöglichen. Von einigen Hilfswerken kennen wir das System „Zwei für einen". Für jeden Euro, der für ein bestimmtes Hilfswerk gespendet wird, gibt der Staat oder ein Unternehmen den doppelten Betrag hinzu. Ähnlich handelt Gott. Er weiß, dass wir keine Freude produzieren können, aber er möchte sie uns schenken. Doch zunächst verlangt er, dass wir unsere Bereitschaft zeigen. Für jeden Glaubensschritt, den wir in diese Richtung gehen, belohnt er uns großzügig, sodass wir nach und nach immer mehr erhalten, was wir von selbst gar nicht geschafft hätten.

Wie würde sich unser Verhalten ändern, wenn wir unsere Einstellung zum Glücklichsein ändern würden? Nehmen wir zum Beispiel einen Mann, der keine Freude an seiner Arbeit hat. Was würde passieren, wenn er ehrlich davon überzeugt wäre, dass ihm seine Arbeit – sei es die derzeitige oder eine ganz neue Aufgabenstellung – Freude machen könnte? Mit ganzer Überzeugung würde er auf das Ziel „meine Arbeit soll mir Freude machen" hinarbeiten. Er würde Veränderungen vornehmen. Er würde es wagen, seine Arbeit anders anzugehen. Er würde dafür Opfer bringen. Er würde, koste es, was es wolle, alles tun, um sich seinen Traum zu erfüllen. Statt in dem missmutigen Glauben „Es gibt keine Chance für mich, Freude an meinem Job zu haben" stecken zu bleiben, würde er überzeugt sein, dass es einen Weg geben muss, und er würde weitersuchen, bis er ihn gefunden hat. Auf diese Weise würde er die Verheißung Jesu „Wer sucht, der findet" (Lukas 11,9) am eigenen Leib erfahren.

26 Hingabe

„[...] freuen sollen sich alle, die sich auf dich verlassen. Ihr Jubel soll kein Ende haben, denn du bist ihr Beschützer.“

Psalm 5,12

Sie würden sicher vor Freude einen Luftsprung machen, wenn Ihnen die Chance geboten würde, bis ans Ende Ihres Lebens glücklich zu sein. Ich bin der Auffassung, dass die Bibel genau dieses Angebot macht. Leider lassen die meisten von uns ihre Köpfe hängen und erwarten bereits die nächste Enttäuschung. Wenn ich auf die 90 Tage meines Experiments zurückblicke, erkenne ich, wie oft ich auf Abwege geriet, weil ich bei der Erreichung meines ursprünglichen Ziels Kompromisse einging. Ich erkenne aber auch, dass Gott mich immer wieder zu seinem ursprünglichen Versprechen zurückgerufen hat, zu seinem „Ja, ich will, dass meine Kinder ein Leben voller Freude führen!“. Wer ihm vertraut, dem ist der Weg dazu vorgegeben.

Dieser Weg beginnt mit einer Verpflichtungserklärung. Wer Christ wird, entscheidet sich dafür, Jesus kompromisslos zu folgen. Warum sollten wir nicht eine ähnliche Entscheidung im Hinblick auf die Freude treffen? Warum sollten wir uns nicht kompromisslos immerzu an Gott freuen? Ist es vielleicht nur ein Mangel an Glauben, der uns davon abhält?

Ich habe es aufgegeben, Menschen durch Gespräche aus ihrem Unglücklichsein herauszuhelfen. Die meisten Christen werden mir wahrscheinlich rein theologisch zustimmen, dass die Bibel ein Leben der Freude lehrt und anbietet. Aber in ihrem tiefsten Inneren sind sie nicht davon überzeugt. Vor allem sind sie nicht davon überzeugt, dass ein solches Leben für sie selbst möglich ist oder für einen ganz normalen Menschen hier und heute. Da sie die gegenwärtige Freude weder sehen noch für sich in Anspruch nehmen, resignieren sie in ihrem Unglücklichsein und bleiben unglücklich.

Resignation ist auch eine Form der Hingabe. Mit ihren Vorbehalten geben sich die Menschen nämlich ihrem eigenen Unglücklichsein hin. Manche geben vielleicht nicht zu, dass sie unglücklich sind. Sie können aber auch nicht sagen, dass sie im Grunde ihres Herzens glücklich sind. Sie gehen gar nicht erst so weit, diese überreiche Freude für sich in Anspruch zu nehmen und jeden Stein umzudrehen, unter dem sie sich verbergen könnte. Fast jeder von uns erlebt Zeiten, in denen er glücklich ist. Wenn jedoch Glücklichsein eine Charaktereigenschaft werden soll, muss man entschlossen an ihr arbeiten. Man muss die Freude wählen und sich immer wieder unter allen Umständen bewusst für die Freude entscheiden, bis diese Haltung nach und nach zur Gewohnheit wird, zu einer sich selbst tragenden Realität. Das Leben verändert sich nicht durch einige großartige Erfahrungen. Ganz im Gegenteil: Es verändert sich allein dadurch, dass man jeden Tag viele kleine, nicht leichte Entscheidungen zugunsten der Freude trifft.

Genauso wie das Versprechen zu lieben die Selbstbezogenheit ausrottet, verschafft das Versprechen, sich zu freuen, eine neue Festigkeit gegenüber der Unbeständigkeit des Lebens. Wollen Sie weiterhin in Angst und Bangen leben, immer in der Anspannung, dass die nächste Katastrophe Ihr Leben ruinieren könnte? Dann halten Sie nur ruhig an Ihrer Einstellung fest, dass es unmöglich ist, sich in allen Lebenslagen zu freuen. Wollen Sie sich dagegen von Angst und Sorgen befreien, dann fassen Sie den Entschluss, unter allen Umständen glücklich zu sein. Trotz all der Dinge, die passieren und Ihre Freude zerstören könnten, sollten Sie tief in Ihrem Herzen beschließen: „Nichts wird mich aufhalten. Ich richte meine Augen fest auf Jesus und ich will mir durch nichts und niemanden meine Freude an ihm rauben lassen."

Durch eine solche Entscheidung kommt einiges in Gang. Wenn jede Möglichkeit, trübsinnig zu reagieren, ausgeräumt ist, gibt es eine tief greifende Veränderung in Ihrer Seele. Wo zuvor kein Ausweg zu sein schien, taucht plötzlich ein Pfad auf. Eine Verpflichtungserklärung ist wie eine Taschenlampe in einem dunklen Wald. Man ist nicht länger blind und irrt umher, weil der Entschluss selbst den Weg erhellt. Alle Mächte des Himmels werden aufgeboten, dem zu helfen, der fest entschlossen ist, die Geheimnisse des Himmels zu entschlüsseln. Als ich mich zu den 90 Tagen der Freude entschloss, war ich erstaunt, wie Gott anfing, seine Freude auf ganz erstaunliche Weise über mich auszugießen. Aus eigener Kraft konnte ich kein freudiges Leben zustande bringen. Im Vertrauen auf Gott erfasste ich aber die Hand der Freude und die Freude erledigte alles Weitere.

Paulus schrieb: „Der Frieden, den Christus schenkt, muss euer ganzes Denken und Tun bestimmen" (Kolosser 3,15). So verhält es sich auch mit der Freude. Freude lässt sich nicht kontrollieren, aber Sie können der Freude erlauben, *Sie* zu kontrollieren. Lassen Sie die Freude Ihr Leben bestimmen. Sie wird es tun.

27 Die wahre Gute Nachricht

„Ihn liebt ihr, obwohl ihr ihn nie gesehen habt. Auf ihn setzt ihr euer Vertrauen, obwohl ihr ihn jetzt noch nicht sehen könnt. Und darum jubelt ihr mit unaussprechlicher und herrlicher Freude."

1. Petrus 1,8

Wahrer Glaube an Jesus und Freude gehen Hand in Hand. Wenn Sie sich die verschiedenen Versionen des Christseins anschauen, mit ihren unterschiedlichen Theologien und Lebensstilen, dann sollten Sie einmal auf das Erkennungszeichen Freude achten. Akzeptieren Sie kein Evangelium, das dieses Zeichen nicht trägt.

Im Neuen Testament wird immer wieder davor gewarnt, die Gute Nachricht zu verdrehen oder ihr etwas hinzuzufügen. Die Apostel haben sich leidenschaftlich dafür eingesetzt, die Vitalität der Originalbotschaft zu erhalten. Mit ganzer Hingabe standen sie dafür ein, das wahre Evangelium von allem zu trennen, was seine Kraft zu verwässern oder zu übertünchen drohte. Paulus war dies so wichtig, dass er schrieb: „Aber nicht einmal ich selbst oder ein Engel vom Himmel darf euch eine Gute Nachricht bringen, die der widerspricht, die ich euch gebracht habe. Wer es tut, soll verflucht sein, dem Gericht Gottes übergeben!" (Galater 1,8).

Das wahre Evangelium ist Jesus. Es geht darum, wen er mit „unaussprechlicher und herrlicher Freude" erfüllt. Freude wird durch die Gegenwart dessen ausgelöst, der kommt und sagt: „Friede sei mit dir", „Deine Sünde ist dir vergeben", „Meine Last ist leicht" oder: „Freue dich!" Hören Sie, dass Jesus diese Worte zu Ihnen sagt? Falls Sie diese Worte nicht hören oder ihnen keinen Glauben schenken, kennen Sie die Gute Nachricht nicht. Kein Wunder, dass Sie nicht glücklich sind!

Der Apostel Petrus schrieb: „Deshalb seid ihr voll Freude, auch wenn ihr jetzt – wenn Gott es so will – für kurze Zeit leiden müsst und auf die verschiedensten Proben gestellt werdet" (1. Petrus 1,6). Und er kommt zu dem Schluss: „Ich wollte euch ermutigen und euch bezeugen, dass ihr gerade in eurem Leiden die wahre Gnade Gottes erlebt. Bleibt fest in dieser Gnade" (1. Petrus 5,12). Wer die Gute Nachricht erfahren will, muss „fest in der Gnade bleiben". Das ist ein Ausdruck, der im Neuen Testament mehr als ein Dutzend Mal vorkommt. Warum sind wir so leicht hin- und hergerissen, warum so leicht zu bewegen, eine Auslegung des Evangeliums (und damit eine Lebensqualität) zu akzeptieren, die keine Freude in uns auslöst? Was würde mit uns geschehen, wenn wir für uns selbst eintreten und auf unserem Recht auf eine *frohe* Botschaft bestehen würden?

Menschen, die die Gute Nachricht kennen, „verliere[n] nicht den Mut“, denn die „Lebenskräfte, die ich von Natur aus habe, werden aufgerieben; aber das Leben, das Gott mir schenkt, erneuert sich jeden Tag“ (2. Korinther 4,16). Hat sich Ihr Leben heute erneuert oder verlieren Sie gerade den Mut? Die Freude von gestern reicht nicht für heute aus. Jeden Tag brauchen wir eine frische Portion von Gottes Kraft. Jeden Tag müssen wir erneuert werden, indem wir die Gute Nachricht des Evangeliums von Jesus Christus neu erfahren.

Sehr häufig bezieht sich Paulus in seiner Botschaft auf „meine gute Nachricht“. Zum einen gilt die Botschaft für jeden. Zum anderen ist es aber auch die Botschaft, die ihm allein offenbart worden ist, etwas, das *er* für sich entdeckt hat. Haben Sie die Gute Nachricht für sich entdeckt? Kennen Sie *Ihre* frohe Botschaft? Sie können nicht den Glauben eines anderen übernehmen; Sie können nur Ihren eigenen Glauben erleben. Die Bibelverse, Gebete, Anweisungen und guten Ratschläge, die einem anderen geholfen haben, funktionieren in Ihrem Fall vielleicht nicht. Die biblische Botschaft ist auf Sie zugeschnitten, sie ist vollkommen auf Sie abgestimmt, sodass sie genau auf Sie passt. Wie Sie diese Gute Nachricht für sich erkennen? Die Gute Nachricht zeigt sich darin, dass Sie froh werden. Sie ist so belebend und aufregend, dass Ihr Leben Tag für Tag erneuert wird.

Bestehen Sie auf dem einen authentischen Evangelium von Jesus Christus, „der „große[n] Freudenbotschaft für euch und für das ganze Volk“ (Lukas 2,10). Akzeptieren Sie kein Ersatzevangelium! Warum wollen Sie sich mit einer Religion abgeben, die Ihr Herz einengt und Sie nicht singen lässt? Suchen Sie nach der Guten Nachricht, in die Ihr eigener Name in purem Gold eingraviert ist!

28 Wer bin ich?

„Mir ist ein schöner Anteil zugefallen;
was du mir zugemessen hast, gefällt mir gut."

Psalm 16,6

Vor einigen Jahren betete ich einem Freund eine ganze Litanei meiner Schwächen herunter. „Das bin ich einfach nicht; und darin bin ich nicht gut ..." und so weiter.

Schließlich sagte er zu mir: „Du hast mir gerade aufgezählt, wer du nicht bist. Nun erzähl mir mal, *wer* du bist."

Damals gab ich irgendeine lahme Antwort, die so lahm war, dass mich die Frage nach dem „Wer bin ich?" jahrelang nicht losließ. Ich musste zugeben, dass ich es nicht wusste. Die Frage ließ mich tiefer und tiefer graben, bis sich schließlich die Konturen einer Antwort abzeichneten. Je klarer die Antwort wurde, umso mehr wuchs meine Freude. Heute weiß ich, dass sie auf einem soliden Bewusstsein der eigenen Identität beruht. Sie hängt davon ab, dass ich weiß, wer ich bin, dass ich weiß, dass mir „ein schöner Anteil zugefallen ist" und dass die mir von Gott gegebenen Gaben und Temperamente „mir gut gefallen" (vgl. Psalm 16,6).

Es ist befreiend, dass ich mein Leben mit all seinen Begrenzungen akzeptieren darf. Welch ein Seufzer der Erleichterung entringt sich der Brust, wenn falscher Druck und unnötige Verpflichtungen aufgehoben werden! Keine verzerrte Selbstdarstellung, nur das wahre „Ich" kann in das Himmelreich eingehen. Jeder Schwindel muss zurückbleiben. Um meinem wahren Selbst treu zu bleiben, muss ich ständig der Sünde widerstehen und auch vielen Werten, die für mich im Augenblick nicht passend sind, vielen legitimen Ausdrucksformen des Christseins, die für mich nicht legitim sind, und vielen guten Taten, die nicht für mich gelten, den Rücken kehren. Der „schmale Weg" des Christen gestattet nur solche Taten, die aus echtem Glauben erwachsen, weil „alles Tun, das nicht aus dem Glauben kommt, [...] Sünde" ist (Römer 14,23).

Ein Leben voller Freude beruht darauf, dass ich entdecke, was ich – und nur ich – tun soll, und es dann von ganzem Herzen tue. Auf den ersten Blick scheint mir das Geheimnis, wer ich bin, nur einen äußerst schmalen Pfad zu lassen. Und wenn ich noch näher hinschaue, kann er so schmal werden, dass die Entscheidung, in dieser Richtung weiterzugehen, zunehmend schwieriger wird. Enorme Kräfte werden mich immer wieder zurückziehen und mich von dem Pfad, auf den ich berufen bin, und von der Art und Weise, wie ich ihn gehen soll, abbringen wollen. Die Freude, die ich erfahre, ist davon abhängig, wie ich mich auf meine eigene Bestimmung beschränke, sie kläre und sie wie Sonnenstrahlen durch ein Vergrößerungsglas auf einen Brennpunkt fokussiere, auf den alle meine Energien hinauslaufen. Nur so bewältige ich meinen eigenen einmaligen Pfad, das Geheimnis meiner Identität.

Gott liebt nicht das an mir, was ich nicht bin. Er liebt mich. Unser Gegner flüstert mir ein: „Nur *du* zu sein genügt nicht; das Leben ist viel komplexer, als du dir das vorstellst." Aber Gott hat mich geschaffen, damit ich ich selbst bin – das wahre Selbst, das nach seinem Bild geschaffen wurde –, nicht mehr und nicht weniger. Nur mein wahres Ich kann Gott lieben. Alles, was ich selbst nicht bin, muss wegfallen. Indem ich alles andere hinter mir lasse, richte ich mich nach vorn aus, folge Jesus, so wie ich bin – ohne Masken –, und sage mir immer wieder: „Ich bin genug. Ich tue genug. Ich bin gut genug." So, wie ich mich lieben soll, wie ich bin, soll ich auch Gott lieben, wie er ist. Um es mit den Worten von Brent Curtis zu sagen: „Lass die Menschen das Gewicht spüren, das du hast, und lass sie damit fertig werden."[4]

Wer bin ich? Vielleicht kann ich es nicht erkennen, solange ich auf die ganze Welt – vielleicht auch die ganze Kirche – blicke, die in eine Richtung drängt. Stattdessen sollte ich innehalten, mich umwenden und, ohne auch nur einen Blick zurückzuwerfen, meinen eigenen Weg geradeaus gehen. Vielleicht kann ich noch nicht ganz überblicken, was ich tue, aber ich weiß, ich folge meinem Herrn. Wenn ich das von ganzem Herzen kann, dann befinde ich mich auf dem Weg zu vollkommener Freude.

29 Erfreuen Sie sich selbst!

*„Israel freue sich seines Schöpfers, die Kinder Zions seien fröhlich über ihren König. […]
Denn der Herr hat Wohlgefallen an seinem Volk […].“*

Psalm 149,4; Luther

Es ist schwer und auch schmerzhaft, einen Menschen zu lieben, der diese Liebe nicht erwidert. Wer sich über Gott freut, darf wissen, dass er sich auch an uns freut. Gott freut sich nicht nur an uns, er „hat Wohlgefallen“ an uns. „Wohlgefallen“ ist ein gutes, ehrliches Wort, das jede übertriebene Spiritualisierung des Wortes „Freude“ vermeidet. Wenn wir uns nicht aus theologischen Gründen, sondern ganz natürlich aus vollem Herzen über Gott freuen, werden wir feststellen, dass er es genauso macht – Gott freut sich an seinem Volk, ohne dazu irgendwie verpflichtet zu sein und obwohl er unseren Eigensinn oft kaum ertragen kann. Wie absurd! Wenn wir in der Bibel lesen: „Der Herr hat Wohlgefallen an seinem Volk“, sollten wir uns ein breites, wohlwollendes Lächeln auf Gottes Angesicht vorstellen und ein festliches Feuerwerk, das um seinen Thron herum zischt – alles wegen Ihnen und mir!

Der große Kampf in dieser Welt besteht nicht zwischen Gläubigen und Ungläubigen. Er besteht zwischen zwei verschiedenen Arten des Glaubens: Es ist auf der einen Seite der Glaubende, der sich an Gott freut, weil Gott sich an ihm freut, und auf der anderen Seite der Glaubende, der sich nicht freut. Das entscheidende Kennzeichen des wahren Glaubens ist Freude.

Was hält uns davon ab, es uns mit Gott gut gehen zu lassen? Am meisten unser eigenes negatives Selbstbild – das eigentliche Hindernis, das durch die Gute Nachricht verändert werden soll. Im vorangegangenen 28. Kapitel steht die Aussage: „Ich bin genug. Ich tue genug. Ich bin gut genug.“ In dem Maße, in dem ich zu dieser Aussage nicht Ja sage, werde ich das gleiche unzulängliche Bild auf Gott projizieren. Und genau das machen Menschen, die Gott nicht wirklich glauben. Selbst wenn sie spüren, dass Gott existiert, ist er nicht genug für sie, tut er nicht genug für sie und ist er nicht gut genug für sie. Obwohl ihre Theologie sie lehrt, dass Gott großzügig und liebevoll ist, haben sie den Eindruck, dass Gottes ganze Macht und Liebe für sie nicht ausreichend sind. Sie haben das Gefühl, die Gute Nachricht habe sie nicht erreicht. In Wahrheit haben sie ihr nur nicht geglaubt. Die Gute Nachricht zu glauben bedeutet, ich weiß, dass ich durch das, was Christus getan hat, gerecht und für Gott und auch für mich gut genug bin.

Negative Selbstgespräche sind ein mächtiger Feind der Freude. Wir halten uns vielleicht für demütig oder ehrlich, wenn wir uns und damit gleichzeitig Gott und andere klein machen. Überall, wo wir uns selbst anzweifeln, zweifeln wir in Wirklichkeit Gott an. Gedanken, die von Gott kommen, sind hell und voller Freude. Das unterscheidet sie von allen anderen Gedanken. Wenn unser Leben diese Qualitäten nicht aufweist, sitzen wir einer Lüge auf, ganz gleich, welcher Glaubensrichtung wir angehören.

In demselben Abschnitt, in dem Paulus ausruft: „Freut euch immerzu, weil ihr mit dem Herrn verbunden seid!", lehrt er, wie wir unser Denken verändern sollen, um wahre Freude zu erlangen: „Richtet eure Gedanken auf das, was [...] als rechtschaffen, ehrbar und gerecht gilt, was rein, liebenswert und ansprechend ist, auf alles, was Tugend heißt und Lob verdient" (Philipper 4,8). Denken Sie doch einmal an etwas Schönes – an eine Erinnerung, die Ihnen viel bedeutet, einen Traum, dessen Erfüllung Sie anstreben, oder vielleicht betrachten Sie in diesem Moment nur einmal das Licht, das auf einen ganz gewöhnlichen Gegenstand fällt. Öffnen Sie jetzt Ihr Herz und lassen Sie das Licht ein. Danken und loben Sie Ihren Schöpfer dafür! Lassen Sie Ihre Gedanken nicht von Schuld und Ärger beherrschen. Nehmen Sie vielmehr diesen kleinen schönen Gedanken in den Blick. Lassen Sie ihn zum Lichtstrahl werden, der Ihre Seele erhellt.

30 Der Strom der Freude

„Ein breiter, mächtiger Strom belebt die Stadt Gottes […].“

Psalm 46,5; Hoffnung für alle

Manchmal fühle ich mich wie ein Elektroauto. Meine Batterien werden schwächer, und ich kann daran nichts ändern, bis ich mich wieder aufladen lasse. Für mich sieht dieses Aufladen so aus, dass ich schweigend etwa eine Stunde in der Gegenwart Gottes sitze und seinen Geist in mich hineinfließen lasse.

Meist weiß ich in dieser Zeit nicht, wie ich beten oder was ich denken soll. Ich kann nicht meditieren oder passende Gebete formulieren, und jeder Gedanke, der mir in den Sinn kommt, ist unwichtig. Ich spüre nur, dass unaufhaltsam ein Strom von Gottes Liebe in meinen Geist fließt. Ich kann buchstäblich fühlen, wie ich auftanke.

Ich weiß nie, wie lange dieser Vorgang anhält. Oft passiert es gerade dann, wenn ich ungeduldig etwas anderes tun möchte oder zumindest ganz vernünftig beten möchte. Doch stattdessen muss ich vor Gott still werden und meine Gedanken von allem anderen befreien, und ich wage nicht, mich zu bewegen, bis der Prozess beendet ist. Danach bin ich wieder voller Lebensfreude. Wenn ich diesen geheimnisvollen Vorgang einmal vorzeitig abbreche oder versuche, ihn irgendwie zu kontrollieren, geht es mir schlecht. Entweder habe ich nicht genug Energie für die Herausforderungen, die vor mir liegen, oder ich bin sofort in einen hässlichen geistlichen Kampf verwickelt, der mich in die Kniee zwingt.

In dem Buch, das Sie gerade lesen, beschreibe ich die Ergebnisse meines Experiments. In den 90 Tagen habe ich immer wieder erlebt, dass Gott meinen „Freudentank“ auf diese Weise gefüllt hat, ohne dass ich etwas dazu beigetragen hätte. Jedes Mal, wenn dies geschah, wurde mir klar, dass mein Experiment mit der Freude Gottes Idee gewesen war und nicht meine. Es war allein seine Initiative. Wann immer ich Freude erlebte, kam sie direkt von ihm.

Manche Leser werden erkennen, dass das, was ich soeben beschrieben habe, eine Form kontemplativen Gebets ist. Vor vielen Jahren führte Gott mich zu dieser Art des Betens, obwohl ich zunächst zurückhaltend und skeptisch blieb. Ich weigerte mich stur zu begreifen, dass ein Gebet tatsächlich wertvoll ist, wenn ich gar nichts „tue“ und weder mit Worten, Bildern oder Gedanken ein Gebet formuliere.

Sicherlich ist es kein Zufall, dass mich kontemplatives Beten durch die ganze Zeit meines Experiments begleitet hat. Plötzlich wurde mir bewusst, dass ich mir, wenn ich ein Leben voller Freude führen will, diese für mich befremdlichen Zeiten, in denen ich in Gottes Freudenstrom bade, gefallen lassen muss. Lasse ich mich darauf ein, durchflutet Freude ganz selbstverständlich mein Leben. Gehe ich dagegen an, geschieht das Gegenteil, und die Freude verlässt mich.

In den letzten Jahren hat das Interesse am kontemplativen Gebet zugenommen. Und doch wird dieses Thema in vielen christlichen Kreisen kaum zur Sprache gebracht. Darum frage ich mich, wie häufig es wohl praktiziert wird. Ist das vielleicht ein Grund, warum wir so wenig Freude erfahren?

Ich möchte Ihnen nicht vorschlagen, genauso zu beten wie ich. Und doch muss jeder, der ein Leben voller Freude führen will, Sprüche 3, Vers 5 beherzigen – „Verlass dich nicht auf deinen Verstand, sondern setze dein Vertrauen ungeteilt auf den Herrn!“ Jeder Mensch muss darauf achten, dass er sich weniger auf den menschlichen Verstand und mehr auf die reine Inspiration durch den Heiligen Geist verlässt.

Als Ezechiel eine Vision über den Strom des Lebens erhielt, sah er sich zunächst in knöcheltiefem, dann in knietiefem Wasser waten und schritt schließlich durchs Wasser hindurch, das ihm bis zur Brust reichte. Er stellte fest: „[...] da war es ein Strom, so tief, dass ich nicht mehr hindurchgehen konnte; denn das Wasser war so hoch, dass man schwimmen musste und nicht hindurchgehen konnte“ (Ezechiel 47,5; Luther). Das Leben eines Christen beginnt mit der Taufe. Er wird im Wasser untergetaucht. Doch damit ist es nicht getan – Christen sollten auch in der Nähe des Wassers bleiben!

31 Vollkommene Freude

„Ich habe euch dies gesagt, damit meine Freude euch erfüllt und an eurer Freude nichts mehr fehlt."

Johannes 15,11

Freude ist keine halbherzige Angelegenheit; Vollkommenheit ist eines ihrer hervorstechendsten Merkmale. Ja, Vollkommenheit ist im Grunde das Kennzeichen jeder guten Gabe von oben. Warum wollen wir nur zum Teil frei werden, wenn wir „wirklich frei" (Johannes 8,36) sein können? Warum wollen wir uns mit ein wenig Gerechtigkeit zufrieden geben, wenn wir „Gottes Gerechtigkeit in Christus" sein dürfen (2. Korinther 5,21; Elberfelder)? So ist das auch mit der Freude. Der Bittende empfängt vollkommene Freude. „Bittet, und ihr werdet es bekommen, damit eure Freude vollkommen und ungetrübt ist" (Johannes 16,24).

In den 1950er Jahren – ich war noch ein Kind – gab es Margarine in durchsichtigen Plastikbeuteln zu kaufen. Die Margarine selbst sah grauweiß aus. Die Verpackung enthielt aber ebenfalls einen kleinen Klarsichtbeutel mit intensiv orangeroter Farbe. Um die Margarine gelb zu färben, gab man die Farbe aus der Klarsichtpackung in den Margarinebeutel und knetete ihn kräftig von außen, damit sich die Farbe schön verteilte. Das war immer meine Aufgabe, und ich war ausgesprochen sauer, wenn ich es nicht machen durfte. Ich fand es wunderschön, die Farbe unter die Margarine zu kneten und zu sehen, wie die weiße Margarine sich nach und nach wie ein Sonnenaufgang in einer Plastikhülle verfärbte.

Ähnlich arbeitet Gott an uns. Er verteilt Freude in unser Sein. Jesus verglich Gottes Himmelreich „mit dem Sauerteig: Eine Frau mengte eine Hand voll davon unter eine riesige Menge Mehl, und er machte den ganzen Teil sauer" (Lukas 13,21). Wie oft habe ich mich schon erschöpft und entmutigt hingesetzt und gebetet, und 20 Minuten später – oder manchmal auch nur eine Minute später – fühlte ich mich völlig erfrischt. Die Veränderung begann mit einem winzigen Stückchen Sauerteig, mit einem Strahl des himmlischen Lichts, mit der Freude Gottes, die wie ein kleiner Farbbeutel vorsichtig in mir aufgebrochen wurde und sich gleichmäßig in Herz und Körper verteilte.

So begann es auch mit diesem Buch. Drei Monate bevor ich mein Experiment begann, fuhr ich mit meiner Familie in Urlaub, und wir zelteten am Green Lake in der kanadischen Provinz British Columbia. Am Green Lake gibt es im August nie Mücken. Außer in jenem Jahr. Es gab so viele Mücken, wie ich es bisher noch nicht erlebt hatte. Außerdem regnete es unaufhörlich. Eines Nachts lag ich bedrückt in meinem Schlafsack und lauschte auf den strömenden Regen. Alles war nass und juckte - sogar bis in meine Gedanken und mein mürrisches Beten hinein. Stellten wir wohl gerade einen neuen Rekord für die schrecklichsten Ferien auf, die es je gab?

Als ich am nächsten Morgen erwachte, stellte ich als Erstes fest, dass sich die Sonne mit einem buttergelben Strahl durch die grüne Plane unseres Zeltes zwängte. Dieser warme Strahl berührte mein Herz und wurde immer wärmer. Er drang in mein Gemüt, in mein Herz, in alle meine Muskeln bis in die Fußsohlen hinein. Etwa eine Stunde lang lag ich, während meine Familie schlief, vollkommen still und aalte mich in dem warmen Sonnenlicht des Heiligen Geistes.

Am nächsten Morgen war es genauso und am nächsten Morgen wieder und dann wieder. Im Verlauf unserer Ferien und bis in den Herbst hinein kam Gott regelmäßig morgens zu mir, noch während ich im Bett lag. Das waren die besten Ferien, die wir je hatten. Und bevor ich es bemerkte, ließ ich mich auf ein Experiment mit der Freude ein. Ich war bereit, darauf zu wetten, dass Gott mich weiterhin auf diese Weise erfrischen würde - vielleicht nicht immer früh am Morgen und nicht immer so offensichtlich, aber doch in seiner bemerkenswerten Weise Tag für Tag. Es war etwas Neues in mir erwacht. Ein neues Vertrauen und eine neue Fähigkeit, mich zu entspannen und die Alltäglichkeiten gelassen an mich herankommen zu lassen. Diese Veränderung war so tief greifend, dass ich spürte, dass sich mein Charakter grundlegend verändert hatte.

Ich bemerkte nun, dass dieses „Neue" ein Geschenk war, das Gott mir schon längst, seit dem Tag, an dem ich Christ geworden war, hatte geben wollen - das Geschenk der vollkommenen Freude. Endlich war ich bereit, es in Empfang zu nehmen. Meine Freude ist zweifellos nicht so vollkommen wie die eines Heiligen, aber sie ist vollkommen genug, mich jeden Tag froh zu stimmen und mich anzuspornen. Es ist genau so viel, wie ich praktisch vertragen kann, und die Freude wächst immer weiter.

32 Freudenöl

„Der Geist Gottes des Herrn ist auf mir, weil der Herr mich gesalbt hat. Er hat mich gesandt [...] zu schaffen den Trauernden zu Zion, dass ihnen Schmuck statt Asche, Freudenöl statt Trauerkleid, Lobgesang statt eines betrübten Geistes gegeben werden [...].“

Jesaja 61,1.3; Luther

Als junger Vater fühlte ich mich unsicher und war ungeduldig, wenn ich auf unser Baby aufpassen sollte. Ich wollte meine winzige Tochter von Herzen lieb haben und für sie sorgen - aber ich wollte auch noch andere Dinge tun, die mir wichtig waren - lesen und schreiben, beten und meinen eigenen selbstbezogenen Ideen über das Leben eines Christen nachgehen. Eines Tages, als ich mit meiner kleinen Tochter ganz allein war und wieder einmal in der Zwickmühle steckte, erfüllte mich wie aus heiterem Himmel und ohne jeden erkennbaren Grund die Freude des Heiligen Geistes. Sie durchströmte mich von Kopf bis Fuß. Es war, als ob ein Becher warmes Öl über meinem Kopf ausgegossen wurde und durch mich hindurchfloss. Danach fühlte ich mich völlig frei und konnte mich an meiner Tochter freuen und mich liebevoll um sie kümmern.

Diese Erfahrung beschreibt Jesaja, wenn er von „Freudenöl“ oder auch „mit duftendem Öl salben“ (Gute Nachricht) schreibt. Es ist „Milch und Honig“ aus dem Verheißenen Land. Damals nannte ich dieses Erlebnis „meine Taufe im Geist“; heute vermute ich, dass es nicht meine erste Erfahrung in dieser Richtung war. Es war aber das erste Mal, dass mir *bewusst* wurde, dass mich der Heilige Geist erfüllte. Nach und nach verstand ich, dass dieses Phänomen so normal ist, dass ein echter Jünger Jesu es - ohne Übertreibung - jeden Tag erfahren kann. Für mich war es natürlich zunächst ungewöhnlich, aber im Grunde sind wir alle dazu bestimmt, täglich mit dem Heiligen Geist erfüllt zu werden, wie Krüge, die mit dem Öl seiner Freude gefüllt werden.

Im letzten Kapitel habe ich die Veränderung meines Charakters beschrieben, die ich unmittelbar vor meinem Experiment mit der Freude erfuhr - eine Veränderung, die sich durch das Vertrauen in den Heiligen Geist vollzog. Ich habe auch erkannt, dass diese Veränderung eigentlich schon viel früher begonnen hatte: als ich Christ und mit dem Geist Gottes erfüllt wurde. Die Geistestaufe, so glaube ich heute, geschieht mit der Entscheidung für Christus. Das muss so sein, weil die Erkenntnis, dass Jesus der Sohn Gottes ist, der uns unsere Sünde vergibt, so revolutionär ist, dass sie nur durch den Heiligen Geist geschehen kann.

Nur wenige Christen begreifen allerdings diese Tatsache von Anfang an. Viele Gemeinden haben Probleme mit den direkten Erfahrungen mit der dritten Person der Dreieinigkeit und bei ihnen ist die Lehre über dieses Thema oftmals eher oberflächlich. Es kann Jahre dauern, bis ein junger Christ mit dem Wirken des Heiligen Geistes vertraut genug ist, um eine Verbindung zwischen den Aufgaben des Heiligen Geistes und seinem Alltag herzustellen. Ich war bereits sieben Jahre Christ, als ich die oben beschriebene Erfahrung machte. Danach vergingen zwölf weitere Jahre, bevor ich genügend Mut hatte, mein Experiment mit der Freude zu wagen. Ich hatte zwar in der Zwischenzeit viele geistliche Erfahrungen gemacht, war jedoch zu dumm, um sie zu einem richtigen Bild über den Heiligen Geist als Person zusammenzufügen und mich als ein Gefäß zu sehen. Ich begann mein Experiment zu einer Zeit, als ich erkannte, dass die Freude des Heiligen Geistes – Lobgesang und Freudenöl – Teil meines Alltags werden konnte.

Die Freude, die durch den Heiligen Geist entsteht, ist im Grunde nicht meine Freude, sondern die Freude Gottes. Ich rede nicht über die bloße Befriedigung, einige Probleme zu überwinden, sondern von der Freude Jesu, der ein für alle Mal die ganze Welt überwunden hat. Das ist die Freude eines Menschen, der vom Tod auferstanden ist und zur rechten Hand des Vaters im Himmel sitzt, für den die Kämpfe in dieser Welt überstanden sind. An dieser Freude habe ich durch das Wunder des Glaubens Anteil. Wenn ich an diese Quelle angeschlossen bin, entmutigen mich die Kämpfe und das Versagen bei meinem Experiment nicht, sondern wecken in mir einen Hunger nach einer noch tieferen und umfassenderen Freude, die wie warmes Öl in alle leeren Kammern meines Seins fließt, genau an die Stellen, an denen ich versage.

33 Freude weitergeben

„Und wir schreiben euch diesen Brief, damit eure Freude vollkommen wird.“

1. Johannes 1,4

Ich schreibe mein Buch mit derselben Motivation, mit der Johannes seinen ersten Brief verfasst hat: „damit eure Freude vollkommen wird“. So seltsam es klingt, Glücklichsein kann ein einsames Geschäft sein, weil nur wenige Menschen das Glück eines anderen teilen wollen. Ich kenne kaum jemanden, der sein tiefes Glücksgefühl mit mir teilt. Dagegen kenne ich viele, viele Menschen, die gestresst, verwirrt, traurig oder depressiv sind. Viele sind sogar traurig, ohne es selbst zu wissen!

Ich möchte mit meinem Buch versuchen, diesen Eindruck ein klein wenig zu verändern. Ich möchte, dass Menschen mein Buch lesen und dadurch mit jeder Seite zunehmend freudiger werden, genau wie es mir beim Schreiben gegangen ist. In gewissem Sinne möchte ich die Freude entmystifizieren, um sie für jeden Christen zugänglich zu machen. Menschen sollen erfahren, dass an zahlreichen Stellen in der Bibel über Glücklichsein gelehrt wird und dass Gott möchte, dass wir glücklich sind und damit hier und heute beginnen. Ich möchte aufzeigen, dass die tiefe Lebensfreude alles andere als launisch ist, sondern dass wir sogar damit rechnen dürfen, dass sie wächst und sich ausweitet und reiner und köstlicher wird.

Wie Johannes möchte ich die Freude durch den Kontakt mit anderen Menschen zur vollen Entfaltung bringen. Ich weiß, meine Freude ist so lange nicht vollkommen, bis ich sie mit anderen teile, bis andere mit mir aus den gleichen Gründen glücklich werden. Das ist durchaus ein biblisches Prinzip. Paulus schrieb an die Philipper: „Dann macht mich vollends glücklich und habt alle dieselbe Gesinnung, dieselbe Liebe und Eintracht!“ (Philipper 2,2). Johannes, der sich nicht damit zufrieden gab, nur über die Freude zu schreiben, sehnte sich danach, seine Freude persönlich mit anderen zu teilen: „Ich hoffe, euch zu besuchen und persönlich mit euch zu sprechen. Dann wird an unserer gemeinsamen Freude nichts mehr fehlen“ (2. Johannes 12). Freude will geteilt werden, damit sie alle Dämme brechen und in die ganze Welt hinausströmen kann.

Heute Morgen hat jemand in meiner Nachbarschaft Selbstmord begangen. Da ich in jungen Jahren selbst mit Suizidgedanken gespielt habe, kenne ich den Sog, den ein solcher Tod auf andere ausübt. Suizide neigen dazu, weitere Suizide nach sich zu ziehen. Jeder spürt die Macht der Verzweiflung, die stark genug war, ein Leben vor der Zeit in den Tod zu reißen.

Auch Freude hat eine unglaubliche Wirkung. Sie ist ansteckend. Wenn jemand von den Fesseln dieser Welt befreit wird und darüber überglücklich ist, hat das eine starke Wirkung auf seine Mitmenschen. Hier ist der gegenteilige Einfluss wirksam -jemand streckt sich nach einem Leben aus, das diesen Namen auch verdient.

Was hält uns davon ab, ein erfülltes Leben zu führen? Warum sind wir so traurig? Wenn ich in die Augen der vielen verschlossenen Menschen in meinem Umfeld schaue, sehe ich vor allem den Wunsch nach Verständnis, nach offenen Ohren, nach einer Umarmung, einfach so akzeptiert zu werden, wie man ist. Mit anderen Worten: Ich sehe die Sehnsucht nach Vergebung.

Wieso Vergebung? Ich denke, weil Menschen sich so erbärmlich fühlen. Was für ein Teufelskreis! Es hat den Anschein, als könnten die Menschen nicht eher glücklich sein, bis ihr Unglücklichsein von einem anderen Menschen vollkommen angenommen wird. Wie ist so etwas möglich? Wer kann das leisten? Wie kann einer so verrückt sein, einen miesen Typ zu umarmen und vollkommen anzunehmen?

Das bringt nur Jesus fertig. Und Menschen, die mit seinem Geist erfüllt sind. Darum kam Jesus in diese Welt und genau das hat die Pharisäer zur Weißglut gebracht - Jesu Blick für einen kranken, gelähmten Mann, der nichts zu bieten hatte und zu dem er sagte: „Mein Kind, deine Schuld ist vergeben. [...] Steh auf, nimm deine Matte und geh nach Hause!“ (Markus 2,5.11). Keine lange Beratung, kein Ritual der Reue, nicht einmal ein Gebet. Von einer Sekunde zur anderen befreite Jesus diesen Mann von seiner Lähmung und schenkte ihm ein pralles, energiegeladenes Leben.

Genau das tut Jesus auch heute noch. Er sagt: „Ich verstehe, dass du unglücklich bist, und ich akzeptiere dich so wie du bist. Nun lass dein Elend hinter dir und stehe auf und freu dich!“ Und das sagt er nicht nur zu den körperlich Kranken, sondern vor allem zu den emotional Lahmen und Zerbrochenen: Je mehr Sie und ich die Arbeit Jesu tun und die Liebe Jesu an die Menschen in unserem Umfeld weitergeben, desto vollkommener wird unsere Freude sein.

34 Ein gutes Urteilsvermögen

„Herr, mein Beschützer, ich preise dich! Du bringst meinen Händen das Fechten bei und machst meine Finger geschickt zum Kampf."

Psalm 144,1

An drei unterschiedlichen Fronten wird unser Glücklichsein herausgefordert: durch Teufel, Fleisch und Welt. Unterschiedlich sind auch die Kampfstrategien, die wir an der jeweiligen Front einsetzen müssen: Wir müssen dem Teufel widerstehen, unsere Begierden und Leidenschaften „ans Kreuz nageln" und aufhören, weltliche Dinge zu lieben. Verwirrend wird es, wenn wir annehmen, dass man uns aus einer bestimmten Richtung unter Beschuss nimmt, während der Angriff in Wirklichkeit aus einer ganz anderen Richtung kommt. Wir kämpfen möglicherweise gegen unsere Begierden an, wenn wir eigentlich dem Teufel Widerstand leisten sollten oder umgekehrt. Wir versuchen vielleicht gerade, demütig zu sein und uns zurückzunehmen, wenn wir die Initiative ergreifen sollten.

Die meisten Kämpfe, die ich während meines Experiments auszufechten hatte (und das waren nicht wenige), verlangten ein kritisches Urteilsvermögen: Welche Strategie sollte ich wählen? Welche Waffen einsetzen? Als ich zum Beispiel eine Meinungsverschiedenheit mit einem Bekannten hatte, versuchte ich es zunächst mit Liebe und Segensgebeten. Merkwürdigerweise sprach das Problem nicht auf diese Strategie an, sondern kam Tag für Tag neu auf mich zu und belastete mich. Dann fiel mein Blick zufällig auf folgende Worte aus Psalm 140, Vers 9: „Gib diesen Unheilstiftern nicht, was sie sich wünschen! Lass ihre Machenschaften nicht gelingen; sie würden sonst noch überheblicher!" Da ich in den Psalmen – eigentlich gegen meinen Willen – viele solcher Verse fand, begann ich, in dieser kühnen Weise zu beten, und ich war ganz erstaunt darüber, wie schnell mein Problem verschwunden war und die Freude wieder einzog.

Manchmal, wenn ich den Eindruck habe, dass ich mit dem Rücken zur Wand stehe, stelle ich mir vor, dass ich auf ein Pferd springe und voller Elan in das Getümmel meiner Feinde galoppiere, ein glänzendes Schwert schwinge und blutrünstige Kriegsschreie ausstoße – in der vollen Absicht, alles, was mir in den Weg kommt, niederzumachen.

Wenn ich schon in den Krieg ziehen muss, dann auch mit wilder Begeisterung.

Als Kind habe ich mit Spielzeugsoldaten gespielt und Schlachten geschlagen, die für mich sehr real waren. Ist es verrückt, sich diese Haltung auch als Erwachsener zu bewahren und sich vorzustellen, ein richtiger Krieger zu sein, der auf einem Pferd reitet und sein Schwert schwingt? Nein, überhaupt nicht. Wenn ich die Schlachten des Lebens nur abstrakt betrachte, bereite ich mich nicht ausreichend vor und werde von den Schlachten überrascht. Der Krieg ist real, und ich brauche reale Bilder davon, die mir helfen, gut zu kämpfen. Auch Paulus hat so gedacht, als er seine berühmte „Mobilmachung“ schrieb: „Legt die Waffen an, die Gott euch gibt!“ Und dann zählt er sie auf: den Gürtel, den Panzer, den Helm, den Schild und „das Schwert, das der Geist euch gibt“ (Epheser 6,11-17).

Während meines Experiments versank ich eines Abends in Lethargie und ging niedergeschlagen mit Gefühlen der Angst und Unsicherheit zu Bett. Obwohl ich gut geschlafen hatte, überfiel mich am nächsten Morgen die gleiche Stimmung. Aber dieses Mal stieg ich mutig auf mein weißes Pferd und griff die Mächte des Bösen an, die mich umringten.

Doch nichts geschah. Ich hatte nicht den Eindruck, einen Sieg errungen zu haben oder dass sich meine Stimmung änderte. Trotzdem beschloss ich, den Kampf nicht aufzugeben, wie Paulus auch in seinem Brief an die Epheser rät: „Wenn dann der schlimme Tag kommt, könnt ihr Widerstand leisten, jeden Feind niederkämpfen und siegreich das Feld behaupten“ (Epheser 6,13).

Zehn Minuten später rief meine Nachbarin an und fragte mich, ob ich mal eine halbe Stunde lang auf ihre Tochter Emily aufpassen könne. Nach dieser halben Stunde gab mir Emily einen Kuss auf die Backe, und mit dem Kuss des kleinen Kindes kehrte die Freude zurück; ich war für den Rest des Tages glücklich.

Obwohl es überlebenswichtig ist, die Taktiken des Feindes zu durchschauen und unsere Waffen entsprechend einzusetzen, wird der Sieg in geistlichen Auseinandersetzungen weder durch Cleverness noch durch Willensakte oder durch Rituale und Techniken errungen, sondern allein durch Gott. „Auch die [...] Israeliten sollen sehen, dass der Herr weder Schwert noch Speer braucht, um sein Volk zu retten. Denn der Herr bestimmt den Ausgang des Krieges“ (1. Samuel 17,47). Wenn ich getan habe, was in meiner Macht steht, um dem Angriff Widerstand zu leisten, kommt Freude auf, sobald ich sehe, wie Gott souverän und auf unglaubliche Weise zu meiner Verteidigung einschreitet.

35 Das Verheißene Land

„Allen, die durchhalten und den Sieg erringen,
gebe ich vom Baum des Lebens zu essen, der im Garten Gottes steht.“

Offenbarung 2,7

Jahrelang war ich von den sieben Sendschreiben, die in den Kapiteln 2 und 3 der Offenbarung stehen, fasziniert. Die Versprechen und Geschenke, die jeden Brief beschließen, haben es mir besonders angetan. „Allen, die durchhalten und den Sieg erringen ...“, lautet es am Ende eines jeden Schreibens, „der bekommt ...“, und dann werden die Geschenke genannt. Dazu gehören das Manna, der Morgenstern, ein neuer Name, weiße Kleider, Früchte vom Baum des Lebens.

Was hier geschenkt wird, ist ein deutlicher Vorgeschmack auf den Himmel. Und genau das macht die Freude aus – sie gibt mir in meinem jetzigen Leben einen echten Vorgeschmack auf das Paradies. Nachdem Adam und Eva gesündigt hatten, war ihnen der Weg zum Baum des Lebens versperrt. Aber nun ist der Weg für „die, die durchhalten und den Sieg erringen“, wieder frei. Glücklich darf jeder sein, der die Welt durch den Glauben überwindet und hier und heute sein Wohnrecht im Himmel annimmt. Lesen Sie, was in Kolosser 3, Verse 1 bis 3 steht: „Wenn ihr nun mit Christus auferweckt seid, dann orientiert euch nach oben, wo Christus ist! Gott hat ihm den Ehrenplatz an seiner rechten Seite gegeben. Richtet also eure Gedanken nach oben und nicht auf die irdischen Dinge. Ihr seid doch gestorben, und euer Leben ist mit Christus bei Gott verborgen.“

Zu diesen „irdischen Dingen“, die uns die Freude rauben, gehören unsere Probleme. Sie lassen sich nur lösen, indem man den Blick in Richtung Himmel richtet. Freude ist eine geistliche Angelegenheit; der menschliche Verstand allein kann sie nicht produzieren. Die Entscheidung zu treffen, ein Leben voller Freude zu leben, bedeutet im Grunde, den Entschluss zu fassen, jedes irdische Problem mit der Macht des Himmels zu überwinden. Da wir diese Kraft in Form des Heiligen Geistes, das heißt *Gott,* in uns haben, gibt es keinen Grund, vor dem, was diese Welt für uns in petto hat, klein beizugeben. Jeder Kompromiss mit dieser Welt ist im Grunde eine Beschmutzung des blitzsauberen Himmelreichs, wo die Freude zu Hause ist.

Im Alten Testament gab Gott seinem Volk Israel das Verheißene Land. Allerdings mussten sie es selbst einnehmen, den Jordan überqueren und das Land im Glauben erobern. Genauso will Gott auch uns so viel Glück geben, wie wir tragen können. Aber wir müssen es uns nehmen. Wir müssen es den Mächten der Dunkelheit mit Mut, Glauben, Kampf und Kriegsstrategien entreißen. Das Verheißene Land ist keine große, leere grüne Wiese, die darauf wartet, dass wir uns auf ihr tummeln. Sie ist von Feinden besetzt. Das ist das Problem. Der Platz an der Sonne, der als Geschenk Gottes rechtlich uns gehört, wird von Eindringlingen und Wegelagerern belagert, Kräften, die uns eher töten als willkommen heißen wollen. Gott verlangt nach entschlossenen Kämpfern, die diesen Feinden die Stirn bieten. Josua war ein solcher Kämpfer. Als er starb, gab es noch einige Widersacher im Land, „um den Gehorsam des Volkes durch sie auf die Probe zu stellen - aber auch, um ihnen Gelegenheit zu geben, sich im Kriegführen zu üben. Alle Männer Israels, die die Kämpfe um das Land nicht mehr selbst erlebt hatten, sollten diese Gelegenheit bekommen" (Richter 3,1-2).

Häufig verhalten wir uns wie Opfer statt wie Gottes Kämpfer; wie gebrechliche Invaliden statt wie seine quicklebendigen Kinder. Unser Vater möchte, dass wir uns als seine Kinder erheben und das in Anspruch nehmen, was uns gehört. Konflikte sind ein Teil unseres Lebens. Sie sind gewollt. Um glücklich zu sein, müssen wir auch glücklich bleiben *wollen* - und das bedeutet eben nicht, dass wir den Konflikten aus dem Weg gehen. Das Leben verläuft nur für Menschen unglücklich, die mit offenen Augen schlafen. Wer seine Aufmerksamkeit bewusst auf Konflikte richtet, reduziert drastisch die Unannehmlichkeiten böser Überraschungen. Sobald sich ein neuer Kampf anbahnt, sollten wir sofort aufstehen, um ihn auszufechten. Wir sollten es uns zur Gewohnheit machen, Probleme gleich anzugehen. Durch unsere Bereitschaft, in die Offensive zu gehen, wendet sich plötzlich das Blatt und unsere Feinde kämpfen gegeneinander, während wir bereits aufräumen.

Glücklichsein wird niemandem „von oben" auf einem Silbertablett serviert. Gott schenkt uns zwar genügend Freude - aber nur, um in uns ein Verlangen, eine Sehnsucht nach *mehr* zu wecken. Doch wer das Verheißene Land der Freude betreten will, muss mutig die Initiative ergreifen und ein Überwinder werden.

36 Die Angst überwinden

„Sei mutig und entschlossen!
Hab keine Angst und lass dich durch nichts erschrecken; denn ich, der Herr, dein Gott, bin bei dir, wohin du auch gehst!“

Josua 1,9

Der größte Feind der Freude ist die Angst. Der schnellste Weg, um Freude loszuwerden, ist die Angst, die Freude könnte uns verlassen, oder die Befürchtung, es könne etwas passieren, das uns die Freude nimmt. Was für ein erbärmliches Leben! Nichts kann mit tiefer Freude erfüllt werden, das schon mit der Angst, alles Schöne bald wieder zu verlieren, besetzt ist. Paradoxerweise lässt sich die Freude nicht erhalten, wenn man sie festhalten will. Wenn Schwierigkeiten auftreten und ich stöhne: „O nein, meine Freude schwindet!“ - dann ist sie auch schon weg. Wenn ich dagegen meinen Griff um die Freude lockere und annehme, was das Leben mir auch bringen mag, kann mich nichts einschüchtern und mir die Freude rauben. Freude verweilt in einer offenen Hand.

Wovor haben wir Angst? Im Grunde fürchten wir nicht so sehr, eine Schlacht zu verlieren. Wir fürchten uns vor dem Kampf an sich. Überwinden Sie Ihren Widerwillen gegen den Kampf, denn damit wird auch die Angst vor dem Verlieren schwinden. Kämpfen müssen wir sowieso, ob wir wollen oder nicht. Es ist viel besser, gleich gegen den Feind zu kämpfen, als sich gegen die Tatsache aufzulehnen, dass es überhaupt einen Kampf gibt. Der Autor Roald Dahl beschrieb seine Kampferfahrungen im Zweiten Weltkrieg und machte dabei folgende Beobachtung: „Die einzige Möglichkeit, sich selbst in eine Situation zu begeben, in der es Bomben hagelte und einem die Geschosse um die Ohren pfiffen, war, die Gefahren zu akzeptieren und alle Konsequenzen so ruhig wie möglich ins Auge zu fassen. Zittern und Zagen boten keinerlei Hilfe.“[5]

Nach den berühmten Worten von Franklin Roosevelt ist das Einzige, was wir zu fürchten haben, die Furcht selbst. Das würde bedeuten: Ich muss den Teufel gar nicht wirklich bekämpfen; ich muss ihm gegenüber nur die richtige Haltung einnehmen. Wenn ich ihm zeige, dass ich es wirklich ernst meine, und ihm in der Kraft Gottes entgegengehe, flieht er sofort.

Als das Volk Israel unter der Führung von Josua tief in das Land Kanaan eindrang, um das Verheißene Land in Besitz zu nehmen, bildeten fünf Städte mit ihren Königen eine Allianz und griffen die Israeliten gemeinsam an. An einem einzigen Tag wurde diese gewaltige Streitmacht in alle Himmelsrichtungen verstreut, denn: „Der Herr versetzte sie beim Anblick der Israeliten in einen solchen Schrecken, dass sie nur noch an Flucht dachten. [...] der Herr [ließ] riesige Hagelkörner auf sie fallen" (Josua 10,10–11). Als krönenden Abschluss nahm Josua die fünf geflüchteten Könige gefangen und befahl ihnen, sich auf dem Boden auszustrecken. Dann „rief Josua alle Männer Israels zu sich und befahl den Anführern, die mit ihm in den Kampf gezogen waren: ‚Tretet vor und setzt euren Fuß auf den Nacken dieser Könige! [...]' Dann erschlug Josua die Könige und hängte ihre Leichen an fünf Bäume" (Josua 10,24.26).

Das Wichtigste an dieser Geschichte ist nicht die Tötung der fünf Könige. Das Wichtigste war, dass die Anführer Israels über ihren königlichen Feinden standen und durch die Wildledersohlen ihrer Sandalen die zerbrechlichen Halswirbel der einst so mächtigen Männer spürten. Josua wollte, dass seine Leute dieses Gefühl empfanden und nie vergessen würden.

Stellen Sie sich das einmal ganz hautnah vor. Stellen Sie sich vor, Sie könnten Ihre schlimmsten Feinde zertreten – damit meine ich nicht Menschen, sondern die dunklen, unsichtbaren Mächte, die Ihre Schritte lähmen und Sie mit eisernem Griff gefangen halten: Angst, Furcht, Scham, Begehrlichkeit, Sucht, Missbrauch, Arbeitslosigkeit. Rufen Sie sich die Macht, die diese Dinge über Sie haben, noch einmal genau in Erinnerung, und stellen Sie sich jetzt vor, dass sich das Blatt gewendet hat und Sie über Ihre Feinde triumphieren! Die Mächte, die bisher Sie kontrolliert haben, stehen jetzt unter Ihrer Kontrolle.

Wie fühlt sich das an? Genießen Sie dieses Gefühl und vergessen Sie es nicht! Das ist wichtig, damit Sie ein Leben in der Freude führen können.

37 Den Feind endgültig vernichten

„Und die Sonne stand still,
auch der Mond blieb stehn;
Israels Feinde mussten untergehn."

Josua 10,13

Wenn Sie wirklich die Freude zu einem Teil Ihres Lebens machen wollen, dann müssen Sie auch den Entschluss fassen, jeden Feind der Freude zu vernichten. Es reicht nicht aus, alle unsere Feinde mit einer Ausnahme hinauszutreiben. Ein einziger Feind, der unangefochten zurückbleibt, wirft einen Schatten über unsere gesamte Freude.

Die Geschichte mit der Sonne, die wegen Josua still stand, ist bekannt, aber verstehen wir auch, warum dieses Wunder geschah? Warum hielt Gott einen ganzen Tag lang den Lauf der Sonne an? Die Israeliten sollten länger Tageslicht haben, damit sie alle ihre Feinde jagen und vernichten konnten.

Es braucht viel Zeit, um fünf große Armeen niederzumetzeln. Töten ist ein hartes Geschäft. Nachdem Gott durch Hagelschläge den Löwenanteil erledigt hatte, wäre es für die Israeliten ein Leichtes gewesen, diesen Tag zu feiern und den Rest ihrer Widersacher entkommen zu lassen - aber dann hätten sie am nächsten Tag wieder kämpfen müssen. Darum gab Josua seinen Truppen den Befehl: „[...] haltet euch nicht auf! Verfolgt weiter die übrig gebliebenen Feinde, damit sie sich nicht in ihre Städte zurückziehen können. Der Herr, euer Gott, hat sie in eure Hand gegeben! [...] Auf diese Weise eroberte Josua das ganze Land [...]. Er besiegte alle Könige und ließ niemand in diesem ganzen Gebiet am Leben; an allen vollstreckte er den Bann, wie der Herr, der Gott Israels, es befohlen hatte" (Josua 10,19.40–41).

Falls wir dieses blutrünstige Verhalten nicht verstehen können - könnte es sein, dass wir vielleicht mit unseren eigenen Feinden Kompromisse eingegangen sind? Wer nicht erkennt, worum es in diesen alttestamentlichen Geschichten wirklich geht, überlegt vielleicht, dass unsere Feinde so schlimm nun auch nicht sind und es besser wäre, keine schlafenden Hunde zu wecken. Vielleicht geben wir nicht einmal zu, dass wir Feinde haben, denn das würde Kampf bedeuten. Es scheint einfacher zu sein, in einem falschen Frieden zu leben und nie dem Bösen, der uns bedrängt, die Stirn zu bieten. Wünschen wir uns jedoch mehr echte Freude in unserem Leben, müssen wir zum Schwert greifen.

Einer meiner Freunde, der lange mit körperlichen Leiden und Depressionen zu kämpfen hatte, fand viel Trost in den Psalmen. Allerdings konnte er, wie er sagte, all die brutalen Passagen über Feinde nicht verstehen, da er glaubte, selbst keine Feinde zu haben.

„Und wie ist das mit deiner Krankheit?", gab ich zu bedenken. „Oder mit den Depressionen? Oder mit Schamgefühlen?"

„Oh", entgegnete er langsam und es begann ihm leise zu dämmern.

Es gibt aber auch einige Christen, die im Gegensatz zu meinem Freund gern damit angeben, wann und wo sie überall vom Feind attackiert wurden. Solche Angriffe werden als eine geistliche Auszeichnung angesehen, etwas, womit man beim Bau von Gottes Reich rechnen muss. Die Israeliten wurden jedoch nur angegriffen, wenn sie ihre eigenen Wege gingen; ihre Schuld machte sie verletzlich. Folgten sie jedoch gehorsam ihrem Herrn, wurden *sie* zu Angreifern, und kein Feind konnte ihnen standhalten.

Im Verlauf meines Experiments musste ich sehr häufig in die Offensive gehen und eine mörderische Gegenattacke starten. Ich musste meine Opferrolle aufgeben und lernen anzugreifen. Früher hätte ich mir so etwas gar nicht vorstellen können. Allein der Gedanke, meine geistlichen Feinde anzugreifen, hätte mich bis ins Mark erschüttert. Doch nach und nach lernte ich eine überraschende Wahrheit: Es kommt nicht auf die Kraft oder das Geschick meines Angriffs an, sondern auf meinen Entschluss zu kämpfen. Solange ich ängstlich herumhänge, kann ich nicht gewinnen. Aber in dem Moment, in dem ich entschlossen die Waffenrüstung anlege, ergreift der Feind die Flucht. Und darauf wies auch Jakobus hin, als er schrieb: „Leistet dem Teufel Widerstand, und er wird vor euch fliehen" (Jakobus 4,7).

Sagen Sie nicht erleichtert: „Ein Glück, dass wir die los sind!", und lassen Sie sie abziehen, wenn Ihre Feinde Ihnen den Rücken kehren! Nein! Jagen Sie Ihre Feinde in die Flucht! Sobald Sie in ruhigen Zeiten die Zügel etwas schleifen lassen und nicht tierisch aufpassen, kehrt der Feind aggressiver zurück als je zuvor. Der Sonnenschein der Freude ist alles andere als eine Entschuldigung für Selbstzufriedenheit. Er spendet Ihnen in erster Linie die Energie, die Sie brauchen, um den Widersacher zu vernichten.

38 Freude macht Arbeit

„Da sagte Josua zu den Männern dieser Stämme: ‚Wie lange wollt ihr noch warten, bis ihr das Land in Besitz nehmt, das der Herr, der Gott eurer Väter, euch gegeben hat?'"

Josua 18,3

Freude ist ein Geschenk Gottes. Allerdings müssen wir uns dazu entscheiden, es in Besitz zu nehmen. Geschenk Gottes und Inbesitznahme - diese beiden Seiten der Freude sind gleich wichtig. Das heißt nicht, dass wir uns die Freude aneignen könnten, indem wir sie uns einfach nehmen; Freude kommt immer als Geschenk. Gott kann uns aber auch so viele Geschenke machen, wie er will - wenn wir die Geschenke nicht annehmen und sie auspacken, haben wir nichts davon.

Wollen Sie das Geschenk der Freude annehmen, das Gott, der Vater, allen seinen Kindern macht? Wollen Sie es in Besitz nehmen? Wenn ich ein Haus kaufe, nehme ich es in Besitz und ziehe in das Haus ein. Ich ziehe nicht nur halb ein. Ich ziehe komplett ein. Ich besitze es voll und ganz. An dieser Stelle hatten die Israeliten jedoch einen entscheidenden Fehler gemacht. Sie zogen in das Verheißene Land, aber sie zogen nicht ganz hinein. Sie nahmen es nie ganz und gar in Besitz. Stattdessen gingen sie mit ihren Feinden Kompromisse ein und konnten deshalb auch die Freude nicht in dem Ausmaß empfangen, wie Gott sie ihnen zugedacht hatte.

Es gab einige Gründe, warum die Israeliten das versprochene Land nur widerwillig einnehmen wollten. Zum einen lag es daran, dass die Israeliten ursprünglich Sklaven gewesen waren, die nie eigenes Land besessen hatten. Außerdem waren sie damals noch Nomaden, die es nicht gewöhnt waren, sich niederzulassen und eigenen Besitz zu verwalten. Es fiel ihnen schwer zu begreifen, was es heißt, ein ganzes Land zu besitzen. Zudem zögerten sie die Konfrontation mit den noch im Land lebenden Kanaanitern aus Angst vor einem neuen Krieg hinaus. Sie waren alles andere als kampferprobte Krieger und zufrieden, wenn sie in Ruhe gelassen wurden.

Sind wir nicht wie die Israeliten, wenn es darum geht, die Freude in Besitz zu nehmen? Freude macht Arbeit. Es macht uns nichts aus, für materielle Ziele fleißig zu arbeiten, doch wenn es darum geht, geistliche Ziele zu erreichen, sind wir eher faul. Glücklichsein ist die eigentliche Arbeit der Christen. Während meines Experiments konnte ich, wann immer mich Leute fragten, wie es mir ginge, die meiste Zeit ehrlich antworten: „Großartig! Schließlich arbeite ich zur Zeit an meinem Glück!“ Wie wunderbar zu wissen, dass meine eigentliche Aufgabe in dieser Welt, mein Mühen und Arbeiten unter der Sonne, darauf ausgerichtet ist, glücklich zu sein!

Da Freude Arbeit macht, warum soll ich mir diese Aufgabe nicht als Berufs- oder Karriereziel setzen? Wie wäre es, wenn wir die Freude (zusammen mit anderen charakteristischen Wesenszügen der Christen) mit der gleichen Energie und Hingabe verfolgen würden wie unsere Berufsziele? Wenn wir morgens aufwachen und überhaupt keine Lust haben zur Arbeit zu gehen, tun wir es trotzdem. Wenn wir Geld verdienen wollen, bringt es überhaupt nichts, die Arbeit hinzuwerfen. Aber wenn uns niemand glücklich macht, werfen wir das Handtuch und melden uns krank.

Wäre es nicht schöner, wenn wir jeden Morgen in die „Glücksfabrik“ gehen und unsere Arbeit erledigen würden, ob wir dazu Lust haben oder nicht? Ist es nicht der Mühe wert zu wissen, dass wir dadurch mit einem immer reicheren und glücklicheren Leben entlohnt werden?

Gott möchte, dass wir *fröhlich* seinen Willen tun oder gar nicht. Wir können zwar viele gute Werke vollbringen, doch wem nützen sie, wenn wir sie ohne Freude tun? Ein fröhlicher Geist ist wie das Salz in der Suppe. Ohne Freude ist das Leben eines Christen schal und reizlos. „Ihr seid das Salz für die Welt. Wenn aber das Salz seine Kraft verliert [...] ist [es] zu nichts mehr zu gebrauchen“ (Matthäus 5,13). Die deprimierte, murrende Einstellung der Israeliten führte dazu, dass eine ganze Generation Gottes Gunst verlor und in der Wüste starb.

Wir müssen das Gefühl überlisten, das uns einreden will, Freude sei nicht machbar und nicht zu erreichen, selbst wenn wir uns noch so sehr anstrengten. Menschen, die dem Geld nachjagen, sehen ihr Ziel ganz anders. Warum sollten wir unsere falsche Sichtweise beibehalten und nicht ein Ziel verfolgen, das unermesslich wertvoller ist als Geld?

39 Der Geist eines Helden

„Er hat der Sonne ein Zelt am Himmel gemacht; sie geht heraus wie ein Bräutigam aus seiner Kammer und freut sich wie ein Held, zu laufen ihre Bahn."

Psalm 19,5-6; Luther

Der Psalmist David verstand etwas von Helden. Zum einen begann er seine Karriere mit einem Sieg über den Kriegshelden Goliath. In seiner eigenen Armee wurden erfolgreiche Kämpfer, die als „Davids berühmte Helden" bezeichnet wurden, besonders verehrt. „Als an einem Schneetag ein Löwe in eine Grube fiel, stieg [einer von Davids starken Männern] allein hinunter und erschlug ihn" (2. Samuel 23,20). Ein Anführer der Elitetruppe Davids „kämpfte mit dem Speer gegen 800 Feinde und erschlug sie alle in einer einzigen Schlacht" (2. Samuel 23,8). Ein anderer Held namens Eleasar „räumte unter den Philistern auf, bis sein Arm erlahmte und die Hand sich um den Schwertgriff zusammenkrampfte" (2. Samuel 23,10).

Ein solcher Kampfgeist ist nötig, um ein Leben voller Freude zu führen. Anstelle von Füßen, die angesichts von Schwierigkeiten die Flucht ergreifen, brauchen wir Hände, die sich um den Schwertgriff zusammenkrampfen. Das Wort „Held" reicht noch gar nicht aus, um einen wahren Christen zu beschreiben. Um es mit Paulus zu sagen: „Aber mitten in alldem triumphieren wir als Sieger mit Hilfe dessen, der uns so sehr geliebt hat" (Römer 8,37).

Freude lebt gefährlich. Wenn uns ein Erlebnis tief befriedigt, enthält es im Allgemeinen ein Element der Unsicherheit. Bevor diese Befriedigung in Freude übergeht, wächst der Unsicherheitsfaktor. Risiko, Gefahr und Unberechenbarkeit sind die Luft, die die Freude atmet. Entfernt man diesen Unsicherheitsfaktor, erstickt die Freude. Das ist der Grund, warum Gott uns zu einem Leben berufen hat, das nur aus dem Glauben gelebt werden kann.

Krieger schlafen sogar in ihrer Rüstung mit der Waffe in der Hand. Durch beständige Übung werden sie unschlagbar. Weil sie wissen, dass Siege sie überglücklich machen, dürsten sie nach immer mehr Herausforderungen und so „gehen sie von einer Kraft zur andern" (Psalm 84,8; Luther).

Kriegern macht auch Unbequemlichkeit nichts aus. Auf einer Reise zu den Sternen würden wir die unbequeme Raumfahrt als Teil der Herausforderung akzeptieren. Warum tun wir das nicht mit unserem Leben? Das Leben bietet weit mehr unvergleichliche Gelegenheiten zu Abenteuern und Entdeckungen und spektakuläre Schönheit als *Star Trek*. Wenn wir uns vehement über die Enge unseres Raumanzugs beklagen, könnten wir das alles verpassen.

Krieger haben ebenfalls keine Angst vor dem Tod. Zumindest fürchten sie den Tod weniger als ein Leben, das sie nicht in seiner ganzen Fülle gelebt haben, und darum sind sie bereit, sich allem zu stellen. Johannes spricht von Menschen, die „bereit [waren,] ihr Leben zu opfern und den Tod auf sich zu nehmen" (Offenbarung 12,11). Sobald wir diese Haltung einnehmen, kann uns der Teufel nichts mehr anhaben. Wir sind noch nicht tot, aber wir sind allem gestorben, einschließlich dem Tod selbst. Wer einmal tot ist, ist verborgen in Christus. Der Feind hat keinen Zugriff mehr. Solange wir unsicher bleiben, uns hin- und herwinden, vor jeder Herausforderung zurückschrecken und nach einem einfacheren Leben streben, kann uns der Teufel jederzeit erwischen.

Das Leben eines Kriegers verlangt auch ständiges Weiterkommen. Für den, der sich fortentwickelt, sieht jeder Tag anders aus. Jede Stunde bietet neue Herausforderungen, die nach neuen Strategien verlangen. Wer im Trott stecken bleibt, braucht keine neuen Strategien; er kann nach den gleichen alten „Strickmustern" leben und braucht nie etwas zu verändern. Doch im Bereich der Freude funktioniert das nicht. Freude verlangt Frische, Erneuerung, Anreize. Freude schöpft aus der unbegrenzten Weite des Lebens mit all ihrer befremdlichen Mannigfaltigkeit. Sie hungert nach frischer Nahrung, nach einem gefahrvollen, unberechenbaren Spiel des Lebens, während Depression sich vom Gleichbleibenden nährt.

Werden Sie nicht zum Wächter des Lebens! Werden Sie wie ein Sieger, der seine Bahn betritt. Versetzen Sie sich in den Bräutigam hinein, der aus dem Brautgemach tritt (vgl. Psalm 19,6), und begrüßen Sie jeden neuen Tag, als sei er Ihr Hochzeitstag oder Ihr letzter Tag auf dieser Erde – oder beides.

40 Die neue Schöpfung

„Freut euch und jubelt ohne Ende über das, was ich nun schaffe! Ich mache Jerusalem zur Stadt der Freude und seine Bewohner erfülle ich mit Glück."

Jesaja 65,18

Wenn man im Alten Testament Verse wie diesen liest, könnte man den Eindruck bekommen, es ginge um eine ferne Zukunft, wenn „der Herr sagt: [...] Alles mache ich jetzt neu: Einen neuen Himmel schaffe ich und eine neue Erde" (Jesaja 65,16b–17). Die Botschaft des Neuen Testaments besagt jedoch, dass diese Neuschöpfung bereits begonnen hat. Sie beginnt mit Ihnen und mit mir, wenn wir unser Vertrauen auf Jesus setzen, denn: „Wenn also ein Mensch zu Christus gehört, ist er schon ‚neue Schöpfung'. Was früher war, ist vorbei; etwas ganz Neues hat begonnen" (2. Korinther 5,17). Dieses ganz Neue, dieser Christ, hat nicht gerade mal ein neues religiöses Erbe angetreten. Nein, er ist ein brandneues menschliches Wesen geworden, ein Wesen, wie es die Erde vorher noch nie gesehen hat, das zum auserwählten Volk gehört (vgl. 1. Petrus 2,9), sich von allen anderen Menschen unterscheidet und das „die Kräfte der kommenden Welt gespürt" hat (Hebräer 6,5).

Wenn wir neuen Geschöpfe uns umschauen, fällt uns nur wenig auf, das sich verändert hat, seit Christus seine Königsherrschaft aufgerichtet hat. Die Bäume lassen nichts Neues erkennen, die Tiere sind dieselben geblieben, die Gestirne sind noch an ihrem Platz, die Welt ist moderner, aber im Wesentlichen unverändert geblieben, und unsere Mitmenschen sind die gleichen Schlitzohren, die sie schon immer waren. *Was* also hat sich verändert?

Wir haben uns verändert! Wir sind wiedergeboren worden und haben dabei eine neue Einstellung, ein neues Herz und einen neuen Willen bekommen; wir entwickeln neue Gefühle. Ja, wir entdecken in uns sogar die Grundvoraussetzungen für einen neuen geistlichen Körper mit einer geistlichen „Empfangsanlage". Wir können Gott hören, und wir sehen und schmecken und spüren und riechen geistliche Wirklichkeiten, die sich Menschen, die nicht an Jesus glauben, einfach nicht vorstellen können.

Aus diesem Grund leitete Jesus das Abendmahl mit den Worten ein: „Nehmt und esst; das ist mein Leib" (Matthäus 26,26). Jesus bietet uns seinen Leib und sein Blut an, das heißt sein Leben, und ersetzt unsere alt Kreatur, das alte Ich, durch etwas Neues. Brot und Wein sind sichtbare Zeichen dafür, wie real und greifbar die Verwandlung unseres alten Ichs in eine neue Schöpfung ist. Es ist, als würde – als einen Vorgeschmack auf das große himmlische Bankett – unser stolzer himmlischer Vater seinem neugeborenen Kind auf den Rücken klopfen und sagen: „Atme! Fühle! Iss und trink! Du lebst und bist im Reich Gottes willkommen!"

Solche Gedanken machen mich so glücklich, dass ich sie kaum zu Papier bringen kann. Ja, ich weiß, der Kampf ist noch lange nicht vorbei. Ich werde mit meinen Begierden und Leidenschaften kämpfen, solange ich lebe, und doch bestimmt die Sünde nicht, wer ich wirklich bin. „Wenn wir aber tun, was wir gar nicht wollen, dann verfügen nicht wir selbst über uns, sondern die Sünde, die sich in uns eingenistet hat" (Römer 7,20). Wer ist dieses Ich, das nicht sündigt? Es ist das Kind Gottes, die neue Kreatur, heilig, rein, unantastbar und unerreichbar für den Zugriff Satans. Dieses Ich ist schon im Verheißenen Land und erfreut sich an dessen Segnungen, wobei die Freude selbst der größte Segen ist.

Die Freude wurzelt in der erstaunlichen Feststellung, dass ich *bereits jetzt* schon in Gottes Herrschaftsbereich bin. In dieser Welt ist seine Königsherrschaft noch nicht errichtet, aber in mir sind seine Wesensmerkmale schon vorhanden. Ich habe das Land, in dem Milch und Honig fließen, schon betreten: „Denn durch Christus hat er [Gott] uns Anteil gegeben an der Fülle der Gaben seines Geistes in der himmlischen Welt" (Epheser 1,3). Wenn der Heilige Geist wie ein Weinstock ist, der in mir wächst, hängt die Freude in Trauben an den Reben. Diese Freude ist nicht von dieser Welt; sie kommt aus meinem tiefsten Inneren, ja, aus dem Jenseits. Durch den Glauben lebe ich bereits heute in diesem Jenseits. „Nimm und iss!", ist alles, was nötig ist, um die übergroße Freude zu erleben, die dieses wunderbare neue Leben auslöst.

41 Abendmahl feiern

„Wenn du zu mir sprachst, habe ich jedes Wort verschlungen. Deine Worte haben mein Herz mit Glück und Freude erfüllt."

Jeremia 15,16

Immer wieder habe ich im Laufe meines Experiments festgestellt, dass ich am meisten Freude erfahre, wenn ich zum eigentlichen Evangelium zurückkehre – der Guten Nachricht von der Sündenvergebung und der Befreiung von der Verdammnis. Freudlosigkeit wird meistens als mangelnde persönliche „Gerechtigkeit" definiert. Können Sie glücklich sein, wenn Sie wissen, dass Sie mit Gott nicht im Reinen sind? Wenn Sie dagegen wissen, dass Sie reingewaschen sind, weißer als Schnee, und dass Sie heilig und blitzsauber sind, dass Sie „an der göttlichen Unsterblichkeit teilhaben" (2. Petrus 1,4) – wie sollte da keine riesengroße Freude in Ihnen aufkommen?

Das Geheimnis des Evangeliums ist, dass ein gefallener Mensch ein Sünder bleibt und doch mit einem einzigen Schritt von der Sünde ganz getrennt und vollkommen gerecht wird. Wir gehen viele Schritte, oft jahrelang, bevor wir dieses Geheimnis ausreichend erfassen und uns endlich an unserer neuen Beziehung zu Gott erfreuen, die durch Jesus Christus möglich wurde. Dabei sind die vielen Schritte und die vielen Jahre gar nicht nötig. Das ganze Wunder geschah in einem einzigen erstaunlichen Schritt, als wir zum ersten Mal unser Leben Gottes Führung unterstellt haben.

Dieser eine Schritt muss nie mehr wiederholt werden. Als Kind hat meine Frau ihr Leben Christus immer wieder anvertraut und nie glauben können, dass die Sache ein für alle Mal erledigt war. Schließlich erkannte sie, dass alle Wiederholungen mehr mit heidnischen Ritualen als mit dem Christentum zu tun hatten. In den Augen Gottes stand ihre erste Entscheidung bis in alle Ewigkeit fest.

Heute können Radios mit einem einzigen Knopfdruck auf eine gewünschte Frequenz eingestellt werden. So ist es auch mit der Gerechtigkeit; sie muss nicht immer wieder erneuert werden, wir sind bereits darauf eingestellt. Und wenn der Empfang ein bisschen gestört ist, können wir ihn mit Leichtigkeit neu einstellen. „Wenn wir aber unsere Verfehlungen eingestehen, können wir damit rechnen, dass Gott treu und gerecht ist: Er wird uns dann unsere Verfehlungen vergeben und uns von aller Schuld reinigen“ (1. Johannes 1,9). Dazu ist kein langer und aufwändiger Prozess nötig; das kann mit einem Knopfdruck geschehen, in einem kurzen Gebet.

Ich habe schon Abendmahls-Feiern erlebt, in der die Selbsterkenntnis einen großen Raum einnahm. Das Mahl des Herrn ist jedoch nicht dazu gedacht, dass wir uns mit uns und unserer Schuld beschäftigen, sondern soll uns an das erinnern, was Jesus für uns getan hat (vgl. Lukas 22,19). Paulus mahnt: „Denn wenn ihr esst und trinkt ohne Rücksicht darauf, dass ihr es mit dem Leib des Herrn zu tun habt, zieht ihr euch durch euer Essen und Trinken Gottes Strafgericht zu“ (1. Korinther 11,29). Das Mahl des Herrn ist ein „Liebesmahl“ (Judas 12), wo wir uns an Christi stellvertretenden Tod für uns und an die Gemeinschaft mit ihm und untereinander erinnern. Das Abendmahl soll unsere Gemeinschaft mit Christus fördern und nicht unsere Außenseiterstellung bestärken.

Der Verfasser des Hebräerbriefs geht lang und breit auf den Gegensatz zum alten jüdischen Opfermahl ein und vergleicht es mit dem neuen Opfer, das Jesus Christus „ein für alle Mal“ (Hebräer 10,10) für uns gebracht hat. „Im Gesetz zeigt sich nur ein Schatten von dem, was Gott künftig schenken will - ein Schatten, nicht die eigentliche Gestalt. Deshalb kann das Gesetz die Menschen, die im irdischen Heiligtum vor Gott treten, auch niemals zur Vollendung führen - obwohl nach Anordnung des Gesetzes Jahr für Jahr immer wieder dieselben Opfer für sie dargebracht werden. [...] Denn mit einem einzigen Opfer hat er alle, die Gottes Eigentum werden sollen, für immer zur Vollendung geführt“ (Hebräer 10,14). Während die Menschen des alten Bundes in Wirklichkeit „Jahr für Jahr aufs Neue an ihre Sünden erinnert“ wurden (Hebräer 10,3), ist durch Jesus Christus „ein Opfer nicht mehr nötig“ (Hebräer 10,18).

Ist die Eucharistie oder das Leben eines Christen überhaupt eine sich endlos wiederholende Opferung, die in Wirklichkeit nie von der Schuld befreit, sondern immer wieder an die Sünden erinnert? Wie glücklich können wir sein, wenn wir uns bewusst sind, dass das Kernstück des Christentums ein fröhliches Fest der Befreiung in der Gemeinschaft mit Gott durch Jesus Christus ist und nicht ein düsteres Wühlen in unserer hartnäckigen Sündhaftigkeit.

42 Das Lied des Himmels

„Wo warst du denn, als ich die Erde machte? [...] Ja, damals sangen alle Morgensterne, die Gottessöhne jubelten vor Freude!"

Ijob 38,4.7

Wissenschaftler reden gern vom Urknall, aber nur wenige denken darüber nach, ob der Urknall vielleicht das Echo aller Morgensterne und der Freudenjubel der Gottessöhne gewesen sein könnte! In allem, was zum Universum gehört, sei es groß oder klein, chaotisch oder untypisch, liegt ein Samenkorn der Freude verborgen, das von Anfang an dort eingepflanzt war. Das ist eine Tatsache, die jeden Verstand übersteigt. Dieses Geheimnis war jedoch bei der Grundlegung aller Dinge so offenbar, dass die Engel in jubelnden Lobgesang ausbrachen. Wie lange zögern Sie noch mit einzustimmen?

Vor zehn Jahren schrieb ich an einem dicken Buch mit dem Titel *The Gospel According to Job* („Das Evangelium von Ijob"). Ich hatte mit Depressionen zu kämpfen, und das Buch sollte mir dabei helfen, mit meinem Schmerz und meiner Traurigkeit fertig zu werden. Ich musste einen langen Weg zurücklegen, bis ich das Land der Freude entdeckte, und finde es amüsant, wenn ich bedenke, dass zwischen *Job* (Ijob) und *joy* (Freude) im Englischen nur ein Buchstabe Unterschied liegt.

Wenn Sie sich hin und wieder deprimiert fühlen, versuchen Sie doch einmal, die letzten fünf Kapitel des Buches Ijob zu lesen. Am Ende von Ijobs Prüfungen kommt Gott zu ihm, öffnet ihm die Augen für das Sternenzelt und alle übrigen Wunder der Schöpfung und sagt ihm etwa Folgendes: „Während du deprimiert warst, ist das Leben in seiner ganzen Schönheit mit allen seinen Wundern weitergegangen. Die Sonne geht immer wieder auf, die Wellen wogen weiterhin im Meer. Die Vögel ziehen immer wieder ihre Bahn, Gemsen und Bergziegen bringen ihre Jungen Jahr für Jahr zur Welt. Trotz deiner Kämpfe blühen die Blumen, fließen die Bäche, singen die Vögel mit bestechender Schönheit, selbst die Straußenhenne schlägt mit ihren Flügeln und lacht Pferd und Reiter spöttisch aus" (vgl. Ijob 39,13). Wollen Sie an Ihren Depressionen festhalten, wenn die ganze Kreatur in Jubel ausbricht? Natürlich ist Ihr Leid real, aber noch weitaus realer ist die Botschaft der Lebensfreude, die Sie umgibt.

Als Abram mit Zweifeln und Entmutigung zu kämpfen hatte, führte Gott ihn aus dem Zelt heraus und sagte: „Sieh hinauf zu den Sternen am Himmel! Kannst du sie zählen? So unzählbar werden deine Nachkommen sein“ (Genesis 15,5). Ich stelle mir eigentlich nicht vor, dass Abram den Kopf in den Nacken legt und in dieser unbequemen Stellung vor seinem Zelt steht, sondern vielmehr auf einem Grashügel liegend, versunken in das unglaubliche Wunder, dass Gott ihm die Augen für die Pracht des Himmels geöffnet hat und für die persönliche Botschaft, die sie ihn lehrt. Die Sterne, die an sich schon ein Wunder sind, sind zugleich Wegweiser zu den ewigen Freuden im Himmel. Zu Abram, zu Ijob und zu uns spricht Gott: „Denkst du, dass deine Königskrone weniger prächtig gestaltet ist als dieser prachtvolle, mit Diamanten geschmückte Nachthimmel?“

Gott wusste sehr wohl, dass Abram niemals in der Lage sein würde, die Sterne zu zählen. Falls Sie heute damit beginnen, 1 000 Sterne pro Sekunde zu zählen, bräuchten Sie dazu mehr als 14 Milliarden Jahre, bis Sie alle Sterne gezählt hätten. Der Psalmist hatte schon ganz richtig erkannt: „Der Himmel verkündet es: Gott ist groß! Das Herr der Sterne bezeugt seine Schöpfermacht“ (Psalm 19,1). Indem Gott Abrams Blick in den Himmel richtete, wollte er ihn, genau wie Ijob, aus seiner düsteren Stimmung herausholen und ihn einen kurzen Blick auf die Kerzen seiner himmlischen Geburtstagstorte werfen lassen.

Suchen Sie nach Freude? Schauen Sie zu den Sternen! Sie sind ein Überbleibsel der Originalschöpfung, als diese den Gedanken Gottes entsprang. Und diese enthält das in einer uralten, aber leuchtenden Schrift verschlüsselte große Geheimnis im Herzen des Kosmos: die FREUDE!

43 Der geheimnisvolle Freund

„Du segnest ihn sein ganzes Leben lang, ihn selbst und alles, was er tut. Durch deine Nähe erfüllst du ihn mit Freude.“

Psalm 21,7

Freude ist die Gegenwart von etwas. Wenn ich glücklich bin, fühle ich mich nicht einsam. Der quälende, Furcht erregende menschliche Grundgedanke, dass ich mein Leben in dieser Welt allein bewältigen und mit meinen Problemen allein fertig werden muss, ist verschwunden. Freude füllt die Leere mit ihrer Gegenwart aus. Das Charakteristische an der Freude ist tatsächlich dieses mysteriöse, beglückende Gefühl, nicht allein zu sein. Da ist Gemeinschaft, eine geheime Kameradschaft, eine unsichtbare Geborgenheit. Freude hat mit Wärme zu tun. Freude ist, bildlich gesprochen, eine herzliche Umarmung.

Freude verbannt, genau wie die Liebe, Einsamkeit. Im Vergleich zur Liebe, die direkt auf ein Gegenüber abzielt, ist das Ziel der Freude nicht so scharf umrissen. Wenn Liebe wie die Sonne ist, ist Freude wie Mond und Sterne - ein reflektiertes Licht. So wie der Mond nur durch die Sonne leuchten kann, sind wir nur durch die lebendige Gegenwart eines Anderen glücklich. Vielleicht sind wir uns des Anderen gar nicht richtig bewusst und trotzdem ist seine Gegenwart der Grund unserer Freude.

Wenn man schon so weit geht und Freude als die Gegenwart von etwas beschreibt, dann als Präsenz einer Person. Diese Person, dieser geheimnisvolle Freund, ist Jesus Christus. Selbst bei Menschen, die nicht an Jesus glauben, ist wahre Freude immer ein Zeichen bzw. eine Visitenkarte Christi. Während ich über das Thema „Freude“ schreibe, schreibe ich in Wirklichkeit über Jesus - darüber, was es bedeutet, mit ihm zu leben, über meine Sehnsucht, immer mit ihm zusammen zu sein, und über meine wachsende Gewissheit, dass er immer bei mir ist.

Bin ich nicht glücklich, liegt das meist daran, dass ich das Gefühl habe, Gott sei schrecklich weit entfernt. Um es mit einem alten Kirchenlied zu sagen: „Freude ist die Flagge, die hoch auf dem Schlossturm meines Herzens weht, wenn der König darin residiert.“ Wann immer ich sein Wort höre und in mein Herz aufnehme, entsteht

Freude, weil die Stimme Gottes die Stimme der Freude ist. Sein Angesicht, seine Augen strahlen vor Freude.

Freude ist eine Person. Das zu wissen bedeutet, dass der Heilige Geist nicht ein unbestimmtes Etwas, sondern eine bestimmte Person ist. Wer ihn kennt, hat einen lieben Mann oder eine Frau oder einen geliebten Bruder oder eine geliebte Schwester gewonnen. Wir wissen, dass diese Menschen uns nicht im Stich lassen, deshalb müssen wir sie nicht zwanghaft an uns binden. Ohne Sorge können wir sie kommen und gehen lassen, weil wir uns sicher sind, dass, auch wenn sie nicht körperlich bei uns sind, unsere Beziehung zu ihnen in Ordnung ist.

Meine Frau schenkte mir einmal eine Geburtstagskarte, auf der außen geschrieben stand: „Ich habe alles, was man zu seinem Glück braucht." Und innen stand: „Ich habe dich!" Wir sind nicht aus uns selbst heraus glücklich, wir sind es durch andere und durch unseren Herrn. Paulus schrieb an die Thessalonicher: „Ihr seid doch unsere Hoffnung und unsere Freude und unser Siegespreis, auf den wir stolz sein können, wenn Jesus, unser Herr, kommt. Ja, gerade auch ihr. Ihr seid doch unsere Ehre und unsere Freude!" (1. Thessalonicher 2,19-20).

Gott ist Liebe. Und er ist auch Freude. Die Tatsache, dass Freude eine Person ist und nicht etwas, das ich in mir produzieren muss, macht die Freude so wertvoll. Wenn ich eine persönliche Beziehung zur Freude habe, sie als eine Person kenne, die mich von Herzen liebt und sich mir für immer verschrieben hat, gebe ich die Furcht auf, dass mich das Glück verlassen und die Freude vergehen könnte. Die Personifizierung der Freude ist genau der Grund, warum Glück nicht (entgegen der allgemeinen Meinung) von Natur aus flüchtig ist. Ganz im Gegenteil - die Freude ist treu und beständig. Gefühle kommen und gehen, aber die Gegenwart Gottes in Jesus kann man kennen, liebevoll anrufen und zu jeder Tageszeit ohne Einschränkung, also immer, neu wahrnehmen. Er hat uns darauf sein Wort gegeben: „Ich bin immer bei euch, jeden Tag, bis zum Ende der Welt" (Matthäus 28,20), und die Freude ist sein Begleiter.

44 Keine Verdammnis

„Warum bin ich so mutlos? Muss ich denn verzweifeln? Auf Gott will ich hoffen!“

Psalm 42,6

Bei meinem Experiment beging ich einen schlimmen Fehler: Ich dachte anfangs: *Es ist deine Aufgabe, dich zu freuen.* War ich einmal nicht so fröhlich wie am Tag zuvor, grübelte ich: *Was ist nicht in Ordnung?*, oder noch schlimmer: *Was ist mit* mir *nicht in Ordnung?*

Solche Grübeleien lösen alles andere als Freude aus. In dem Augenblick, in dem ich mich hinterfrage und untersuche, was an mir nicht in Ordnung sein könnte, erwächst in mir eine Angst, die mich von der Freude trennt. Solange ich Angst habe, kann ich mich nicht freuen. Der Weg zur Freude führt über mein Vertrauen zu Gott und nicht über mein Misstrauen gegenüber mir selbst.

Es ist richtig, ich werde Gott nicht vertrauen, solange ich kein grundlegendes Misstrauen mir selbst gegenüber hege. Dass ich mir misstraue, ist zwar eine Grundvoraussetzung für den Glauben, aber ich fixiere meinen Blick nicht auf mich. An Jesus macht sich der Glaube fest. Freude entsteht nicht, indem ich mich selbst klein mache, sondern indem ich Jesus groß mache.

Die Frage „Was ist mit mir nicht in Ordnung?“ wurde an dem Tag beantwortet, als ich Christ wurde. Dass ich ein Sünder bin und auch mein Leben lang einer bleiben werde, das ist es, was an mir nicht in Ordnung ist. Ja, aber was ist dann, bitte schön, überhaupt neu geworden?

Neu ist, dass Jesus meine Sünde wegnimmt und sie so weit von mir entfernt, „so fern der Osten vom Westen liegt“ (Psalm 103,12). Darauf weist auch Paulus hin, wenn er schreibt: „Vor dem Gericht Gottes gibt es also keine Verurteilung mehr für die, die mit Jesus Christus verbunden sind“ (Römer 8,1). Die Gedanken eines Christen sollen um die gute Nachricht der Versöhnung kreisen und nicht um die bösen Nachrichten der Sünde.

Ich kann mich nicht freuen, wenn ich trotz allem, was Jesus getan hat, auch weiterhin ein nagendes Gefühl in mir zulasse, das mir sagt: „Irgendetwas stimmt bei mir nicht.“ Damit zweifle ich nicht nur mich an, sondern ich zweifle vor allem Gott an. Gott kann für mich noch so verehrenswert sein, doch solange ich mir sage: „Mit mir stimmt etwas nicht!“, zweifle ich unbewusst an meinem Schöpfer. Freudlos sein heißt, sich von Gott zu entfernen.

Wir könnten wahrscheinlich locker jeden Tag zehn Minuten lang davon erzählen, wie und wo wir andere verletzt haben. Wie und wo wir täglich gesegnet werden, fällt uns hingegen weniger auf. Wie wär's, wenn wir uns täglich unsere guten Seiten anschauen und nicht bei den schlechten verweilen würden? Unglücklichsein entsteht häufig durch einen zu geringen Selbstwert. Wie können wir glücklich sein, wenn wir nicht erkennen können, dass wir in Gottes Augen beschenkt, gerecht, rein und schön sind? Wie können wir uns über einen heiligen Gott freuen, wenn wir uns selbst weiterhin als unheilig betrachten? Wir dürfen uns selbst nicht zur Schnecke machen. Gott „hat uns mit Jesus Christus vom Tod auferweckt und zusammen mit ihm in die himmlische Herrschaft eingesetzt“ (Epheser 2,6)! Lassen Sie uns das niemals aus dem Blick verlieren! An Gott glauben heißt gleichzeitig, an sich selbst zu glauben.

Glauben Sie an die Gute Nachricht? Glauben Sie, dass Jesus tatsächlich alle Ihre Sünde so weit von Ihnen entfernt hat, so fern der Osten vom Westen ist? Es ist ein tolles Gefühl, diese Wahrheit zu erkennen. Aber haben Sie diese Wahrheit schon wirklich in sich aufgenommen, damit Sie auch in dieser Wahrheit jeden Tag, von morgens bis abends, ohne jede Selbstanklage leben können? Können Sie das ertragen? Können Sie diese ruhmreiche Wahrheit über sich selbst überhaupt aushalten? Oder sind Sie viel zu sehr daran gewöhnt, Ihre alte Last von Schuld und Scham mit sich herumzuschleppen und zu versuchen, sie selbst zu bewältigen und sich über Ihren Weg zum Himmel Sorgen zu machen?

In dem Klassiker „Pilgerreise“ berichtet Bunyan, wie die große Bürde, die Christ getragen hatte, sich schließlich am Kreuz und in der Nähe des offenen Grabes von „seinen Schultern löste und von seinem Rücken fiel. Polternd rollte sie den Hang hinab, bis sie die Öffnung des Grabes erreichte, in der sie auf Nimmerwiedersehen verschwand.“ „Und ich sah sie nie mehr wieder!“ Anschließend sprang Christ „dreimal vor Freude in die Luft“.[6]

Wo die Gute Nachricht wirklich angenommen wird, wird jemand gleichzeitig auch von der Angst vor der Verdammnis befreit und von einer riesigen Freude erfüllt. Sie ist das Zeichen, dass wir mit der Wirklichkeit in Berührung gekommen sind und nicht in die Irre geführt wurden.

45 Die himmlische Verschwörung

„Er und alle die Seinen waren überglücklich, dass sie zum Glauben an Gott gefunden hatten."

Apostelgeschichte 16,34

Sind Sie glücklich darüber, dass Sie zum Glauben an Gott gefunden haben? Ist Gott allein der Grund Ihrer Freude oder halten Sie nach mehr Ausschau? Falls Sie mit Gott allein nicht glücklich sind, was wünschen Sie mehr?

Paulus empfahl dem Gefängniswärter von Philippi: „Jesus ist der Herr! Erkenne ihn als Herrn an und setze dein Vertrauen auf ihn, dann wirst du gerettet und die Deinen mit dir!" (Apostelgeschichte 16,31). Der Mann wurde nicht nur gerettet, er wurde auch mit Freude erfüllt, weil beides zusammengehört. Ist das bei Ihnen auch der Fall? Wenn Sie Gott haben, haben Sie Freude. Wenn Sie keine Freude haben, sollten Sie sich, auch wenn Sie noch so religiös sind, fragen, ob Sie wirklich Gott als Ihren Vater kennen. Die entscheidende Nagelprobe für Wahrheit ist die Freude.

Geht es in Ihrer Gemeinde fröhlich zu? Wenn nicht, fehlt ihr das Kennzeichen für die Wahrheit.

Macht Sie die Predigt, die Sie hören, froh? Wenn nicht, fehlt ihr das Evangelium.

Freuen Sie sich an und mit Ihren Freunden? Wenn nicht, wozu sind Ihre Freunde gut?

Freuen Sie sich über die Aufgaben, die Sie tagtäglich erfüllen? Wenn nicht, warum plagen Sie sich damit ab?

Erfüllt Sie das Buch, das Sie lesen, mit tiefer Freude? Wenn nicht, warum lesen Sie es dann?

Freude ist ein zuverlässiger Gefährte der Wahrheit. Wo die Freude fehlt, sollten wir misstrauisch sein, weil Freude ein Charakteristikum der Wahrheit ist. Freude ist nicht der einzige Wesenszug der Wahrheit; es gibt andere Anzeichen, auf die man achten sollte. Aber jeder Lehre, die nicht von Freude begleitet wird, fehlt Wahrheit. Zeitweise können andere Aspekte der Wahrheit (wie Heiligkeit oder Gerechtigkeit) dominieren, doch wo der Wahrheit in ihren Grundzügen eine starke, tiefgründige Freude fehlt, ist Vorsicht geboten!

Freude an sich ist nicht Wahrheit. Sie erhellt und zeigt die Wahrheit. Sie ist das Licht, das bei Nacht auf das Hinweisschild fällt, das uns den richtigen Weg weist. Freude ist wie das Lächeln auf dem Gesicht eines geliebten Freundes. Wenn wir in einer fremden Stadt sind und in der Menge ein vertrautes Gesicht sehen, das uns jedoch kein Lächeln schenkt und uns nicht erkennt, wissen wir, dass da etwas nicht stimmt. Wir haben uns geirrt.

Warum neigen wir dazu, unsere gute Freundin Freude so schnell mit etwas anderem zu verwechseln und uns mit einer Fremden zu begnügen? Ist die rigorose Prüfung anhand der Freude zu anspruchsvoll? Was würde geschehen, wenn wir der Freude den richtigen Stellenwert einräumen würden? Wenn wir der Freude genügend Vertrauen schenken und uns von ihr leiten lassen, wie viel Kummer, wie viele falsche Entscheidungen, wie viel unnötige Verwirrung könnte dadurch vermieden werden?

Mein Freund Burt Rosenberg ist als „Freudenbringer" tätig. Er reist von Gemeinde zu Gemeinde, erzählt Witze und spielt für Pfarrer und Senioren den Clown. Er bringt die Leute zum Lachen und schenkt ihnen ein paar unterhaltsame Stunden. Erst wenn jeder vor Lachen keine Luft mehr bekommt, verknüpft er tiefe Wahrheiten mit seiner Komik. Burt ist der Ansicht: „Das Reich Gottes ist eine himmlische Verschwörung, bei der es darum geht, die Freude in die Welt hineinzuschmuggeln." Er beschreibt sich selbst als einen „Mitgeschworenen". Er möchte „helfen, den Rückschritt der Zivilisation durch Freude aufzuhalten, die den Menschen innerlich Erleichterung verschafft".[7]

Die Welt richtet sich trotz aller sichtbaren Spaß- und Fun-Angebote gegen die Freude, und zwar wie es militanter und spitzfindiger nicht geht. Es gibt so viele Möglichkeiten, freudlos zu leben! Dazu muss man, rein äußerlich gesehen, gar nicht deprimiert sein. Man fühlt sich vielleicht nur etwas wehmütig, ein wenig gelangweilt, ein bisschen verstimmt. Kurz: Es hat einen irgendwie erwischt. Dabei kann man ein produktives Leben führen und es sich ganz gut gehen lassen. Aber wo ist die Freude geblieben?

Trotz allem, was uns unsere Gesellschaft einreden will, kann nur die Gute Nachricht von Jesus Christus uns echte Freude schenken, die diese tödliche Fassade durchdringt. Allein Jesus bietet reale, dauerhafte Freude. So erkennen und erfahren wir ihn.

46 Tanz und Gesang

„Als das Heer heimkehrte und zusammen mit ihm David,
der den stärksten Mann der Philister erschlagen hatte,
zogen Frauen aus allen Städten Israels König Saul entgegen.
Sie tanzten und sangen zum Klang der Harfen und Handpauken [...].“

1. Samuel 18,6

Als ich einer Freundin erzählte, dass ich ein Buch über die Freude schreiben wolle, fragte sie sofort: „Steht da auch etwas übers Tanzen drin?“ Ihre blitzenden Augen schienen hinzuzufügen: „Wenn nicht, lohnt es sich erst gar nicht, es zu lesen.“

Recht hat sie! Wenn die Worte dieses Buches sich nicht aufmachen und die Seiten verlassen, umhertanzen und ihre Leser inspirieren, dasselbe zu tun, habe ich versagt. Freude hat nichts mit leeren Worten zu tun, sondern ist ein Energiestrom, der das Leben verändert. Genauso ist auch Tanzen nicht nur eine körperliche, sondern gleichzeitig eine geistliche Übung. Ein guter Tanz verändert etwas im Tänzer, in seiner Umgebung, in der ganzen Atmosphäre, die ihn umgibt.

In den Sommerferien regnete es eine volle Woche lang. Ich mag Regen – er sorgt für ein herrliches Lesewetter –, aber meine Tochter ging die Wände hoch. Während unserer Familienandacht brachte uns ein Lied auf die Beine und wir tanzten. Haben Sie schon einmal von Regentänzen gehört? Plötzlich kam ich nämlich auf die Idee: „Wollen wir unserem Gott keinen Sonnentanz vorführen?“ Und schon tanzten wir fröhlich, und am nächsten Tag kam die Sonne hervor, und wir hatten bis zum Ende unserer Ferien schönes Wetter.

Einige Gebete müssen getanzt und andere Gebete müssen gesungen werden. Ohne Tanz und Gesang steigen sie vielleicht nicht zum Himmel hinauf. Tanzen und singen muss man aus vollem Herzen, denn nur so verändert sich etwas. Schon allein die Tatsache, dass man sich mit Haut und Haaren auf eine solche Aktivität einlässt, löst Freude aus. Wie oft wenden wir uns vom Leben ab. Opfern Sie eine Nacht, tanzen Sie sich so richtig aus, und erleben Sie, wie Sie sich danach fühlen! Gehen Sie anschließend mit diesem Gefühl zur Arbeit, zu Ihrem Ehepartner, in Ihre Gemeinde oder sonst wohin. Ein Leben der Freude verlangt, dass man sich hundertprozentig einbringt.

Musik ist ein Geschenk, das wir mit den Engeln teilen. Sie hat die Macht, rationales Denken auszuschalten und uns in eine unbewusste Unschuld zu versetzen. Wenn Menschen ihren Mund öffnen und singen, sehen sie gleich anders aus, irgendwie reiner und natürlicher. Beim Tanzen passiert das noch stärker. Oft, wenn ich für Menschen bete oder wenn ich versuche, sie besser zu verstehen, stelle ich sie mir tanzend vor. Da ist zum Beispiel ein junges Mädchen, das nur mit seinem Aussehen beschäftigt ist, und ich stelle mir vor, wie es völlig entspannt in den Armen Jesu tanzt. Oder ein konservativer, zugeknöpfter alter Herr, der sich vermutlich noch nie in seinem Leben fünf Minuten lang wirklich ausgelassen gefreut hat, und ich stelle ihn mir vor, wie er mit hoch erhobenen Armen, den Kopf zurückgeworfen, einen Freudentanz aufführt. Ich versuche mir vorzustellen, wie diese Menschen sich verhalten, wenn ihre übliche Reserviertheit plötzlich wie eine Sektflasche entkorkt würde und der Champagner ihrer Seele hervorschäumte. In ekstatischer Erleichterung würde ihr wahres Ich heraussprudeln. Wenn ich mir das vorstelle, weiß ich, wie ich für sie beten kann. Dieser steife, alte Knochen – wer hätte je geglaubt, dass so viel Schwung und Lebensfreude in ihm stecken? So ist er in Wirklichkeit, wenn er es doch nur wüsste! Schon Yeats schrieb bezeichnenderweise:

„Ein alter Mann ist ein armseliger Anblick,
ein zitternder Mantel über einem dürren Stock, es sei denn,
die Seele klatscht in die Hände und singt
und singt lauter bei jedem Zittern
in ihrem sterblichen Gewand.“[8]

Ein Tanz ist, so wie das Gesicht oder der Fingerabdruck, ein Identitätsmerkmal. In meiner Vorstellung tanzt jeder einzelne Mensch so, wie kein anderer es könnte. Es ist nicht einfach, Menschen als freie Menschen zu behandeln, und für sie selbst ist es noch viel schwieriger, sich als freie Menschen zu sehen. Aber es ist nicht so schwierig, sich vorzustellen, wie sie alle Hemmungen fallen lassen und sich fantastisch leicht bewegen. Ganz bestimmt möchte auch Gott uns so sehen, als Sänger und Tänzer, die um seinen Thron herumtanzen. In seinen Augen sind wir glücklich und frei, weil er uns so geschaffen hat. Er lädt uns immer wieder ein, unser Haar zu lösen und mit ihm zu feiern.

47 Sich jeden Tag den Herausforderungen stellen

„Mit dir, mein Gott, erstürme ich Schutzwälle, mit dir springe ich über Mauern."

Psalm 18,30

Ich hatte bereits 20 Jahre lang als Schriftsteller gearbeitet, bevor ich mein erstes Radio-Interview gab. Gelegenheiten zu Interviews hatte es auch vorher reichlich gegeben, aber ich hatte immer abgelehnt. Ich sagte mir: „Ich bin Schriftsteller und kein Redner." Das war ein Grund und er war berechtigt. Der andere Grund war: Ich hatte Angst!

Ich gab mein erstes Radio-Interview während meines Experiments mit der Freude. Ich musste es geben, weil ich mir geschworen hatte, mich jeden Tag wenigstens einer Herausforderung zu stellen. Eine Herausforderung ist etwas Schwieriges, aber ich spürte, dass sie mir gut tut. Sie zwingt mich, meinen Wohlfühlbereich zu verlassen, damit ich an ihr wachsen kann. Ich stelle mich der Herausforderung nicht, weil sie einfach ist oder Spaß macht. Aber ich wünsche mir mehr Reife und Reife ist nun einmal ein Resultat der Selbstüberwindung. Manchmal verschwindet die Schwierigkeit in dem Augenblick, in dem ich mich ihr stelle; ein anderes Mal folgt die Erleichterung erst später durch die erfolgreiche Bewältigung. Doch eines ist sicher: Eine Herausforderung bringt gar nichts, wenn ich mich ihr nie stelle. Wer nichts sät, kann nichts ernten.

Wären Sie bei meinem ersten Radio-Interview mit mir im Studio gewesen, hätten Sie sehen können, dass ich wortwörtlich wie Espenlaub zitterte. Als alles vorüber war, erlebte ich jedoch eine große Überraschung: Ich war nicht darauf vorbereitet gewesen, wie unsagbar glücklich ich mich fühlen würde. Um es mit dem berühmten Ausspruch aus dem Roman „East End, West End und dazwischen Maniac Magee" auszudrücken: „Mein Lächeln war so breit, dass man es in Stücke hätte brechen müssen, damit es durch die Tür passte."[9]

Und warum? Weil ich eine Mauer übersprungen hatte. Vorher hatte ich schreckliche Angst gehabt und durch Gottes Gnade hatte ich sie überwunden. Beim nächsten Interview hatte ich immer noch Angst, aber ich zitterte nicht mehr. Bei meinem dritten Interview war ich zwar nervös, aber ich hatte keine Angst mehr. Und danach stellte ein Interview für mich kein Problem mehr dar. Ich bezweifle, dass ich dieses Buch hätte schreiben können, wenn ich mich der Herausforderung, Interviews zu geben, nicht gestellt hätte. Die Überwindung einer starken Angst wirkt sich auf das gesamte Leben aus.

Zwei Jahre später entschloss ich mich übrigens, keine Interviews mehr zu geben. Dieses Mal allerdings nicht aus Angst, sondern aus einem guten Grund. Mein Ja zum Interview war eine Herausforderung gewesen. Mein Nein dazu war wiederum eine Herausforderung. Beide Entscheidungen resultierten aus meinem Entschluss, der Freude zu folgen, wohin immer sie mich führen würde.

Ein Leben voller Freude zu führen ist jeden Tag eine neue Herausforderung. Packen Sie die unerfreuliche Aufgabe an, die Ihnen gestellt wird! Führen Sie das Telefonat! Gehen Sie zu dem Bewerbungsgespräch! Bitten Sie um das unangenehme Gespräch! Sie wissen, was zu tun ist. Das Leben wird Sie immer herausfordern. Warum also sollten wir uns nicht freiwillig selbst herausfordern und uns überraschen lassen? Wenn wir uns unsere Herausforderungen nicht selbst aussuchen, wird man sie uns überstülpen. Gott möchte, dass Sie erfahren, wie toll es ist, wenn man ständig weiter wächst und Probleme bewältigt. „Im Hafen ist ein Schiff sicher", sagt ein Sprichwort, „aber dazu wurde ein Schiff nicht gebaut."

Mir gefällt die Definition des Glücklichseins von E. L. Konigsburg als „einer Erregung, die ihren Ruheort gefunden hat, aber da bleibt immer eine kleine Ecke, wo sie in helle Aufregung geraten kann".[10] Oftmals sind Menschen unglücklich, weil sie sich einer Veränderung verweigern. Sie halten alles von sich fern, was sie aufregen könnte. Wenn man ihnen Glücklichsein als Belohnung garantieren würde, wären sie vielleicht bereit, die eine oder andere kleine Veränderung zu wagen, aber instinktiv wissen sie, dass es nicht dabei bleiben wird. Glücklich bleiben heißt, mehr und mehr Veränderungen zuzulassen, bis ein ständiges Wachstum Teil des Lebens ist. Solange Sie unbeweglich bleiben und Veränderungen nur unter Druck zulassen, erfahren Sie nie, wie glücklich man ist, wenn man sich selbst in Gottes Hand gibt, dessen Pläne für seine Kinder so unbegrenzt sind, dass es keine Zeit zum gemütlichen Rasten gibt.

48 Die Welle erwischen

„[...] die Ströme sollen in die Hände klatschen
und alle Berge vor Freude singen!“

Psalm 98,8

Ich liebe den Klang des Wortes „Freude“. In meinen Ohren klingt es onomatopoetisch – das heißt, es ist ein Wort, das seine Bedeutung durch den Wortklang wiedergibt. Sagen Sie ein paar Mal laut „Freude“, und schauen Sie, ob sich Ihre Stimmung nicht gleich bessert.

Ich spazierte einmal am Ozean entlang. Plötzlich vernahm ich das Wort „Freude“. Es waren die Wellen, die es zum Ausdruck brachten. Als die Brecher sich überschlugen und schäumend am Strand wie ein riesiger Reißverschluss ausliefen, war mir, als ob die brausenden Wasserberge immer wieder in dem Ruf „FRRRRRRRRREUDE“ ausrollten! War es das, was der Psalmist hörte, als er beschrieb, dass die Ströme in die Hände klatschen?

Haben Sie schon einmal von Bodysurfing gehört? Dazu braucht man nur ein kurzes Surfbrett, das man sich unter den Arm klemmen kann. Man paddelt darauf auf dem Bauch zu den Wellen hinaus, wartet so lange, bis eine große Welle angerauscht kommt, und reitet dann auf dem Wellenkamm zum Strand zurück. Es ist normal, dass man einige Versuche braucht, bis man einen guten Wellenritt erwischt. Eine große Welle nützt einem gar nichts, wenn man den richtigen Zeitpunkt verpasst. Aber wenn man auch nur eine mittelgroße Welle im richtigen Moment abpasst, passiert etwas schier Übernatürliches. Man spürt eine unglaubliche Kraft unter sich brodeln und kann enorm weit getragen werden. Das ist für mich ein wahrer Freudenritt! Jedes Mal, wenn diese geheimnisvolle Kraft mich erfasst und mich wie einen Delfin auf ihren Rücken nimmt, schreie und lache ich laut vor Begeisterung.

Surfen macht keinen Spaß, wenn man nicht weiß, wie man die Welle richtig erwischt. Und das gilt auch für die Freude. Es gibt genügend Gründe, sich zu freuen – das ist wie bei den Wellen, die unaufhörlich eine nach der anderen an den Strand rollen –, aber man muss sie richtig erwischen. Bei diesem Buch war es für mich auch so. Als mir zum ersten Mal die Idee zu einem Experiment mit der Freude kam, wollte ich es verschieben, bis ich irgendwann „soweit war". Heute weiß ich, wenn ich damals mein Experiment verschoben hätte, hätte ich es nie gemacht. Genau wie Jesus Wunder vollbrachte, als „Gottes Kraft am Werk" war und ihn dazu trieb (Lukas 5,17), stand für mich die Kraft Gottes bereit, die mir dabei helfen sollte, mein Experiment durchzuführen. Ich musste genau diese Welle nehmen.

Während meines Experiments wachte ich eines Morgens auf und fühlte mich unausgeschlafen, abgeschlafft und viel zu müde, um weiterhin über die Freude nachzudenken. Ich hätte mein Experiment am liebsten unterbrochen. Zu meinem Schreck fiel mir ein, dass ich um elf Uhr einen Termin für ein Interview mit einem regionalen Radiosender hatte. Um acht Uhr klingelte allerdings bereits das Telefon, und die Stimme am anderen Ende der Leitung fragte mich, ob ich bereit sei. Drei Minuten später war ich live auf Sendung und sprach zu einer Million Zuhörer. Was für eine Art und Weise aufzuwachen! Es dauerte jedoch nicht lange, und ich kam während des Interviews zu mir und erzählte begeistert zum ersten Mal in der Öffentlichkeit von meinem Experiment mit der Freude. Am Ende der Sendung fühlte ich mich so erfrischt, als hätte ich gerade ein Champagner-Bad genommen.

Wie mich die Freude damals überkam? Wie sie es immer tut – völlig überraschend. Freude steckt von Natur aus voller Überraschungen. Ist das Unbekannte nicht eine wichtige Zutat zu einer glücklichen Erfahrung? Der Überraschungseffekt verrät mir jedes Mal neu, dass Gott, der unendlich viel größer ist als ich, lebendig und gut zu mir ist und voller Wunder steckt.

Diesem Buch liegt ein Paradox zu Grunde: Ich kann frei planen und entscheiden, mich zu freuen, aber ich kann niemals planen, wie diese Freude genau aussehen wird. Jeden Tag überrascht sie mich, weil Überraschung ein Teil der Freude ist. Jeden Tag muss ich in den Wellen umherpaddeln und auf die große Welle warten, und wenn ich sie dann erwische, schreie ich laut vor Begeisterung und ringe nach Luft! Und dann paddle ich wieder hinaus, denn ich weiß, da, wo die letzte Welle herkam, gibt es immer wieder eine neue Welle der Freude.

49 Das ultimative Opfer

„Im Tempel bringe ich ihm meine Opfer, mit lautem Jubel danke ich dem Herrn, mit Singen und Spielen preise ich ihn.“

Psalm 27,6

Freude ist kostenlos, aber nicht billig. Freude ist lieb und teuer. Sie verlangt Opfer. Wenn ich nicht glücklich bin, steht etwas zwischen mir und der Freude. Was kann das sein? Bin ich bereit, jene Sache aufzugeben? Will ich mich von meinem Ärger verabschieden? Will ich meinen Stolz und mein Streben nach Anerkennung loslassen? Will ich den Gedanken aufgeben, dass meine Lebensumstände sich erst ändern müssten, bevor ich mich freuen kann? Was ist wichtig genug, dass es meine Freude überschatten darf?

Lesen Sie Psalm 27. Sie werden feststellen, dass es da von Krieg, Schwierigkeiten, Gewalt und Feinden nur so wimmelt. Doch all das hindert David nicht daran, „mit lautem Jubel dem Herrn“ zu danken. Der Psalmist wusste, wie er sich mit einem Psalm die Probleme vom Hals halten konnte. Psalmen sind nämlich Freudenopfer. David wusste, dass Gott keinen Gefallen an toten Tieren oder Ritualen hat, sondern an dem, was in den Herzen der Menschen geschieht. Wenn das Herz nicht fröhlich am Lobpreis beteiligt ist und sich auch nicht durch Lobpreis erfreuen lässt, ist das Opfer nicht vollständig. Das beste Opfer, das wir Gott bringen können, ist unsere Freude.

Viele Psalmen beginnen mit Freude; Psalmen, die nicht damit beginnen, enden zumindest normalerweise damit. Sobald der Psalmist in die Gegenwart Gottes tritt – ganz gleich, was ihn auch bedrückt –, kann man immer eine Bewegung vom Negativen zum Positiven feststellen: Das Herz wird leicht, weil alles, was es niedergedrückt hat, geopfert wurde. Wer sich in Christus freuen will, muss alles andere zur Seite legen. Ich versuche, Gott in allen Lebenslagen zu preisen, ihn zu lieben, egal, was ist, und ihn immer zu loben, immer in seiner Nähe zu bleiben und ihm stets dankbar zu sein. Solange ich diese Haltung einnehme, erschließen sich mir die Geheimnisse der Freude.

Einem Menschen, der der Freude in seinem Leben mehr Raum geben will, stehen nicht mehr alle Haltungen und Verhaltensweisen offen – Zorn, Ungeduld, Meckern und Kritisieren gibt es nicht mehr.

Wenn diese leichtgängigen Wege versperrt sind, erhellt sich unser Geist auf wunderbare Weise. Die Schlacke ist raus; zurück bleibt das Gold der Freude.

Freude ist das ultimative Opfer. Manchmal bete ich voller Dankbarkeit: „Herr, du hast so viel für mich getan. Was kann ich jetzt für dich tun?“ Auf dieses Gebet erhalte ich nur selten eine bestimmte Antwort, denn schon allein durch das Gebet opfere ich Gott das größte Geschenk, das ich machen kann – ein freudiges Herz. Wenn ich mich an ihm erfreue, bedeutet das, ich habe ihm schon alles gegeben. Ich halte nichts mehr zurück.

Als ich einmal für das Rote Kreuz Blut gespendet hatte, wurde mir ein kleiner roter Sticker angesteckt. Er hatte die Form eines Blutstropfens und enthielt folgende Aufschrift: „Sei nett zu mir. Ich habe heute Blut gespendet.“ Zu Hause angekommen, hatte ich einen Einfall und steckte diesen Sticker an mein Kruzifix. Und dort blieb er sehr lange Zeit hängen und erinnerte mich daran, dass Jesus sein Blut für mich gegeben hat und dass ich ihm mein Leben verdanke. Jeden Tag ist er der Gebende. Er unterstützt mein Leben auf jede nur erdenkliche Weise. Und ich, was kann ich für ihn tun? Ich kann wenigstens nett zu ihm sein und mich darüber freuen, was er für mich getan hat.

Jahrelang bin ich herumgelaufen und habe erwartet, dass Gott nett zu mir ist. Und dann habe ich mich gefragt, warum er nicht nett zu mir war. Ich musste Folgendes lernen: Sei nett zu Jesus, dann ist er nett zu dir. Er ist sowieso nett zu mir, aber ohne die Freude merke ich es nicht. Warum also sollte ich ihm nicht danken und ihn preisen und ihm das Opfer meiner Freude bringen, indem ich ein fröhlicher Christ bin?

50 Gute Medizin

„Fröhlichkeit ist gut für die Gesundheit, Mutlosigkeit raubt einem die letzte Kraft.“

Sprichwörter 17,22

Während meines Experiments achtete ich ganz gespannt auf den Zusammenhang zwischen Freude und körperlicher Gesundheit. Ich fragte mich, ob die Entscheidung, glücklich zu sein, mich auch vor Krankheiten schützen würde. Im Verlauf des zweiten Monats sah es so aus, als ob ich krank würde. Das veranlasste mich, mich noch stärker mit diesem Thema zu beschäftigen.

Zwei Dinge überraschten mich dabei besonders: Zum Beispiel war ich dann am glücklichsten, wenn ich mich so richtig krank fühlte. Man empfindet Freude in einem durch Krankheit geschwächten Körper anders. Sie ist schöner, heller, übernatürlicher, weil sie so stark im Gegensatz zum körperlichen Zustand des Betreffenden steht.

Eines Abends fühlte ich mich bei unserer Familienandacht so elend, dass ich die anderen bat, für mich zu beten. Ich hatte einfach nicht mehr die Kraft und den Willen, selbst für mich zu beten. Und trotzdem, als ich an der Reihe war, öffnete ich meinen Mund und war überrascht, welche Worte mir über die Lippen kamen. Bevor ich es bemerkte, formte ich die schönsten, zärtlichsten Worte zu einem Gebet, während mir Tränen der Freude übers Gesicht rannen. Wie war das möglich? Gott hatte mir diese Worte geschenkt – genauso wie er mir im Verlauf meines Experiments auch immer wieder Freude geschenkt hatte.

Meine Beziehung zu Gott sollte ja auch in „guten und in schlechten Tagen, in Krankheit und Gesundheit“ andauern. Er schenkte mir während meiner Krankheit so viel Freude, dass ich sie als ein Zeichen dafür nahm, dass ich auf wunderbare Weise geheilt werden würde. Was leider nicht geschah. Im Gegenteil: Manchmal fühlte ich mich sogar noch kränker als zuvor. Schließlich ging es mir nach und nach besser, aber alle meine Versuche, in meinem Heilungsprozess irgendwelche geistlichen Muster festzuhalten, führten zu nichts. Glücklichsein ist zwar eine gute Medizin, aber es bedeutet nicht, dass man auch immer gesund ist.

Ich kann auch heute noch nicht sagen, wie Freude und Gesundheit zusammenhängen. Es gibt so viele Christen, die glücklich sind, aber trotzdem an Krankheiten leiden, von denen sie nicht geheilt werden. Wie mir ein Freund mit *Angina pectoris* sagte: „Es gibt nichts, das die eigene Theologie so verändert, wie chronische Herzschmerzen." Das macht eines deutlich: Die vermeintlich geistliche Lehre, dass Gott die Menschen heilen wird, die nur fest genug glauben, schafft ein großes Problem: Sie teilt Gläubige in Klassen ein – die Gesunden, die einen großen Glauben haben, und die Kranken, die einen kleinen Glauben haben (und was ist mit der Tatsache, dass früher oder später jeder sterben muss?). Ist es möglich, dass ich auch mit meiner Lehre von der Freude auf dem Holzweg bin? Ich glaube nicht. Wenn jemand zwischen Gesundheit und Glücklichsein wählen könnte, würde er sich vermutlich fürs Glücklichsein entscheiden. Sein Augenmerk nur auf seine Gesundheit zu richten ist ungesund; der Blick sollte vielmehr darauf gerichtet sein, Gott in allen Lebenslagen zu verherrlichen. Was einem kranken Menschen wirklich hilft, ist die Freude an dem, was Gott für ihn getan hat und noch tut, und nicht die Hoffnung auf eine strotzende Gesundheit.

Nach allem, was ich gesagt habe, muss ich hinzufügen, dass ich mich, seit ich ein „Jünger der Freude" geworden bin, im Allgemeinen gesunder fühle als früher. „Ein frohes Herz ist eine gute Medizin." Also besteht doch ein deutlicher Zusammenhang zwischen Freude und Wohlbefinden. Darum: „Freut euch!" Dasselbe gilt fürs Glücklichsein. Egal, in welcher Situation wir uns befinden: Wenn wir glücklich sind, „funktionieren" wir körperlich und auch seelisch besser. Wir sind aufgeschlossener, produktiver und hilfsbereiter. Freude steht uns gut, denn wir sind zur Freude berufen. Tanken Sie Unbehagen, und Sie werden sehen, wie weit Sie damit kommen. Versuchen Sie es anschließend mit ein wenig Freude – lachen Sie mit Freunden, spielen Sie mit Kindern und: „Singt und spielt Christus, dem Herrn, von ganzem Herzen. Dankt Gott, dem Vater, zu jeder Zeit für alles" (Epheser 5,19–20) – und spüren Sie, wie jugendlicher Elan Ihre Knochen belebt!

51 Erbarmen

„Freut euch, Himmel und Erde; jubelt, ihr Berge! Denn der Herr hilft seinem Volk, er hat Erbarmen mit den Unterdrückten."

Jesaja 49,13

Ich wünschte, ich könnte Ihnen sagen, ich hätte bei meinem Experiment mit abscheulichen Versuchungen gekämpft und diese mit Bravour bestanden! Aber das ist nicht der Fall; es verlief alles ganz normal. Ich muss zu meiner Schande gestehen, dass das größte Problem Ehekonflikte waren. Karen und ich haben eine sehr gute Beziehung, von kleineren Streitereien abgesehen. Während meines dreimonatigen Experiments fuhren wir beide häufiger unsere „Stacheln" aus und stritten uns viel heftiger als in den drei Jahren zuvor. Diese Streitereien stellten für meine Freude ein Hindernis dar, das sich nur schwer überwinden ließ.

Und ich bin nicht der Einzige, dem es so ging. Einer meiner Freunde erzählte mir, dass seine Anfechtungen am häufigsten aus dem familiären Bereich kamen. War es möglich, dass Karen absichtlich das Feuer auf mich richtete, sobald ich Fortschritte mit der Freude machte? Ich weiß nur, dass ich beobachten konnte, wie sie in die entgegengesetzte Richtung abdriftete, je glücklicher ich wurde. Sie machte sich immer mehr Sorgen, war überarbeitet und immer ein wenig bedrückt. Das war ungewöhnlich, denn von Natur aus ist Karen ein fröhlicherer Mensch als ich. Darum machte mich ihre Veränderung traurig. Aber jedes Mal, wenn ich versuchte, dieses Thema anzusprechen, sie einlud, einen Gang zurückzuschalten und die guten Dinge zu genießen, wich sie meinem Blick aus, und ich wusste, sie hörte mir gar nicht zu. Das machte die Sache nur noch schlimmer. Irgendetwas hielt sie davon zurück, sich der Freude zuzuwenden.

Irgendetwas war da – ein Problem, das sie nicht lösen konnte. Lange Zeit war ich blind für ihre Kämpfe, aber irgendwann öffnete mir Gott die Augen, und ich erkannte genau, was los war – wusste aber, dass all meine Bemühungen, meine Freude auf Karen zu übertragen, zwecklos waren. Je mehr ich mir wünschte, dass sie meine Erfahrungen teilte, desto weniger konnte oder wollte sie mir zuhören. Nein, es gab nur einen Weg, wie ich sie verstehen konnte: Ich musste sie in all ihrer

Traurigkeit verstehen. Ich musste für sie beten, sie lieben und geduldig sein, anstatt zu versuchen, sie zu verändern. Ich durfte ihre Traurigkeit nicht fürchten; ich musste Anteil an ihr nehmen, als sei es meine eigene. Als mir das gelang, strömte wieder Freude in unsere Ehe.

Gott zeigte mir auch oft, dass ich mit traurigen Menschen nicht die Geduld verlieren durfte. Leider lerne ich nur langsam, und deshalb passiert es mir leicht, dass ich die Geistlichkeit eines Menschen falsch beurteile. In diesem Fall hilft eine Ehebeziehung, neben anderen Beziehungen, am besten, diese falsche Haltung zu verändern. Schon Petrus rät den Ehemännern: „Ihr Männer müsst euch entsprechend verhalten. Seid rücksichtsvoll zu euren Frauen! [...] Handelt so, dass nichts euren Gebeten im Weg steht“ (1. Petrus 3,7).

Jede Spiritualität innerhalb einer Beziehung muss im normalen Rahmen bleiben und echt sein. Die Freude am Herrn kann sich nicht in der Isolation abspielen; wir müssen andere miteinbeziehen, und das geschieht weniger mit Worten als vielmehr durch unser Vorbild. Unser „Anpredigen“ kommt nicht immer gut an. Geduld dagegen öffnet einen Kanal für Freude, die geteilt werden kann.

Die Liebe ist wichtiger als Freude. Seien Sie mit anderen geduldig! Wenn nämlich jemand versucht, sein Unglücklichsein zu ignorieren, wird das Sie Ihr eigenes Glücklichsein kosten. Freude bedeutet nicht, dass Sie sich vom Leid anderer Menschen zurückziehen. Die Freude ist stark genug, den eigenen Schmerz und den der anderen zu tragen. Ein wahrhaft glücklicher Mensch versucht, die Gründe, warum andere nicht glücklich sein können, nachzuvollziehen, selbst wenn dies manchmal sehr schwierig ist. Ein wahrhaft freudiger Mensch kann fröhlich bleiben und gleichzeitig Mitleid mit der ganzen Welt verspüren.

52 Die Frucht des Geistes

„Der Geist Gottes dagegen lässt als Frucht eine Fülle von Gutem wachsen, nämlich: Liebe, Freude und Frieden, Geduld, Freundlichkeit und Güte, Treue, Bescheidenheit und Selbstbeherrschung. Gegen all dies hat das Gesetz nichts einzuwenden."

Galater 5,22–23

Die bekannte Aufzählung der so genannten „Frucht des Heiligen Geistes" steht in einer logischen Reihenfolge. Es ist kein Zufall, dass Freude an zweiter Stelle nach Liebe und vor Frieden steht, weil Freude tatsächlich weniger wichtig als Liebe und bedeutender als Frieden ist. Ich habe die Art von „Freude", die ohne Liebe ist, ausgiebig kennen gelernt, und ich habe mehr als genug davon „genossen"! Ich weiß auch, was es heißt, Frieden zu haben – echten Frieden –, jedoch ohne viel Freude. Ich weiß nicht, wie es funktioniert, aber es geht tatsächlich.

Warum wird Freude an zweiter Stelle nach der Liebe genannt? Weil die Liebe die Freude regiert. Jeder, der ein Leben voller Liebe führt, ist glücklich. Umgekehrt können Sie ohne Liebe nicht wirklich glücklich sein. Eine private, von anderen unabhängige Freude ist eine Illusion. Freude besteht immer innerhalb und niemals außerhalb einer liebevollen Beziehung. Liebe ist die Hüterin, die Erhalterin der Freude. Da Liebe die Freude regiert, regieren Liebe und Freude miteinander die übrigen Früchte des Heiligen Geistes. Wenn wir glauben, wir könnten geduldig oder gutmütig sein, ohne gleichzeitig auch liebevoll und froh zu sein, machen wir uns selbst etwas vor. Unsere Anstrengungen sind von vornherein zum Scheitern verurteilt.

Da wir gerade davon sprechen: Ohne Geduld oder Güte werden wir auch keine Freude empfinden. Alle im 5. Kapitel des Galaterbriefes aufgeführten neun Eigenschaften erfordern eine Art Opfer. Wenn ich Geduld üben will, muss ich meine Ungeduld aufgeben. Wenn ich großmütig sein will, muss ich meinen Ärger und meine Manipulationsversuche aufgeben. Ein Grund, warum Freude ganz oben auf der Liste steht, ist der, dass ich nur dann in den Genuss der Freude komme, wenn ich alle anderen Eigenschaften in mir vereine. Um Freude zu haben, die von Dauer ist, muss ich ständig geduldig, treu, gütig und so weiter sein. Wenn ich mich nicht freuen kann, dann vielleicht deshalb, weil ich heute nicht freundlich oder gutmütig war. Ein einfacher Akt der Freundlichkeit kann ausreichen, um die Tore zur Freude zu öffnen. Am Ende der Liste mit den Früchten des Heiligen Geistes steht die Selbstbeherrschung. Ohne sie sind alle anderen Eigenschaften, einschließlich der Freude, instabil.

Also, wo wollen wir beginnen – mit dem Anfang oder dem Ende der Liste? Die Frucht des Heiligen Geistes besteht nicht aus Tugenden, die nacheinander abgeleistet werden sollten, wobei dann als Endprodukt ein verändertes Herz herausspringt. Genauso wie sich eine Frucht ganz natürlich aus einer gesunden Pflanze entwickelt, wächst Freude aus dem richtigen Verständnis der Guten Nachricht. Bevor eine Pflanze Frucht produzieren kann, braucht sie ausreichend Wasser, Sonne und Nährstoffe. Es stimmt zwar, dass ich hin und wieder dadurch glücklich bin, dass ich freundlich war. Viel besser ist es jedoch, wenn meine Freundlichkeit aus der Freude erwächst, die ich empfinde, weil ich weiß, dass Gott selbst zu mir freundlich ist.

Beachten Sie, dass Paulus in diesem Abschnitt nicht von vielen „Früchten" spricht, sondern lediglich von einer Frucht – einer Einheit also. Die Frucht des Geistes ist nicht wie eine Schüssel mit Äpfeln, Orangen und Birnen, sondern vielmehr wie eine Brombeere – ein verbundenes, organisches Ganzes. Freude, ein einziger kleiner Kern der Brombeere, wächst nicht unabhängig von dem Rest der Frucht. Alle Kerne halten zusammen und bilden eine Einheit und in dem Kontext dieses Kollektivs existiert die Freude.

Paulus beendet seine Auflistung mit dem erstaunlichen Kommentar: „Gegen all dies hat das Gesetz nichts einzuwenden." Viele von uns leben so, als gäbe es ein Gebot, das es uns verbieten würde, uns zu freuen. Wir haben das Gefühl, dass wir nicht glücklich sein dürften, weil wir so viel zu tun haben und die Verantwortung, die wir tragen, so groß ist. Jesus möchte zwar, dass wir verantwortlich leben, aber nicht auf Kosten der Freude. „Seht euch die Vögel an! Sie säen nicht, sie ernten nicht, sie sammeln keine Vorräte – aber euer Vater im Himmel sorgt für sie" (Matthäus 6,26). Der glückliche Mensch lebt trotz aller Regeln und Verpflichtungen unbelastet wie ein Vogel – denn das Gesetz soll ihm dienen, nicht er dem Gesetz.

53 Gott walten lassen

„Herr, deine Weisungen sind mein Besitz und meine Herzensfreude, jetzt und immer."

Psalm 119,111

Zu Beginn dieses Buches habe ich Bruder Lorenz zitiert: „Ich weiß nicht, was Gott mit mir vorhat, aber ich bin immer sehr glücklich."[11] Ich habe sein Motto aus zwei Gründen gewählt: Erstens war die erstaunliche Feststellung von Bruder Lorenz „Ich bin immer sehr glücklich" für mich gleichzeitig eine Herausforderung und eine Inspiration. Wenn ihm das gelungen war, konnte ich diesen Zustand vielleicht auch erreichen. Zweitens war ich erstaunt, wie merkwürdig sich seine beiden Aussagen ergänzen. Sein Motto hätte fast genauso gut umgekehrt lauten können: „Ich bin immer sehr glücklich, *weil* ich nicht weiß, was Gott mit mir vorhat." Bei den meisten Menschen löst die Unsicherheit darüber, dass sie Gottes Pläne für ihr Leben nicht kennen, Ängste aus. Bruder Lorenz gab diese Unwissenheit Grund zur Freude. Er freute sich auf alles, was Gott noch mit ihm vorhatte.

Einem Experiment mit der Freude muss der feste Entschluss zugrunde liegen, alle Zweifel an Gott aufzugeben. Das stellte schon Jesus fest, als er zu Thomas sagte: „Hör auf zu zweifeln und glaube!" (Johannes 20,27). Negative Gefühle wurzeln in dem subtilen Verdacht, dass Gott etwas falsch machen könnte oder sich zumindest nicht wirklich mit unserem Wohlbefinden beschäftigt und man ihm darum nicht voll vertrauen könnte. Der einzige Ausweg aus dieser Sackgasse besteht darin, Gott freie Hand zu lassen. Wir müssen ohne jeden Vorbehalt darauf vertrauen, dass er es schon richtig macht, und ihm dazu gratulieren. Das ist weit mehr, als nur unseren Zweifel aufzugeben. Wir müssen uns entscheiden, ihn zu loben und ihn für seine Gerechtigkeit und seine Wahrheit zu preisen. Während wir uns, koste es, was es wolle, damit einverstanden erklären, dass Gott mit uns nach seinem Willen handelt, geraten wir in den Segensstrom seiner Freude.

Freude stimmt instinktiv in allem mit Gott überein, egal, wie die konkreten Umstände auch aussehen, gegen alles menschliche Ermessen, gegen flüchtige Gefühle, gegen den gesunden Menschenverstand. Der gesunde Menschenverstand hilft uns nicht auf unserer Suche nach wahrer, bleibender Freude. Freude ist ein übernatürliches Empfinden, und um Übernatürliches zu erreichen, muss ich Gottes Perspektive der Dinge einnehmen. Darum muss ich beschließen, Gott in allem freie Hand zu lassen. Anstatt mich selbst zu bedauern, überlasse ich es Gott, meine Krankheit zuzulassen oder meine Schwierigkeiten ungelöst zu lassen. Statt mir Sorgen zu machen, nehme ich es einfach hin, dass Gott nicht sofort eingreift. Das hatte auch Paul Gerhardt erkannt, der in einem seiner Lieder schrieb: „Ihn, ihn lass tun und walten, er ist ein weiser Fürst, und wird sich so verhalten, dass du dich wundern wirst, wenn er, wie ihm gebühret, mit wunderbarem Rat das Werk hinausgeführet, das dich bekümmert hat."

Freude entsteht, indem ich Gottes Gedanken denke, seinen Willen tue und alles durch die Kraft des in mir wohnenden Geistes mit seinen Augen betrachte. Gottes Sichtweise voll und ganz zu übernehmen heißt, glücklich sein. Selbst wenn dies Leid mit einschließt. Freude ist nicht stolz, abgehoben oder affektiert. Freude und Leid passen sehr gut zusammen. Freude kennt den Verlust und kann mit Verlust umgehen. Selbst im Mitleid und Angst vor Nöten bleibt jeder, der an Gott festhält, glücklich.

Freude ist die Frucht des Geistes, die von den neun in Galater 5, Vers 22 aufgeführten Früchten Gottes Wesen am ähnlichsten ist. Alle übrigen Merkmale stehen in einem starken Bezug zu den menschlichen Schwächen, denn es ist ja auch die menschliche Schwäche, die uns Geduld, Freundlichkeit, Güte und alle weiteren positiven Eigenschaften abverlangt. Nur die Freude allein siegt mit Gott immer wieder über alle Dunkelheiten dieser Welt. Die Freude versucht nicht, eine Brücke zwischen Himmel und Erde zu schlagen. Nein, die Freude steht mit beiden Beinen fest im Himmelreich und ruft mutig aus: „Es gibt keinen Grund, traurig zu sein! Freut euch in dem Herrn, wie immer eure Lebensumstände auch aussehen!"

Doch die Freude hat auch ihren Preis: Wir müssen uns Gott unterstellen – nicht nur seinem Willen, sondern auch seinen Plänen für uns. Selbst wenn wir davon überzeugt sind, dass Gott am Ende alles zum Besten führt, hinterfragen wir trotzdem gerne seine Vorgehensweise. Die Freude verzichtet jedoch auf alle Fragen. Sie händigt Gott einen Blanko-Scheck aus und sagt: „Schreib darauf, was du willst. Ich gebe dir alles, was ich habe." Freude tut alles mit Freuden.

54 Die Abkürzung zum Glücklichsein

„[...] nehmt es als Grund zur Freude, zur reinsten Freude, wenn ihr in vielfältiger Weise auf die Probe gestellt werdet. Denn ihr wisst: Wenn euer Glaube erprobt wird, führt euch das zur Standhaftigkeit."

Jakobus 1,2-3

Solange unser Leben ohne Schwierigkeiten verläuft, ist das für jeden „Grund zur Freude". Anders sieht der „Grund zur Freude" und unsere Haltung dazu aus, wenn wir „in vielfältiger Weise auf die Probe gestellt" werden. Glückliche Menschen haben unter Umständen genauso viele Probleme wie unglückliche Menschen. Der Unterschied ist: Während unglückliche Menschen Probleme als vielleicht unüberwindliche Belastung sehen, sind glückliche Menschen dagegen bereit, an ihren Problemen zu arbeiten und sich *trotzdem* und manchmal *gerade deswegen* zu freuen. Freude entsteht nicht durch die Vermeidung von Leid. Sie entsteht durch die Überwindung von Leid. Wenn es eine Abkürzung zum Glücklichsein gibt, dann durch Prüfungen.

Beachten Sie, dass Jakobus von vielen Prüfungen spricht. Normalerweise unterteilen wir das Leid in verschiedene Formen und Schwierigkeitsgrade. So können wir immer eine Entschuldigung finden und unsere eigenen Versuchungen in eine besondere Kategorie stecken, die uns einen guten Grund gibt, warum wir gegen die Freude immun sind. Andere Menschen, so meinen wir, freuen sich ja vielleicht im Leid, aber ihr Leiden ist nicht dasselbe wie unseres oder es ist nicht so schlimm wie unser Leid. Vielleicht haben wir sogar in der letzten Woche Freude empfunden, obwohl es uns nicht gut ging, doch in dieser Woche ist unsere Situation eine ganz andere!

Jakobus schiebt diesen Ausflüchten einen Riegel vor, indem er alles Leid auf eine Kategorie reduziert. Selbst „wenn ihr in vielfältiger Weise auf die Probe gestellt werdet" – wenn wir die unterschiedlichsten Dinge erleiden –, soll uns alles ein Grund zur Freude sein. Auch wenn Ihnen das zu einfach klingt – eine komplizierte Sicht des Lebens führt nicht zur Freude. Freude ist in ihrem Kern schlicht. Die biblischen Verfasser würden uns nicht raten, Versuchungen als Grund zur Freude zu sehen, wenn das in Wahrheit unmöglich wäre.

Natürlich werden wir uns in riesigen Schwierigkeiten nicht immer glücklich wie ein Fisch im Wasser fühlen. Bei der Aufforderung von Jakobus: „[...] nehmt es als Grund zur Freude" geht es weniger um ein Gefühl als um einen Akt des Glaubens. Wir können auch in schwierigen Zeiten damit rechnen, dass die Freude für uns auf einem Bankkonto liegt. Wenn die Schwierigkeiten dann vorüber sind, erleben wir einen Strom der Freude, der aufgestaut wurde und nun ausgegossen wird.

Kommt Ihnen das nicht bekannt vor? Freude strömt nicht ständig, sondern sie überflutet uns in Wellen. Ist der Strom eine Zeit lang blockiert, fließt die Freude trotzdem nach. Sobald das Hindernis beseitigt ist, wird all das, was wir vermisst haben, plötzlich über uns ausgeschüttet. Weil wir das wissen, können wir uns auch in Schwierigkeiten im Glauben auf die für uns angestaute Freude stützen.

Das Buch von M. Scott Peck „Der wunderbare Weg" enthält eine nachdenkenswerte Passage:

„Das Leben ist schwierig.

Das ist eine große, ja, eine der größten Wahrheiten. Es ist eine große Wahrheit, weil wir sie, wenn wir sie wirklich erkennen, transzendieren. Sobald wir ernsthaft wissen, dass das Leben schwierig ist – es wirklich verstehen und akzeptieren –, ist es jedoch nicht länger schwierig. Sobald nämlich einmal die Tatsache akzeptiert ist, dass das Leben schwierig ist, ist dies gar nicht mehr so wichtig.

[...] *Das Leben ist eine Serie von Problemen. Wollen wir darüber klagen oder sie lösen?"*[12]

Wenn Sie meinen, es sei unvernünftig, uns und unsere Schwierigkeiten zu akzeptieren und uns trotz des Leids zu freuen, dann lassen Sie es uns einmal von einer anderen Seite betrachten: Ist es vernünftig, sich *nicht* zu freuen? Wenn wir uns Gottes große Liebe und Treue und die Verheißung des ewigen Lebens bewusst machen, erscheint uns unser freudloses Verhalten dann nicht wie der Wutausbruch eines trotzigen Kindes? Entweder wir verschließen uns, wenn wir uns machtlos fühlen, oder wir brechen in einen Wutanfall gegen den aus, der alle Macht hat.

Unglücklichsein ist eine Form des Grollens. Im Grunde sagen wir damit: „Ich habe es nicht verdient, dass ich so leiden muss. Das ist gemein! Das ist nicht gerecht und ich akzeptiere es nicht!" Na, schön. Sie werden so lange unglücklich bleiben, bis Sie die Sache akzeptiert haben. Offensichtlich ist es Ihnen wichtiger, Recht zu haben, als glücklich zu sein.

55 Verborgene Lichtblicke

„Bald geht die Sonne auf für alle, die ihm die Treue halten und ihm mit redlichem Herzen gehorchen; dann werden sie voller Freude sein!“

Psalm 97,11

Jim Brandenburg, ein erfahrener Fotograf, der schon zahlreiche Auszeichnungen erhalten hat, kam irgendwann an den Punkt, an dem er es für notwendig hielt, zu den Grundlagen zurückzukehren und die Quellen seiner Kunst zu erneuern. Normalerweise schoss er ein Foto nach dem anderen und verbrauchte Filmrolle um Filmrolle. Nun entschloss er sich, 90 Tage lang täglich nur ein Foto zu machen. Das Ergebnis dieses ungewöhnlichen Unterfangens wurde in *National Geographic* veröffentlicht und schließlich zu einem wunderschönen Band mit dem Titel „Natur im Licht“ zusammengefasst. In allen 90 Fotografien spürt man die bemerkenswerte Integrität dieses gewagten Experiments.

Der Fotoband von Brandenburg war ebenfalls etwas, das mich zu meinem Experiment mit der Freude inspirierte. Unsere beiden Experimente fanden fast in derselben Jahreszeit statt. Sie begannen im Spätherbst und zogen sich durch die dunkle Winterzeit. An einem Dezembertag, als meine Freude auf dem Nullpunkt angelangt war, musste ich an eine Fotografie aus „Natur im Licht“ denken, für mich das hervorragendste in diesem Buch. Es zeigt ein einzelnes rotes Ahornblatt, das vor das Licht reflektierenden hohen Gräsern im Hintergrund auf einem ruhigen dunklen Weiher schwimmt. Auf den ersten Blick wirkt das Bild nicht ungewöhnlich und doch ist es von besonderer Qualität. Dieses eine vibrierende, lichtdurchlässige Blatt – auf dem dunklen Wasser irgendwie blass und glänzend zugleich – symbolisiert die Seele des Herbstes, diese Jahreszeit, in der Freude und Traurigkeit, Schönheit und Tod nebeneinander existieren.

Der Bericht des Fotografen, in dem er schildert, wie er dieses Foto – das einzige, das ihm an jenem Tag zu machen erlaubt war – geschossen hat, ist sehr lesenswert:

„Es war spät geworden, und ich war schon ganz verzweifelt, ob ich noch etwas Wertvolles einfangen würde. Der Tag war düster und bedrückend und meine

Stimmung auch. Den ganzen Tag lang wanderte ich durch den tropfenden Wald. Müde, hungrig und nass war ich den Tränen nahe. Ich machte mir Vorwürfe, weil ich einige Aufnahmen mit Hirschen nicht gemacht und die Chance, einen spielenden Otter aufzunehmen, versäumt hatte. Aber keine der Szenen hatte mich zum gegebenen Zeitpunkt richtig angesprochen.

Vielleicht, weil ich geduldig war, vielleicht, weil ich wie Eingeborene auf der Suche nach Visionen meine körperlichen Grenzen erreicht hatte, öffnete ich mich für die Möglichkeit, die ein einziges rotes Ahornblatt bot, das auf einem dunklen Teich schwamm. Meine müden Geister belebten sich in dem Moment, in dem ich es erblickte, und obwohl es schon sehr spät am Tag war und das wenige Licht, das noch vorhanden war, sich schnell verflüchtigte, studierte ich die Szene von allen Seiten. Endlich, immer noch unsicher mit meiner Wahl, schoss ich das Foto trotzdem, dankbar, dass der lange Tag nun wenigstens endlich zu Ende war.«[13]

In dem Augenblick, als ich diese Beschreibung las, erwachten auch meine Geister. Auch ich hatte an diesem Tag den Eindruck gehabt, dass ich an meine Grenzen gestoßen war, und ich hatte nicht gewusst, wie ich meine Freude erneuern sollte. Brandenburgs Worte erinnerten mich daran, dass sich in Ungewissheit, Erschöpfung und Verzweiflung große Offenbarungen verbergen können.

Wenn die Freude fade wird, rufe ich mir oft die Idee von Jim Brandenburg ins Gedächtnis, der sich nur ein Foto pro Tag genehmigte. Dann richte ich meine mentale Kamera auf den Tag, den ich gerade durchlebe, und versuche, den einen Augenblick dieses Tages zu lokalisieren, der die meiste Freude enthält. Egal, wie langweilig oder stressig mein Tag sein mag, einen Lichtschimmer gibt es immer. Je mehr ich mich auf dieses Licht konzentriere, umso heller und strahlender wird es. Indem ich diesen einen Freudenstrahl wie einen Setzling pflege und nähre, schlägt die Freude in mir Wurzeln und wächst und wächst, bis sie mein Herz erfüllt.

Will Ihnen einfach kein Licht leuchten? Direkt um die Ecke leuchtet auf einem stillen Weiher ein rotes Blatt für Sie. Auch heute hält Ihre Welt eine unzählige Anzahl von Lichtblicken von geheimnisvoller Schönheit für Sie bereit – verborgen in einem nahe gelegenen Wald, in Ihrem Zuhause, vielleicht sogar in einem richtigen Dschungel oder in einem Gespräch mit einem Freund. Eines dieser leuchtenden Geheimnisse ist heute genau für Sie bestimmt. Öffnen Sie schnell Ihr Fenster und lassen Sie es herein!

56 Verborgene Freude

„Damals wurde Jesus vom Geist Gottes mit jubelnder Freude erfüllt und rief: ‚Vater, Herr über Himmel und Erde, du hast angefangen, deine Herrschaft aufzurichten. Das hast du den Klugen und Gelehrten verborgen, aber den Unwissenden hast du es offenbar gemacht. Dafür preise ich dich! Ja, Vater, so wolltest du es haben!'"

Lukas 10,21

Etwa zwei Monate nach Beginn meines Experiment, am 21. Dezember – dem kürzesten Tag des Jahres –, kam die Sonne zum ersten Mal nach langen Wochen hinter den Regenwolken hervor. Bei einer Fahrt über Land betrachtete ich voller Verwunderung die sonnenüberflutete Landschaft. Obwohl die Felder kahl und winterlich aussahen, waren die Farben der Erde und des trockenen Grases unglaublich schön. Sie leuchteten so herrlich, dass hinter den lichtdurchlässigen Nebelschleiern eine neue Schöpfung zu erstehen schien.

Abends, als ich etwas über die Freude in mein Tagebuch schreiben wollte, fiel mir erstaunlicherweise auf, dass der Anblick der zarten Färbung der sonnenüberfluteten Felder der Höhepunkt meines Tages gewesen war. Er hatte mich zutiefst erfreut. Der Tag hatte noch andere Freuden beinhaltet, aber der Anblick dieser Farben übertraf alles andere. Ich dachte intensiv daran zurück und sog die Freude des Tages noch einmal tief in mich ein.

Die Übung, meinen Alltag noch einmal zu durchdenken und zu sehen, wo Freude verborgen liegt, führt oft zu Überraschungen. Ich habe den Eindruck, dass ich mich und das, was mich glücklich macht oder was ich für Glück halte, manchmal selbst nicht kenne. Wenn ich einen Tag überdenke, treten hin und wieder winzige Einzelheiten hervor, die ich häufig gar nicht wahrgenommen hatte. Betrachte ich diese unerwarteten Schätze, frage ich mich, warum sie mir eingefallen sind und warum sie Freude in mir auslösen. Gelingt es mir, die Quelle der Freude herauszufinden, versuche ich, das Gefühl noch einmal zu empfinden, und lasse die Freude in mir wachsen. Auf diese Weise lerne ich mich besser kennen und verstehe dadurch, was für mich Leben spendend ist.

Dieser Vorgang beschreibt, wie man künstliche Freuden umgeht, um echte Freuden zu entdecken. Ich glaube, dass jeder, der sich diese Mühe macht, überrascht sein wird, wie viele verborgene Freuden bereits in seinem Leben, das nach außen hin langweilig, hektisch oder sogar deprimierend erscheinen mag, vorhanden sind. Weil Jesus ein König im Exil ist, ist die Realität seines Reiches für viele Menschen nicht sichtbar, und Gott muss sich einige Mühe machen, um seine Wirklichkeit in unser Leben zu schmuggeln, während wir gerade nicht hinschauen. Wenn die Freude zu auffällig durch die großen und offiziellen Kanäle dieser Welt zu uns flösse, würden wir sofort beginnen, sie zu analysieren und zu sezieren – und das wäre dann das Ende der Freude.

Warum fällt es uns so schwer, echte Schönheit wahrzunehmen, die tiefe Freude in uns hervorruft? Ja, warum ignorieren wir sie sogar geflissentlich? Sicher, weil wir uns in dem Augenblick, in dem wir die Freude entdecken, gedrängt fühlen, ihr Ausdruck zu verleihen, und Gelegenheiten suchen, in denen wir sie freisetzen können. Das aber gefällt unserer geliebten Routine meist gar nicht. Wenn es mich zum Beispiel glücklich macht, aufs Land hinauszufahren, müsste ich es möglicherweise öfter tun. Wenn ich die Farben in der Natur liebe, warum sollte ich nicht mehr Zeit draußen verbringen? Schätze ich die Freude so gering, dass ich nicht wage, die Straße zu überqueren, um mir die Freude zu holen?

Es ist traurig, aber wir haben unsere eigenen sturen Vorstellungen davon, was „Glück" ist. Und daran halten wir mit erstaunlicher Ausdauer fest, auch wenn nur wenig dabei herauskommt. Es erfordert Mut, Disziplin und Demut, um das Leben mit dem zu bereichern, was uns wirklich erfreut, und nicht mit dem, was wir dafür halten. Es erfordert, dass wir auf die Stille lauschen, auf die liebliche Stimme des Freudenbringers in unserem Herzen, und uns auf ihn einstimmen.

Das, was uns Freude bereitet, liegt nicht irgendwo außerhalb unserer Reichweite. Nein, es liegt direkt vor unseren Füßen, oft in ganz banalen Erfahrungen. Wenn wir unser nächstes Lebensjahr darauf beschränken würden, uns an dem zu erfreuen, wer wir bereits sind und was wir haben, würden wir viel weiter kommen als durch die Suche nach mehr Besitz. Was wir am nötigsten brauchen, mehr als irgendetwas großartig Neues, ist die Erkenntnis dessen, was wir bereits haben.

57 Einfach nur dasitzen

„Der Herr, dein Gott, ist in deinen Mauern,
er ist mächtig und hilft dir. Er hat Freude an dir,
er droht dir nicht mehr, denn er liebt dich;
er jubelt laut, wenn er dich sieht.“

Zefanja 3,17

Haben Sie schon einmal gehört, dass sich Gott über Sie freut? Haben Sie gehört, dass er sagt, wie wunderbar Sie sind, wie sehr er Sie liebt? Freut es Sie zu wissen, dass Ihre Freude an ihm nur ein Schatten seiner Freude an Ihnen ist?

Ich bin immer wieder überrascht, wie Gott zu den unmöglichsten Zeiten zu mir spricht. Das passiert nicht nur, während ich bete, und es geschieht nie, wenn ich versuche, sehr gut zu sein, oder wenn ich mich bemühe, selbst an meiner Heiligung zu arbeiten. Nein. Gott liebt es, zu mir zu reden, während ich meine Socken wechsle oder in einen dicken, saftigen Hamburger beiße oder aus dem Fenster ins Leere schaue. In solch unmöglichen Augenblicken teilt sich der Vorhang der Realität und plötzlich geht mir auf: „O, das ist schon alles? Mehr willst du nicht von mir?“

Während meines Experiments stellte ich eines Tages das Radio an. Der Moderator einer Sendung sagte gerade ein Musikstück von John Cage mit dem verrückten Titel „4’33“ an. Der Titel des Stücks war mir bekannt, ich hatte es aber noch nie gehört. Neugierig setzte ich mich hin und hörte zu – und stellte fest: Es war die schönste Musik, die ich bislang gehört hatte! Der Pianist, der das Stück vortrug, begann mit den Worten: „Was Sie hören werden, ist exakt das, was John Cage Sie hören lassen will. Vielleicht ist es nicht das, was Sie von einem Musikstück erwartet haben, aber schalten Sie bitte nicht ab. Dies ist das bekannte Stück von John Cage. Exakt so hat er es geschrieben.“

Jeder, der dieses Werk kennt, wird vielleicht in diesem Moment laut loslachen, denn das, was Cage geschrieben hat, besteht genau aus 4 Minuten und 33 Sekunden totaler Stille. Nein, das ist nicht ganz korrekt. Cages Anweisungen für die Musiker lauten, dass sie ihre Instrumente aufnehmen, aber während der gesamten Zeit nicht spielen sollen. So ist die „Musik“ das, was der Hörer während dieser Zeit hört – Wind,

Verkehr, Vögel, Menschen, die hüsteln oder atmen, überhaupt nichts oder vielleicht das Geräusch des Blutes, das durch seine Adern strömt.

Ich lauschte gebannt dem Stück, denn ich hörte, was ich nur als den Klang der Stimme meines Herrn beschreiben kann, der sich über mich freut. Obwohl ich diese Stimme schon früher gehört habe, überwältigt sie mich jedes Mal neu. Während ich an ähnliche Erfahrungen zurückdenke, erkenne ich, was sie gemeinsam haben: Ich höre diese Stimme, wenn ich ganz ruhig dasitze und nichts tue.

Einer meiner Freunde sitzt liebend gern einfach nur herum. Jahrelang hatte er davon geträumt, das zu tun, bis er schließlich jeden Tag tatsächlich eine halbe Stunde früher aufstand, sich eine Tasse Tee kochte, damit auf die Terrasse ging und einfach nur dasaß. Ich fragte ihn, ob er in dieser Zeit beten würde. „Nein, ich sitze nur da", antwortete er. Er hat auch eigene Gebetszeiten, aber in dieser ersten halben Stunde des Tages sitzt er nur da.

Unsere Gesellschaft braucht unbedingt Menschen, die sich die Zeit nehmen, einfach nur dazusitzen. Das ist der Beginn von Wundern. Und Wunder wecken Freude. Während meines Experiments hat Gott meine Freude immer wieder erneuert, wenn ich einfach nur dasaß. Ich musste gar nichts dazu beitragen. Er beruhigte mich mit seiner Liebe und erinnerte mich daran, dass Freude wirklich wunderbar ist, ein Werk Gottes eben.

Obwohl die Freude sich auf vielerlei Weise einstellen kann, vermute ich, dass sie sich nicht einstellt, wenn ich alle möglichen Anstrengungen unternehme, um sie zu erreichen. Eher im Gegenteil. Um eine Blume wachsen zu sehen, pflanze ich einen Steckling oder eine Zwiebel und warte ab. Um Freude wachsen zu sehen, muss ich mich selbst einen Augenblick lang irgendwohin pflanzen und einfach nur abwarten.

58 „Yabba-ka-doodles!“

„Wie konnten wir lachen und vor Freude jubeln!“

Psalm 126,2

Eines Morgens setzte ich mich nicht gerade in bester Stimmung mit meinem Freund Chris Walton an den Frühstückstisch. Chris ist ein ganz besonderer Mensch, einer, der mich gern segnet. Egal, was ihn gerade beschäftigt, in welcher Stimmung er ist oder was wir gemeinsam tun – wenn wir nach einem Treffen auseinander gehen, habe ich das Gefühl, durch ein himmlisches Licht erleuchtet worden zu sein. Da wir uns nur selten sehen, ist unsere gemeinsame Zeit besonders wertvoll.

Trotz meiner bedrückten Stimmung an jenem Morgen entspannte ich mich nach und nach in der Gesellschaft von Chris, und wir sprachen über Lieblingsbücher und Musik, über unsere Familien und über Jesus. Ich erinnere mich besonders, wie wir über den Juden Jesus sprachen und dass er als Bibel nur das Alte Testament besaß. Je mehr wir erzählten, umso mehr spürte ich eine stille Freude, die wie ein kleines Kind an meinem Ärmel zupfte. Ich kann nicht sagen, dass ich mich vollkommen glücklich fühlte, als wir uns verabschiedeten, doch ich empfand bereits eine Veränderung, eine gewisse Wärme. Allerdings war es ein Gefühl, das leicht durch die nächste kleine Unannehmlichkeit hinweggewischt werden konnte, wäre da nicht diese merkwürdige Sache gewesen, die sich auf dem Parkplatz des Restaurants ereignete.

Wir standen neben unseren Wagen, Chris an seiner Autotür und ich an meiner und verabschiedeten uns. Hinter uns raste der Verkehr vorbei, was uns die Verständigung erschwerte. Aber als Chris seine Hand zum Abschiedsgruß hob und ein letztes, breites Lächeln auf seinem Gesicht erschien, hörte ich, wie er mir zurief: „Yabba-ka-doodles!“

Yabba-was? Was hatte er gesagt? Was war das für eine Sprache? Da wir gerade über das Judentum gesprochen hatten, überlegte ich, ob Chris mir vielleicht einen traditionellen jiddischen Gruß zugerufen hatte.

„Was hast du gesagt?“, rief ich zurück.

Dieses Mal warf Chris seinen Kopf nach hinten, strahlte so sehr, als sähe er einen Engel, und schrie zurück: „YABBA-KA-DOODLES!“

Chris ist nicht gerade der Typ, der spontan ekstatische Äußerungen von sich gibt. Vielleicht machte er sich gerade lustig? Zutiefst verwirrt ging ich zu ihm hinüber.

„Ich versteh dich nicht“, rief ich. „Yabba-ka-doodles? Was soll das bedeuten?“

„Yabba-was?“, fragte Chris.

„Yabba-ka-doodles. Du hast Yabba-ka-doodles gesagt, und ich wollte wissen, was das bedeuten soll.“

„Yabba-ka-doodles? Ich habe nicht Yabba-ka-doodles gesagt.“

„Was hast du denn gesagt?“

„Ich sagte: ‚I'm glad we could do this.‘ (‚Ich bin froh, dass wir uns getroffen haben.‘)“

„I'm glad we could do this?“, wiederholte ich verdutzt.

Einen Augenblick lang starrten wir einander an, lauschten auf den Klang dieses im Vergleich zu dem Silbensalat von *Yabba-ka-doodles* einfachen Satzes. Und dann brachen wir auf dem Parkplatz in ein wildes, verrücktes Gelächter aus und schlugen uns mit den Händen auf die Oberschenkel, dass es nur so klatschte. Es war ein absurdes Missverständnis, so herrlich ungewöhnlich! Und nicht zuletzt deswegen erfüllte uns die ungewöhnlichste aller guten Mächte in unserer dunklen verdrehten Welt – die helle Freude!

Auf dem ganzen Heimweg murmelte, stammelte und stotterte ich jenes dumme Wort – „Yabba-ka-doodles“. Ja, ich rief es laut hinaus: „Yabba-ka-doodles!“ – und kicherte dabei wie ein Schuljunge. Das nenne ich Freude! Für den Rest des Tages war ich mehr als glücklich, ich fühlte mich regelrecht trunken vor Freude. Und als Chris und ich uns das nächste Mal trafen, sprangen wir uns fast in die Arme und schrien laut: „Yabba-ka-doodles, Bruder!“

Wer hätte je geglaubt, dass sich in einem einzigen verrückten, erfundenen Wort so viel Freude verbirgt? Später fragte ich mich: Haben meine Ohren mir einen Streich gespielt, oder war es möglich, dass Chris, ohne es zu realisieren, tatsächlich *Yabba-ka-doodles* gesagt hatte? Hatte Gott ihn, ohne sein Wissen, als Botschafter gebraucht, der mir die Gute Nachricht des Evangeliums in Engelszungen überliefert hatte?“

59 Einen Hund wahrnehmen

„Was du getan hast, Herr, macht mich froh; dein Eingreifen löst meinen Jubel aus.“

Psalm 92,5

Ich kann kein Buch über Freude schreiben, ohne unsere Hündin Shelby zu erwähnen. Neulich regnete es in Strömen und es gibt für mich nichts Lustigeres als Shelbys Freudensprünge durch frische Pfützen. Sie ist mittelgroß, kräftig, langbeinig, schnell und am allerschnellsten, wenn sie aus dem Modderloch einer quatschnassen Wiese kommt und durch kräftiges Schütteln einen herrlichen Sprühregen verbreiten kann. Das perfekte Bild reinster tierischer Freude.

Ich hatte nie einen Hund gewollt und ich hatte auch Shelby nicht gewollt. Aber meine Tochter quengelte und quengelte, bis sie schließlich meine Frau auf ihre Seite gebracht hatte, sodass ich der Einzige war, der noch irgendwelche Vorbehalte hatte. Nachdem Karen in das Lager des „Feindes“ übergewechselt war, dauerte es noch ein paar Monate, aber in meinem Herzen wusste ich bereits, dass die Schlacht verloren war. Trübsinnig stellte ich mir die endlosen Spaziergänge, das Kauen und Bellen, das Haus voller Hundehaare, Familienstreits über Abrichten und Versorgen des Hundes, die Unterhaltungen mit anderen Hundebesitzern, die sich alle nur noch um Hunde drehten, und was das Schlimmste war: das Entfernen der Hundehaufen, vor.

Keine dieser Befürchtungen ist eingetroffen. Shelby ist eine brave, liebe, gehorsame Hündin, die wunderbar in unsere Familie passt. Sie bellt nicht und kaut nicht auf Sachen herum; ich unterhalte mich gern über sie und bin für die täglichen Spaziergänge dankbar, die mich bei jedem Wetter unter den weiten freien Himmel locken. Und was das Entfernen der Hundehaufen angeht: Wenn Shelby ihr Geschäft neben einer anderen Hinterlassenschaft eines Hundes macht, sammle ich routiniert beide Haufen ein.

Der Besitz eines Hundes ist zu einer großen geistlichen Erfahrung in meinem Leben geworden. Aus irgendwelchen Gründen, die bis in meine Kindheit zurückreichen, war ich Hunden gegenüber skeptisch und hatte tatsächlich Angst davor, jemals einen zu besitzen. Shelby ist wie eine heilende Salbe in diese Wunde eingedrungen. Zuvor konnte ich mir die therapeutische Kraft überhaupt nicht vorstellen, die sich im Streicheln und Umarmen eines Hundes, im Reden und Spielen mit ihm verbirgt. Oder auch darin, dass ein Hund auf dem Tennisplatz den Bällen nachjagt?!

Auf jede nur erdenkliche Weise beschenkt mich Shelby täglich, oft stündlich, mit Bildern, Beispielen und Erfahrungen von Freude. Falls Sie meinen, dass ich übertreibe, sollten Sie uns beide einmal sehen, wenn ich ihre Leine ergreife und zur Tür gehe. Durch diese einfache Geste ist sie immer wieder so verrückt vor Freude, so begeistert, so hundemäßig *dankbar*, dass ich mich ein wenig von ihrer überschäumenden Freude anstecken lasse. Würde Gott sich nicht ebenso freuen, bei uns eine ähnliche Reaktion zu sehen, wenn er ganz einfache Dinge für uns tut? Sollten nicht auch wir alle genauso herzlich, so gutmütig, so von Herzen dankbar und so liebevoll loyal zu unserem Herrn sein wie Shelby zu mir?

Ich danke Gott jeden Tag für diesen Hund, den ich nie haben wollte. Ich hätte nie geahnt, dass etwas, dem ich mich leidenschaftlich verweigerte, für mich so befreiend werden könnte. Manchmal ist die Suche nach dem Glück wie ein Besuch im Kaufhaus, wo man Hüte probiert, obwohl ein Hut das Letzte wäre, was einem noch fehlt. Aber plötzlich setzt man einen auf, und der ist perfekt - nicht nur perfekt, sondern *hinreißend*! Sie haben zuvor noch nie einen Hut getragen, aber nun gehören Sie zu den Hutträgern, weil dieser eine Hut und Sie einfach zusammengehören. Und trotz des ungewöhnlichen Anblicks und des ungewöhnlich hohen Preises *müssen* Sie diesen Hut haben. Es gab in dem Jahr, als ich mein Experiment mit der Freude machte, nichts, das mich mehr überraschte, als die Erkenntnis, dass ein Hund zu mir passt, und zu lernen, dass ein Hund einem Menschen gut tut.

Was haben *Sie* aus Ihrem Leben ausgeklammert? Ist es die Aussicht auf Freude nicht wert, dass Sie Ihre Vorbehalte über Bord werfen, diese eine Sache ausprobieren und sich überraschen lassen? Wir entdecken die Freude nicht. Die Freude entdeckt uns. Sie springt in unser Leben und leckt uns das Gesicht, damit wir erkennen können, wer wir sind.

60 Stille Nacht, heiliger Krieg

„Darum freue dich, Himmel, mit allen, die in dir wohnen! Ihr aber, Land und Meer, müsst zittern, seit der Teufel dort unten bei euch ist!“

Offenbarung 12,12

Der 60. Tag meines Experiments fiel ausgerechnet auf Weihnachten. In den ganzen 90 Tagen erlebte ich nur vier wirklich unglückliche Tage – für mich ein ganz erstaunlicher Rekord. Leider muss ich jedoch zugeben, dass Weihnachten zu diesen freudlosen Tagen gehörte.

Und so fing alles an: In der ersten halben Stunde des Weihnachtstages, der um Mitternacht beginnt, erfuhr ich eine ungewöhnlich reine und intensive Freude, begleitet von einem fast greifbaren Gefühl der Gegenwart Jesu. Plötzlich war das Gefühl mit einem Schlag so schnell verschwunden, wie es gekommen war. Und dann erlebte ich die dunkelste Nacht meines Experiments. Die ganze Nacht über hatte ich die verrückte, aber sehr reale Angst, dass ich mich am nächsten Tag nicht mehr würde freuen können! Und natürlich trat genau das auch ein: Weihnachten war schrecklich! Wenn ich mich an meine Erfahrung um Mitternacht zurückerinnere, war es fast, als ob mein 25. Dezember in kleinerem Maßstab die Ereignisse aus Offenbarung 12 wiedergaben, wo zwei Zeichen am Himmel erscheinen: „Es war eine Frau, die war mit der Sonne bekleidet [...]. Sie stand kurz vor der Geburt“ und „ein großer, feuerroter Drache“. „Die Frau brachte einen Sohn zur Welt [...]. Dann brach im Himmel ein Krieg aus. Michael kämpfte mit seinen Engeln gegen den Drachen“ (Verse 1–7).

Mein Freund Ron Susek hat ein Buch mit dem einprägsamen Titel *Silent Night, Holy War* („Stille Nacht, heiliger Krieg“) geschrieben. In dieser fiktiven Weihnachtserzählung verbindet Ron den Bericht über die Geburt Jesu nach Matthäus und Lukas mit den apokalyptischen Ereignissen von Offenbarung 12. Er stellt darin die These auf, dass es gute Gründe gibt, Weihnachten nicht nur als eine Zeit großer Freude, sondern auch als einen großen (geistlichen) Kampf zu sehen.[14]

Wir betrachten diese dunkle Seite des Christfestes nicht gern und dennoch ist sie real. Falsche Vorstellungen vom Weihnachtsfest, die sich in seiner Kommerzialisierung, seiner Geschäftigkeit und vorgespielten Heiterkeit zeigen, machen es uns heute genauso schwierig, den wahren Christus zu finden, wie damals, als er in der ersten Weihnachtsnacht im Stall von Bethlehem lag. Wie viele von uns nähern sich der Geburt des Friedefürsten und machen sich gleichzeitig schon für die Konflikte am Christfest bereit?

Ich zum Beispiel hatte mich auf einen frohen Weihnachtstag gefreut, der ein Höhepunkt meines Experiments sein sollte und an dem ich von ganzem Herzen „O du fröhliche ..." singen wollte. Vielleicht waren diese hohen Erwartungen an meinem Problem mit schuld. Bei einer hohen Erwartungshaltung verursachen selbst kleinste Unstimmigkeiten unverhältnismäßig großen Ärger. Freude lässt sich nicht planen. Auch wenn Sie ein harmonisches Weihnachtsfest oder andere Feiern noch so sorgfältig planen, sind Streitereien schon vorprogrammiert. Freude lebt im Schatten des Kreuzes und nicht in einer paradiesischen Welt, wo alles wie am Schnürchen läuft.

Ich kann mich noch an eine Weihnachtskarte erinnern, die ich einmal erhielt. Sie zeigte einen geschmückten Weihnachtsbaum, dessen Schatten die Form eines Kreuzes hatte. Für Christen fällt der Schatten des Kreuzes auf jeden Tag. Wir leben in einem geistlichen Kampf, in dem unser Feind, der Teufel, wie ein hungriger Löwe - nicht nur an Feiertagen - um die Herde schleicht. „Er wartet nur darauf, dass er jemand von euch verschlingen kann" (1. Petrus 5,8). Warum erwarten wir, dass der Weg zum Weihnachtsfest einfacher ist als der Weg zum Osterfest? Der Weg war auch für Maria und Josef oder für viele andere Menschen in der ursprünglichen Geschichte nicht einfach. T. S. Eliot schrieb in dem Gedicht *Journey of the Magi* („Die Reise der heiligen drei Könige"): „Diese Geburt war eine harte und bittere Agonie für uns, so bitter wie der Tod, unser Tod".[15]

Christus kommt nicht in unsere Gerechtigkeit, sondern in unsere Ungerechtigkeit. Er kommt nicht in unsere mit Hochdruck gereinigten Fantasien. Er kommt in das Herz unserer akuten Schmerzen. Ja, wenn wir ihn nicht in unsere Schmerzen hineinlassen, werden wir sein Kommen - oder seine Freude - überhaupt nicht erfahren.

61 Eine große Freudenbotschaft

„Habt keine Angst! Ich habe eine große Freudenbotschaft für euch und für das ganze Volk."

Lukas 2,10

In jenem Jahr war es am Weihnachtstag neblig. Schon seit fünf Tagen lag unsere Stadt nun ununterbrochen im dichten Nebel. Nach Weihnachten wollten wir unser feuchtes Küstenklima verlassen und in einer siebenstündigen Fahrt zu einem zugefrorenen See, der in British Columbia liegt, fahren, wo wir eine Woche in einer winzigen Hütte ohne Strom und fließendes Wasser verbringen wollten. Nur Eis, Schnee, Sterne, Stille und unsere kleine Familie.

Als wir unsere Reise planten, hatte ich nicht damit gerechnet, dass wir durch den dicksten Nebel würden fahren müssen. Darum beteten wir, als wir rückwärts aus der Garage fuhren, und baten Gott um Sonnenschein. Kaum hatten wir die erste Straße hinter uns gelassen, hob sich der Nebel, der uns fünf Tage lang unter seiner feuchten Decke gehalten hatte, und wir erlebten eine herrliche Fahrt. Das war eine der spektakulärsten Gebetserhörungen, die ich je erlebt habe.

Im Laufe der Woche schob Gott uns noch einige Nebelwolken vor den Sonnenschein seiner Freude. Am Anreisetag blieben wir auf einer Nebenstraße im Schnee stecken, und ich bekam die Gelegenheit, zum ersten Mal in meinem Leben Schneeketten aufzuziehen. Ich staunte, wie diese Ketten sofort griffen und wir unsere Fahrt auf der verschneiten Straße fortsetzen konnten. *Genauso*, dachte ich, *greift die Freude in unserem Leben.* Sind auch Sie stecken geblieben? Drehen Ihre Räder durch? Versuchen Sie es mit etwas Freude. Die Freude greift mit Begeisterung in Ihr Leben ein, bekommt festen Halt und treibt Sie in allen Lebenslagen voran.

Da es in unserer Hütte kein fließendes Wasser gab, holte ich jeden Morgen Wasser aus dem See. Dazu musste ich zunächst die Eisschicht mit einer Axt aufhacken, ein anstrengendes Ritual, das mir jedoch große Freude machte. Jedes Mal, wenn ich die Axt zur Hand nahm, musste ich an Franz Kafkas berühmte Worte denken: „Ein Buch muss die Axt sein für das gefrorene Meer in uns." Wenn das nicht gelingt: „wozu lesen wir dann das Buch?"[16] Entsprechend könnten wir fragen:

Wenn das Leben, das wir führen, nicht glücklich ist, warum lassen wir nicht sofort alles stehen und liegen und machen uns auf die Suche nach wahrer Freude?

Jeden Tag stellte ich einen Stuhl auf das Eis, setzte mich eine Weile vor unsere Hütte und genoss den weiten, majestätischen Blick auf die Landschaft. Es war so ruhig, dass ich, so sehr ich meine Ohren auch anstrengte, keinen einzigen Laut vernehmen konnte. Einen Stadtmenschen kann vollkommene Stille nervös machen. Sie verstärkt jeden noch so kleinen Laut im eigenen Körper. Die meiste Zeit genoss ich diese Ruhe auf dem Eis sehr, doch eines Tages ging mir die absolute Stille und Leere der Landschaft auf die Nerven. Ich bekam richtig Angst, erschrak bis ins Mark, sodass ich meinen Stuhl ergriff und geradewegs in die Hütte eilte, als plötzlich, zum ersten und einzigen Mal an diesem Tag, die Sonne hinter den Wolken hervorbrach. Sie schien nicht sehr lange durch die dicke Wolkendecke, aber gerade lange genug, dass mich ein starker, warmer Strahl mitten ins Herz traf. Sofort fühlte ich mich wohler, durch und durch erwärmt und mit Freude erfüllt. Darum setzte ich mich wieder auf meinen Stuhl und lobte Gott.

Dieser eine Sonnenstrahl brachte die Botschaft von Weihnachten zu mir – dass der Sohn Gottes in diese Welt gekommen ist, um die Winterwolken unserer Angst zu durchbrechen und unsere Herzen mit seiner erstaunlichen Liebe zu wärmen. Mein Umzug von einer Position zur anderen illustriert im Grunde auch die spirituelle Geschichte der Menschheit – von der kalten Angst der irritierenden, majestätischen Weite der winterlichen Landschaft hin zur persönlichen Wärme eines nahen Retter-Gottes, der in unsere Geschichte gekommen ist, um zu verkündigen: „Fürchte dich nicht! Ich liebe dich und bringe dir die gute Nachricht über eine fantastische Freude!"

62 Das Feuer bewachen

„Werdet im Eifer nicht nachlässig, sondern lasst euch vom Geist Gottes entflammen. Dient in allem Christus, dem Herrn. Seid fröhlich als Menschen der Hoffnung […].“

Römer 12,11-12

Während der Woche in unserer einsamen Hütte war ein einfacher Holzofen unsere einzige Heizquelle. Ein Feuer so zu errichten, dass es die Hütte eine ganze Nacht lang warm hält, ist eine echte Kunst. In der ersten Nacht ging mein Feuer aus, und ich musste um drei Uhr nachts aufstehen, die Holzscheite aufstapeln und ein neues Feuer entfachen. Als ich endlich wieder ins Bett kriechen konnte, war ich hellwach und fror. Da selbst ein knisterndes Feuer eine kalte Hütte nur sehr langsam erwärmt, hatte ich sehr viel Zeit, zitternd unter der Decke zu liegen und mich zu fragen, ob ich trotzdem Freude empfand.

Während meines Gebets entfachte Gott auch in mir ein Feuer. Ich spürte regelrecht, wie er es tat; ich spürte, wie die Wärme seines Geistes langsam und wohltuend in die kalte Hütte meiner Seele einzog. Es brauchte einige Zeit, bis Gottes Feuer mich aufgewärmt hatte, aber schließlich war mir richtig warm ums Herz. Selten habe ich so deutlich den starken Gegensatz zwischen dem Feuer des Heiligen Geistes und der kalten toten Asche unseres Fleisches verspürt.

Während unserer Woche am See wurde das Feuer durch die Beschäftigung mit dem Holzofen für mich zu einem Symbol des geistlichen Lebens und besonders zu einem Symbol für die Freude. In der toten Winterzeit muss man in einer eisigen Wildnis, wenn das Feuer auszugehen droht, alles andere liegen lassen und alles daransetzen, es neu zu entfachen, und neuen Brennstoff nachlegen, damit es nicht verlöscht. Wenn das Feuer in unserer Hütte verglühen wollte, hatte ich oft überhaupt keine Lust, mich darum zu kümmern. Aber ich musste es tun oder frieren. Ich wusste, dass wir es mit einigem Geschick, Zeitaufwand und Arbeit bald wieder warm haben würden. Inzwischen hat mich mein 90-tägiges Experiment gelehrt, dass das Gleiche für die Freude gilt. Ja, Freude ist ein Geschenk Gottes. Aber wir müssen unsere Hände regen und das Anzündholz des Gebets spalten, die Holzscheite der guten Taten herbeitragen, das Feuer des Glaubens legen und alles mit dem Feuerzeug des Geistes entzünden. Wenn wir unseren Part erledigt haben, wird Gott das Seine tun und ein schönes, knisterndes Feuer in unseren Herzen entfachen.

Dieses Buch kann das sicher nicht leisten, aber es kann dazu beitragen, dass es sich ausweitet und hell genug ist, dass es zu einem frohen Augenzwinkern reicht und zu einem beschwingten Schritt, dass es warm genug ist, andere zu wärmen, und glühend genug, um die Welt in Brand zu setzen. Jeden Tag geben wir uns viel Mühe, um für unseren Körper zu sorgen – für Nahrung, Schlaf, Kleidung und Wohnung. Warum kümmern wir uns nicht mit demselben Eifer um unsere geistlichen Bedürfnisse? In unserem Land haben wir keinen Mangel an Brennstoff und können unsere Häuser problemlos heizen. Leider bleiben unsere Herzen aber sehr oft kalt. Hat der Teufel uns bereits davon überzeugt, dass wir bei Gott nicht genügend Freude finden, die sich ausbreiten kann?

Im Alten Testament erschien Gott Mose in einem brennenden Dornbusch, der von den Flammen nicht verzehrt wurde (vgl. Exodus 3,2). Das gleiche Phänomen finden wir im Neuen Testament. Allerdings hatte dort das Feuer Menschen erfasst: „Dann sahen sie etwas wie Feuer, das sich zerteilte, und auf jeden ließ sich eine Flammenzunge nieder“(Apostelgeschichte 2,3). Eine ähnliche Erfahrung machten auch zwei Jünger, die dem auferstandenen Jesus begegneten: „Brannte es nicht wie ein Feuer in unserem Herzen, als er unterwegs mit uns sprach [...]?“ (Lukas 24,32). Menschenherzen sind dazu bestimmt zu brennen – doch es gibt zwei unterschiedliche Dinge, die sie zum Brennen bringen können: das verzehrende Feuer der Selbstbezogenheit oder die wärmende Freude, die Gott uns schenkt.

Es ist wirklich nicht schwieriger, das Feuer der Freude in unserem Herzen zu hüten, als ein Holzfeuer in einer nicht isolierten, zugigen Hütte zu schüren. Alles, was dazu nötig ist, sind ein bisschen Geschick und ein Gespür für die Notwendigkeit. Das Feuer kommt von Gott. Wir dagegen müssen Glauben, Werke und Öl dazu beitragen. Jeder kann es lernen, wenn es ihm wichtig ist. Ist es Ihnen inzwischen kalt genug geworden? Wenn es für Sie wichtig ist, dass es in Ihrer Hütte warm wird, werden Sie einen Weg finden, das Feuer anzuzünden.

63 Ein Fest, das nicht endet

„Für die Bekümmerten ist jeder Tag böse,
die Glücklichen kennen nur Festtage.“

Sprichwörter 15,15

Den meisten Menschen steht zum Glücklichsein mindestens ein großes Problem im Weg. Was ist Ihr großes Problem? Eine chronische Erkrankung? Eine unglückliche Ehe? Ihr Single-Dasein? Probleme mit den Kindern? Finanzielle Sorgen? Eine unbefriedigende Arbeitssituation? Wahrscheinlich denken Sie: *Könnte ich doch nur dieses eine große Problem (und vielleicht noch ein paar kleine andere) lösen, dann wäre ich wunschlos glücklich!* Stimmt's?

Nein, falsch. Wenn es Ihnen gelingt, das eine große Problem zu lösen, rückt sofort ein anderes an seine Stelle. Und dann wieder ein anderes und noch eines. So ist das eben mit den Problemen: Probleme sind nicht endgültig aus der Welt zu schaffen. Das eigentliche Problem ist, dass man glaubt, nicht glücklich sein zu können, solange man noch ein Problem hat. Sie werden aber immer Probleme haben; darum werden Sie also nie glücklich sein.

Die Lösung dieses schrecklichen Dilemmas ist einfach: Werden Sie zuerst einmal glücklich! Danach werden Sie in der Lage sein, Ihre Probleme anzugehen. Im Glücklichsein verbirgt sich eine unglaubliche Kraft zum Guten. Statt zu glauben, dass Sie sich nicht freuen können, weil Sie noch so viele Schwierigkeiten haben, sollten Sie einfach die Freude mit beiden Händen festhalten und sich an allem freuen, was gut tut! Dadurch überwinden Sie Ihre Schwierigkeiten. Wer profitiert von Ihren Sorgenfalten und Ihrem künstlichen Lächeln? Denken Sie an all das Lob, das Sie Gott vorenthalten haben – nur weil Sie nicht richtig daran glauben können, dass Ihr gütiger himmlischer Vater möchte, dass Sie als sein Kind Ihr Gesicht zum Licht wenden und sich an ihm freuen! Sie können damit in diesem Moment beginnen.

„Aber in meinem Leben sind so schreckliche Dinge passiert“, jammern Sie. „Ich muss das alles erst einmal aufarbeiten, bevor ich glücklich sein kann.“ Nein, das ist eine Lüge. Der Teufel möchte Sie Ihr Leben lang Dinge aufarbeiten lassen und will nicht, dass Sie auch nur einen Augenblick zufrieden sind. Jetzt ist genau der richtige Zeitpunkt gekommen, um aus dieser Tretmühle auszubrechen. Als Christ haben Sie ewiges Leben, und es beginnt spätestens hier und heute. „*Jetzt* ist die Zeit der Gnade! *Jetzt* ist der Tag der Rettung!" (2. Korinther 6,2). Fühlen Sie sich nicht schuldig, wenn Sie in diesem Augenblick unglücklich sind! Schuld und Kummer sorgen nur dafür, dass Sie sich weiterhin elend fühlen. Freuen Sie sich lieber! Besinnen Sie sich und befolgen Sie meinen für Sie so „unmöglichen" Ratschlag! Wenn die Bibel sagt: „Freut euch immerzu", muss auch etwas dran sein.

Vielleicht halten Sie mir jetzt entgegen: „Ich kann mich nicht freuen, weil ich krank bin" oder: „Ich kann mich nicht freuen, weil mein Mann mich verlassen hat" oder: „Ich kann mich nicht freuen, weil ich traurig bin." Haben Sie es nicht begriffen? Freude ist genau die Waffe, die Sie jetzt brauchen! Sie werden niemals glücklich werden, wenn Sie nur herumsitzen und darauf warten, dass das Leben besser wird. Glücklich werden alle, die Gottes ausgestreckte Hand ergreifen, sich aufrichten und ihre Kämpfe siegreich austragen.

Die einzige Voraussetzung zum Glücklichsein ist, dass Sie Ihre Lebensumstände so akzeptieren, wie sie sind. „Ich bin ausgebrannt! Fein. Krank! Sehr gut. Arbeitslos! Okay, daran will ich etwas ändern. Wenn ich die Umstände akzeptiere, bedeutet dies nicht, dass ich nicht versuche, etwas zu verändern. Alle Veränderung beginnt jedoch mit Akzeptanz. Was ich nicht (aner-)kenne, kann ich nicht verändern oder heilen."

Wir sind uns so sicher, dass wir glücklich wären, wenn wir nur unsere Schwierigkeiten los würden. Aber wir werden niemals ein Leben ohne Schwierigkeiten führen. Es können durchaus Zeiten kommen, in denen wir nur wenige Probleme haben, doch bestenfalls halten sie nur kurzfristig an und können uns sogar in falscher Sicherheit wiegen. Alles läuft auf eines hinaus: Glücklichsein hat nichts mit der Existenz von Schwierigkeiten zu tun. Glücklichsein hat vielmehr mit meiner Einstellung zu Schwierigkeiten zu tun. Das macht den ganzen Unterschied aus.

Das Leben ist voller Probleme. Lernen Sie, trotzdem glücklich zu sein, weil Schwierigkeiten nie für immer verschwinden werden. Ja, viele werden verschwinden, aber nur, um durch andere ersetzt zu werden. Freuen Sie sich trotz der Probleme, die Sie haben, weil die Probleme, die noch kommen werden, weitaus schlimmer sein können. Inzwischen hat das Fest des Lebens für Sie gerade erst begonnen. Setzen Sie sich an die Tafel und freuen Sie sich!

64 Ist das Leben fair?

„Und doch hat er sich auch ihnen schon immer zu erkennen gegeben:
Er ist es doch, der euch Wohltaten erweist!
Er gibt euch den Regen und lässt die Ernte reifen!
Er gibt euch zu essen und macht euch froh und glücklich."

Apostelgeschichte 14,17

Paulus spricht diese Worte zu Heiden. Wenn Gott ungläubigen Menschen Freude und viele gute Gaben schenkt, wie viel mehr wird er sie seinen eigenen geliebten Kindern geben!

Ich bin davon überzeugt, dass uns ein unterschwelliges Misstrauen gegenüber Gott von einem mit Freude erfüllten Leben fernhält. Ich meine hier die latente Überzeugung, dass Gott nicht fair und das Leben zu hart sei. Gerät unser Glaube nicht allzu leicht in Gefahr, wenn wir mit einer schwierigen Situation konfrontiert werden, weil wir allen Ernstes denken, dass diese Herausforderung zu hart für uns sei? Betrachten wir nicht das Leben insgeheim als eine Prüfung, bei der uns Fragen gestellt werden, auf die wir nicht vorbereitet sind und deshalb keine Antworten haben? Wenn uns das an einer Schule oder Universität passieren würde, hätten wir guten Grund, uns bei den betreffenden Professoren oder der Schulleitung zu beschweren. Aber wie sollen wir uns bei Gott beklagen? Und weil wir das nicht wissen, vergrößern sich unsere Frustrationen und rauben uns jede Freude.

Was können wir dagegen tun? Akzeptieren Sie, dass es Gottes Prüfung ist und dass er die Fragen stellen darf, die er will, und seine Fragen fair sind. Halten Sie diese Erklärung nicht nur für eine theoretische Aussage, sondern *fühlen* Sie sich in diese Wahrheit hinein. Hören Sie auf, dem modernen Irrtum Glauben zu schenken, dass das Leben unfair sei. Das Leben ist fair. Es ist im wahrsten Sinn des Wortes „fair", denn: „Der Herr greift ein mit heilvollen Taten, den Unterdrückten verschafft er Recht" (Psalm 103,6). Das Leben ist mehr als nur fair. Es ist ein reines und vollkommenes Geschenk, und es lädt uns immerfort ein, uns an seinem berauschenden Reichtum zu erfreuen.

Vorbehalte gegenüber Gott sind der Hauptgrund, warum die Welt Jesus nicht als Herrn und Erlöser akzeptiert. Es ist einfach, Gott die Schuld an allen unseren Problemen zu geben. Schwieriger ist es, Jesus zu beschuldigen, der offensichtlich gütig, unschuldig und gerecht ist. Selbst nichtchristliche Religionen reservieren Jesus einen Ehrenplatz, weil sie wissen, dass auch einer der beiden Verbrecher am Kreuz zugab: „Wir beide leiden hier die Strafe, die wir verdient haben. Aber der da hat nichts Unrechtes getan!" (Lukas 23,41). Auch Jesus fragte herausfordernd: „Wer von euch kann mir eine Sünde nachweisen?" (Johannes 8,46). Nein, das können wir nicht, und darum richten wir unseren Verdacht sofort auf Gott. Jesus hat ein menschliches Gesicht, aber Gott können wir uns auf Armeslänge als abstraktes Bild vom Hals halten, und ihn können wir mit Vorwürfen überhäufen.

Ein Christ weiß jedoch, dass Jesus kein abstraktes Etwas, sondern Gott ist: „Die ganze Herrlichkeit Gottes leuchtet in ihm auf; in ihm hat Gott sein innerstes Wesen sichtbar gemacht" (Hebräer 1,3). Was immer uns Jesus bedeutet, wir können uns darauf verlassen, dass Gott und Jesus eins sind. Zum Beispiel bestehen viele darauf, zu glauben, dass Gott hinter all der Krankheit und der Not in unserem Leben steckt. Von Jesus dagegen heißt es in Apostelgeschichte 10, Vers 38: „Wo er hinkam, tat er Gutes und heilte alle, die der Teufel in seiner Gewalt hatte; denn Gott stand ihm bei." So ist Gott. Christ sein heißt, dass Jesus unsere Theologie korrigiert und uns zu seinem Vater führt, „dessen Erbarmen unerschöpflich ist [...] und der uns nie verzweifeln lässt" (2. Korinther 1,3).

Als ich mit meinem Experiment begann, dachte ich anfangs, dass ich etwas ganz Radikales machen würde. Heute erkenne ich, dass es zu den ganz normalen Pflichten eines echten Nachfolgers Jesu gehört, seine Vorbehalte aufzugeben, Enttäuschung zu überwinden, Vertrauen zu fassen und in allen Lebensumständen nicht die Hoffnung zu verlieren. Das Ergebnis – Freude, die von Dauer ist – sollte jeder Nachfolger Jesu ganz selbstverständlich erleben. Was uns von dieser Freude trennt, ist der bedauernswerte kompromissbereite Christenstand und unser eigenes, stures Misstrauen gegenüber Gott. Wie gern würden wir beweisen, dass mit Gott etwas nicht stimmt! Doch die Bibel besteht darauf: „Auf keinen Fall! Vielmehr wird sich am Ende herausstellen, dass Gott zuverlässig ist, die Menschen aber samt und sonders versagt haben: ‚Es wird sich aber erweisen, Herr, dass deine Worte zuverlässig sind; du wirst Recht behalten, wenn dich jemand zur Rechenschaft ziehen will'" (Römer 3,4).

Kein Wunder, dass wir unglücklich sind, wenn wir uns selbst auf den Thron des Universums setzen und Gottes Platz einnehmen wollen. Das Kreuz auf sich zu nehmen bedeutet aber, dass wir von unserem Thron heruntersteigen.

65 Carpe Diem

„Freu dich, junger Mensch! Sei glücklich, solange du noch jung bist!“

Prediger 11,9

In der christlichen Tradition unterscheidet man zwischen zwei geistlichen Wegen. Der eine ist die so genannte *via negativa* (der negative oder apophatische Weg), der andere die *via affirmativa* (der affirmative oder kataphatische Weg). Auch wenn ich Gefahr laufe, diese beiden Wege an dieser Stelle zu stark zu vereinfachen, kann man sagen, dass der apophatische Jünger Fortschritte im Glauben macht, indem er die Abwesenheit Gottes beklagt, während der kataphatische Jünger weiter wächst, indem er die Anwesenheit Gottes feiert. Der negative Weg betont die Reinigung von allen geistlichen und fleischlichen Genüssen, während der affirmative Weg sich durch die Freude an allem Guten auszeichnet.

Beide Wege bieten Freude an. Der Wanderer auf der *via negativa* erfährt Freude, sagt aber: „Dies ist nur ein schwaches Abbild von dem, was kommen wird“, während der Mensch auf dem affirmativen Weg von einem Ohr zum anderen strahlt und seine Freude voll und ganz genießt. Der Mensch auf dem negativen Weg, der Gott allein über alles liebt, meidet persönliches Glück, denn er weiß, dass es weniger wert ist als Gott. Der andere, der auch Gott allein über alles liebt, erfreut sich seines persönlichen Glücks, denn er weiß, es ist Gottes gute Gabe. Wo die *via negativa* sagt: „Verleugne dich selbst“, ruft die *via affirmativa*: „Carpe diem“: „Nutze die Gunst der Stunde und genieße die Freude aus vollem Herzen.“ Auf dem einen Weg wird die Freude verachtet, weil sie vergänglich ist; auf dem anderen wird jeder flüchtige Moment gerade darum gefeiert, weil er flüchtig ist und nie mehr wiederkommt.

Welchen Weg haben Sie eingeschlagen? Vor vielen Jahren versuchte ich, der *via negativa* zu folgen, weil ich diesen Weg heiliger fand, aber auch weil die *via affirmativa* nicht so sehr meinem natürlichen Temperament entsprach. Ich besaß einfach nicht die Veranlagung, das Leben aus vollem Herzen zu feiern. Obwohl ich immer wieder Zeiten der Freude erlebte, konnte ich die Freude nicht auf Dauer zu einem Lebensstil machen. Ich wollte es zwar, aber es erschien mir zu anstrengend. Ich dachte, dass ich wohl gerade eine lange „Wüstenerfahrung" machte; in Wirklichkeit war ich einfach deprimiert.

Depressionen und geistliche Wüstenerfahrungen sind nicht dasselbe. In der Bibel wird berichtet, dass das Volk Israel 40 Jahre lang durch die Wüste wanderte, und zwar nicht, weil sie der *via negativa* folgten, sondern weil sie ungehorsam waren. Weit davon entfernt, geistlich zu reifen, starben sie dort, ohne die Erfüllung der Verheißungen Gottes zu erleben. Auch Jesus verbrachte einige Zeit in der Wüste, aber er hatte sich dort nicht verlaufen. Er blieb, geleitet durch den Heiligen Geist, eine begrenzte Zeit in der Wüste und wurde dort vom Feind auf die Probe gestellt. Weil es verführerisch ist, die Wüste zu vergeistlichen, lehrt die Bibel, dass es dort keinen Platz gibt, an dem man sich niederlassen soll.

Rückblickend erinnert mich meine Beziehung zur *via negativa* an einen schlecht sitzenden Mantel. Als es mir endlich gelang, die *via affirmativa* so weit zu verstehen, dass ich diesen Weg einschlug, hatte ich das Gefühl, einen Mantel angezogen zu haben, der mir passte. Die Bibel macht uns Mut: „Zieht den neuen Menschen an, den Gott nach seinem Bild geschaffen hat und der gerecht und heilig lebt aus der Wahrheit Gottes, an der nichts trügerisch ist" (Epheser 4,24). Freude ist das Resultat des neuen Selbst, indem man den richtigen Mantel trägt.

Vorsicht auf der *via negativa*! Sie ist ein Pfad, auf den nur wenige wirklich berufen sind. Dagegen kann jeder für die Zeichen der Güte Gottes in seinem Leben danken. Jeder kann jetzt sofort damit beginnen, sich an dem zu erfreuen, was Gott tut und getan hat. Mit welchem Ausdruck auf dem Gesicht öffnen Sie morgens Ihre Vorhänge? Dieser Ausdruck deutet schon darauf hin, wie Ihr ganzer Tag verläuft. Warum schmücken Sie Ihr Gesicht nicht mit einem Lächeln, das zu Ihrer sorgfältig ausgesuchten Garderobe passt? Freude beginnt damit, dass Sie morgens mit dem richtigen Bein aus dem Bett steigen. Sie setzt sich fort, wenn Sie die richtige Seite Ihres Toasts buttern, an der richtigen Seite Ihres Ehepartners stehen, die richtige Einstellung zu Ihrer Arbeit einnehmen und auf der sonnigen Straßenseite gehen, ganz gleich, wo immer Sie Ihr Weg hinführt. Es gibt für alles eine richtige Seite und auf dieser Seite befindet sich die Freude.

66 „Der Nächste, bitte!“

„Ich lasse alles hinter mir und sehe nur noch, was vor mir liegt. Ich halte geradewegs auf das Ziel zu, um den Siegespreis zu gewinnen. Dieser Preis ist das ewige Leben, zu dem Gott mich durch Jesus Christus berufen hat.“

Philipper 3,13–14

Wer heute beschlossen hat, dass die Freude Teil seines Lebens werden soll, muss alles vergessen, was hinter ihm liegt. Man kann sich den ganzen Tag verderben, wenn man in dem wühlt, was gestern war. Ein Nachmittag kann unter dem ganzen Gewicht eines zufälligen Geschehens am Morgen verloren gehen. Ein minimaler Fehler oder ein kaum wahrnehmbarer Fehler kann eine an sich wunderschöne Erfahrung völlig überschatten. Ich habe eine Freundin, die, wenn sie von diesem schrecklichen „O nein, was habe ich da gemacht!“-Gefühl überfallen wird, nur eines tut: Sie hakt die Sache für sich ab und sagt: „Der Nächste, bitte!“ Auf diese Weise ist sie auf jede neue Überraschung vorbereitet.

Diese Vorgehensweise empfiehlt im Grunde auch Gott, wenn er sagt: „Aber blickt doch nicht immer zurück! Ich schaffe jetzt etwas Neues! Es kündigt sich schon an, merkt ihr das nicht?“ (Jesaja 43,18–19). Wir können das Neue nicht in Angriff nehmen, wenn wir noch voller Feuereifer in der Vergangenheit wühlen. Man hat schon genug zu tun, wenn man sich mit den heutigen Problemen befasst, ohne auch noch die von gestern herauszukramen. „[...] der morgige Tag wird für sich selber sorgen. Es genügt, dass jeder Tag seine eigene Last hat“ (Matthäus 6,34).

Natürlich vergessen wir unsere Vergangenheit nicht völlig. Viel Freude kommt in unser Leben, wenn wir das vergangene Glück an uns vorüberziehen lassen, und auch, wenn wir über vergangene Schmerzen nachdenken. Allerdings investiert man unter Umständen so viel Energie in alte Geschichten, dass keine Kraft für die Wahrnehmung des Guten bleibt, das man heute erleben darf, und schon gar nicht für die Ausrichtung auf ein Ziel, das vor einem liegt.

Freude erfordert Optimismus – Optimismus nicht nur für die Zukunft, sondern auch für die Sicht der Vergangenheit. Je schlimmer unsere Vergangenheit war, umso optimistischer müssen wir darüber denken. Vergebung bedeutet, die Hoffnung auf eine bessere Vergangenheit aufzugeben. Optimismus reicht wie die Vergebung in das Gestern hinein und verändert tatsächlich Dinge, die wir für unveränderlich gehalten haben. Der schreckliche Schnitzer, den wir uns letzte Woche geleistet haben, wird plötzlich zum Segen, zu einer Tür zu einer neuen Gelegenheit. Genau wie das Bedauern über gestern die Macht hat, das Heute zu zerstören, so hat meine Freude heute die Macht, eine schmerzliche Lebensphase auszutilgen. Ist eine solche Freude Illusion? Nein, sie ist eine Tatsache. Aber wir brauchen eine Portion Optimismus, um das zu erkennen. Wo viel Schmerz gewesen ist, will Gott viel Freude schenken, um die Ernten zu ersetzen, „die die Heuschreckenschwärme vernichtet haben" (Joel 2,25).

Ich hörte einmal, dass jemand als „reinrassiger Optimist" bezeichnet wurde. Das beeindruckte mich sehr, denn eine solche Haltung beschreibt das Ziel meines Experiments – dass man sich nicht unbedingt in jedem Augenblick glücklich fühlt, sondern vielmehr immer eine optimistische Grundhaltung beibehält. Für einen Optimisten ist jedes Problem eine Gelegenheit, noch optimistischer zu werden und dem Kern der Sache näher zu kommen. Wo es vorher so schien, als könne uns nichts und niemand aus der Misere helfen, bringt uns der Optimismus an den Punkt, an dem nichts unserem Glücklichsein etwas anhaben kann.

Mir sind einige Buchtitel unvergesslich. Zum Beispiel hat Robert Brow ein Buch mit dem Titel *Living Totally Without Guilt* („Völlig ohne Schuld leben") geschrieben.[17] Wenn ich unter Stress stehe, murmele ich diesen Titel vor mich hin und entziehe ihm sein Geheimnis wie einer Apfelsine den Saft. Das Erkennen der eigenen Schuld gehört zwar zum Leben eines Christen hinzu, aber wir brauchen nicht daran festzuhalten. Wenn die Menschen des Alten Testaments gesündigt hatten, mussten sie zum Tempel gehen und auf einen Priester warten, der ein Opfer brachte und sie damit von ihrer Schuld befreite. Als Christen brauchen wir nicht mehr zu warten, nicht einmal eine Minute lang, denn: „Hier ist mehr als der Tempel!" (Matthäus 12,6). Kein Theater mehr mit blutigen Opfertieren; in dem Tempel unseres Körpers und Verstandes, wo der Heilige Geist regiert, können wir sofort unser ganzes Durcheinander Jesus übergeben. Freuen darf sich nicht der Mensch, der auszieht, um glücklich und erfolgreich zu werden, sondern der, der seinen Fehlern ins Gesicht schaut und sie dann *ad acta* legt und sagt: „Der Nächste, bitte!"

67 Wein von der Hochzeit zu Kana

„Darum iss dein Brot und trink deinen Wein und sei fröhlich dabei! So hat es Gott für die Menschen vorgesehen und so gefällt es ihm."

Prediger 9,7

Der 67. Tag meines Experiments fiel auf den 1. Januar 2000, der weltweit als der Beginn des neuen Jahrtausends gefeiert wurde. An jenem Neujahrsabend saßen wir mit Freunden um ein Lagerfeuer an einem zugefrorenen See mitten in British Columbia. Um Mitternacht bewunderten wir den fallenden Schnee, der in der weißen Weite wie ein beleuchtetes Feuerwerk auf uns hernieder fiel.

Als es 0 Uhr schlug, begrüßten wir das neue Jahrtausend mit einer Flasche goldgelbem Apfelsaft. Dabei machte ich eine Erfahrung, die ich nur als Wunder bezeichnen kann. Als ich mein Glas an die Lippen hob und trank, hatte ich den Eindruck, noch nie etwas so Köstliches getrunken zu haben. Der Saft war wie prickelnder Nektar, großartig erfrischend, sogar anregend (obwohl er keinen Alkohol enthielt). Es war, als ob die Flasche in jener einmaligen Nacht die Essenz meiner Umgebung enthielt - die dunkle, zugefrorene Wildnis, den fallenden glänzenden Schnee, das Feuerwerk, die beißende Kälte des Winters, die angenehme Wärme der um das Lagerfeuer versammelten Freunde. Ein Mix aus all dem, zusammengefasst in einem Getränk mit einem Hauch von etwas Exotischem und Unbenennbarem. Der Geschmack des Saftes kam dem Geschmack der puren Freude unvorstellbar nahe - war im wahrsten Sinne Champagner für die Seele.

In jener Nacht und auch am Morgen danach, als wir in einer glitzernden weißen Welt erwachten, war ich von Freude erfüllt. Der ganze See war mit einer frischen, noch unberührten Schneedecke bedeckt. Dieses wunderschöne Sinnbild eines ebenfalls unberührten Jahrtausends vermischte sich in meinem eigenen Geist mit dem Gefühl einer sauberen Frische und dem Bewusstsein, dass mir alle Möglichkeiten offen standen. Vielleicht war dies der Gipfel irdischer Freude - das Gefühl von Einheit mit der eigenen Umgebung, die vollständige Harmonie zwischen Innen- und Außenwelt.

Ein ähnliches Gefühl mystischer Einheit mit der sichtbaren Welt überkam mich mehrfach während meines Experiments mit der Freude.

Manchmal erfuhr ich diese Freude bei der Betrachtung geistlicher Wahrheiten oder durch die Überwindung von abstrakten Problemen. Genauso oft erfuhr ich jedoch, dass der Auslöser der Freude etwas sehr Physikalisches war – eine Zeichnung, ein Musikstück, eine Blume, eine Umarmung oder Berührung, ein Glas goldgelber Apfelsaft. Es gab Zeiten, da erlebte ich nach einer Stunde Gebet gar nichts. Erst als ich danach ins Freie trat, spürte ich durch den Wind auf meinem Gesicht die Freude an Gott und am Leben. Ich setzte mich an den Mittagstisch und hatte oft den Eindruck, noch nie etwas so Gutes gegessen zu haben. Ja, es saßen Freunde mit mir am Tisch, und es gab viele gute geistliche Gründe, glücklich zu sein. Und doch wäre es ohne Roast Beef und Soße, Pudding, Erbsen und Schinken, knusprige, goldbraune Kartoffeln und Schokoladenkuchen nur halb so schön gewesen. Auch Esra kannte dieses Gefühl und sagte deshalb zu seinen Leuten: „Geht nun, esst und trinkt! Nehmt das Beste, was ihr habt, [...] denn die Freude am Herrn umgibt euch wie eine schützende Mauer“ (Nehemia 8,10).

Für Christen sind Körper und Geist nicht zwei getrennte, sondern zwei sich ergänzende Dinge. Wenn wir geistlich lebendig und zugleich glücklich sind, setzt das ungeahnte körperliche Kräfte frei. Nichts ist so körperlich wie die Fleischwerdung, der Tod, die Auferstehung und die Himmelfahrt Jesu. Weil unser wunderbarer Schöpfergott diese Welt mit seinen eigenen Händen erschaffen hat und sie später dadurch heiligte, dass er selbst auf dieser Erde lebte, ist die Freude frei und kann sich der irdischen Genüsse, wie sie sich bieten, unbeschwert bedienen – genau wie Jesus es tat, als er auf einem Hochzeitsfest Wasser in Wein verwandelte. Wenn es je ein Getränk gegeben hat, das köstlicher war als das Getränk, das ich an jenem Neujahrsabend genossen habe, war es bestimmt der Wein auf der Hochzeit zu Kana, mit dem Jesus feierlich das Himmelreich eröffnete.

68 Luft-Sandwiches

„Aber alle, die auf den Herrn vertrauen, bekommen immer wieder neue Kraft, es wachsen ihnen Flügel wie dem Adler. Sie gehen und werden nicht müde, sie laufen und brechen nicht zusammen."

Jesaja 40,31

Es kann leicht passieren, dass man die Worte Jesajas als Hinweis auf eine später eintretende Freude versteht. „Auf den Herrn vertrauen" kann so verstanden werden, dass wir jetzt noch nicht glücklich sind, sondern erst glücklich werden, wenn wir nur geduldig warten und hoffen. Die Zeile über „laufen und nicht zusammenbrechen" gibt jedoch Anlass, diese Interpretation anzuzweifeln. Ja, manchmal sind wir so glücklich, dass „uns Flügel wie dem Adler wachsen". Jeder Langläufer weiß, wie herrlich es ist, zu laufen und nicht müde zu werden. Eine ruhige, unspektakuläre Freude begleitet jedoch auch unser alltägliches Leben mit Gott - wenn wir auf sein Reden und Handeln warten. Warten, und darauf läuft es hinaus, ist an sich eine fröhliche Aktivität. Es ist möglich, in allen Lebenssituationen zu erfahren, wie der Geist Gottes uns immer wieder Freude schenkt, in den Höhen und Tiefen unseres Lebens, in besonderen Situationen genauso wie im Alltäglichen.

Ich war mit meinem 90-tägigen Experiment noch nicht sehr weit gekommen, da wurde das Neue meines Abenteuers bereits ziemlich alltäglich. Schon in der zweiten Woche machte sich das normale Leben wieder breit und im dritten Monat war der Alltag alltäglich geworden. Es war Januar, wie üblich ein bedrückender Monat, und mein Leben sah von außen eher langweilig aus - aber ich blieb immer noch glücklich. Als ich nachforschte, warum ich trotz dieser allergewöhnlichsten Tage glücklich war, stellte ich fest, dass Freude sich *gerade* im normalen Leben zu Hause fühlt. Freude sprießt da, wo der Rest der Welt nicht hinschaut. Je geringer, je einfacher, je schlichter die Lebensumstände, desto glücklicher ist die Freude.

Natürlich kann die Freude auch in außergewöhnlichen und sensationellen Lebensumständen sprießen. Die Freude selbst ist jedoch nicht von Außergewöhnlichem und Sensationen abhängig, Erfahrungen, die eher selten sind. Sie gedeiht vielmehr im Normalen, das überall zu finden ist. Wenn ich mit meiner Tochter Achterbahn fahre, haben wir sehr viel Spaß. Aber dafür ist nicht allein die Achterbahn verantwortlich, sondern vor allem die Tatsache, dass meine Tochter und ich eine Erfahrung teilen, und das kann ich auch zu Hause. Manchmal habe ich auch Spaß daran, die Leute im Auto vor mir zu beobachten. Oder ich beobachte, wie die Sonne auf die umliegenden Dächer scheint. Ohne die Freude an ganz alltäglichen Dingen macht eine Fahrt mit der Achterbahn auch keinen Spaß.

Wer glaubt, dass Freude nur aufregend ist und immer wie ein Blitz einschlägt, hält sie für wechselhaft und launisch, denn es gibt nicht so viel im Leben, das glitzert. Wahre Freude ist alles andere als laut und kapriziös. Sie ist naturgemäß gerade das Gegenteil - nämlich ruhig und treu. Die Freude, die Gott uns schenkt, ist verlässlich, sodass sie selbst dann bleibt, wenn alles andere zerbricht. Elia erlebte dies, als er sich in der Höhle am Horeb versteckt hielt und die Stimme Gottes weder im Wind noch im Erdbeben, noch im Feuer vernahm, sondern in einem ganz leisen Hauch (vgl. 1. Könige 19,12) - eine Erinnerung an die Treue der Freude in einer Zeit tiefer Entmutigung.

Freude liebt das Gewöhnliche, das Unbemerkte, das Unspektakuläre im Leben. Es gibt eigentlich nichts, das die Freude mehr als alles anderen bevorzugt. Wenn nichts passiert, kann Freude am glücklichsten sein. Ich erinnere mich noch an einen Typen namens Snitznoodle in den „Raggedy Ann"-Büchern von Johnny Gruelle, die in meiner Kindheit meine Lieblingsbücher waren. Snitznoodle lebte von Luft-Sandwiches. Um sich ein Luft-Sandwich zu machen, legt man die eine Handfläche auf die andere und lässt ein paar Millimeter frei, um zu essen, und dann führt man die Scheibe zum Mund und nimmt einen großen Bissen. Luft-Sandwiches sind ziemlich praktisch, wenn es sonst nichts zu essen gibt.

Und genau davon ernährt sich die Freude.

69 Für Freude gibt es kein Rezept

„Die Tage dieser Welt sind gezählt. Darum gilt für die Zeit, die uns noch bleibt: Auch wer verheiratet ist, muss innerlich so frei sein, als wäre er unverheiratet. Wer traurig ist, lasse sich nicht von seiner Trauer gefangen nehmen, und wer fröhlich ist, nicht von seiner Freude.“

1. Korinther 7,29-30

Die oben zitierten Bibelverse stecken voller Überraschungen. Warum in aller Welt riet Paulus den Menschen, die glücklich sind, so zu leben, als seien sie es nicht?

Wie Paulus halte auch ich es für notwendig, mir in meinem Buch gelegentlich zu widersprechen. An einem Tag entsteht Freude auf die eine, am nächsten Tag auf eine völlig andere Weise. In der einen Nacht liege ich wach und schreie zu Gott und erhalte keine Antwort. Am nächsten Morgen hänge ich müde herum, bin auf einen richtig miesen Tag eingestellt und plötzlich erfüllt mich Gott mit Freude.

Wer blickt da noch durch? Es gibt kein Rezept für die Freude, keine todsichere Methode, mit der man sie produzieren kann. Wenn ich heute versuche, genauso glücklich zu werden, wie ich es gestern war, wird es mir nicht gelingen.

Das Manna der Freude fällt in begrenzter Menge vom Himmel und muss jeden Tag frisch eingesammelt werden. Freude lebt nur im gegenwärtigen Augenblick. Wenn ich sie jetzt nicht ergreife, ist sie fort.

Was hält mich davon ab, in diesem Augenblick die Freude zu ergreifen? Wahrscheinlich Sorgen. Aber auch Freude, an die ich mich erinnere oder die ich erwarte, kann mir den Blick für das nehmen, was ich schon habe. Viel Schönes ist geschehen und wird wieder geschehen. Aber es lässt sich nicht mit dem vergleichen, was Gott in diesem Moment tut. Seine Kraft und Herrlichkeit sind immer wieder neu.

Wie das Sonnenlicht, das auf dem Wasser spielt, verändert die Freude sich von einem Augenblick zum anderen. Wild und frei, ohne jede feste Regel, weigert sich die Freude, in einem Buch eingefangen und systematisiert zu werden. Freude ist nicht etwas, über das man schreiben und das man anschließend lesen kann. Freude will gelebt sein. Sie existiert nicht auf dem Papier, sondern nur im wirklichen Leben. Als Autor kann ich bestenfalls atemlos auf die Freude wie auf ein Fotomodell zeigen und ausrufen: „Wow! Schau dir die an!“ Wie ein Physiker, der versucht, ein paar flüchtige Nuklearteilchen in seinem Labor einzufangen, kann ich nur die Spuren untersuchen, die die Freude im Vorübereilen hinterlassen hat.

Die Freude ist schüchtern. Sie mag es nicht, wenn man sie ausspioniert. Traurigkeit hält Ihren Blick auf sich gerichtet. Glück tut das nie. Depression kann lange verweilen, ohne einen Finger zu rühren. Aber die Freude nicht. Die Freude, die bleibt, ist wie eine dicke Bachforelle, reglos und getarnt. Sie wohnt in den tiefen, schattigen Plätzen des Herzens. Sie wissen, dass sie da ist, doch in dem Moment, in dem Sie es wagen, Ihre Hand ins Wasser zu strecken, um sie zu berühren, ist sie auch schon weg. Sie können froh sein, wenn Sie einen Schatten der Freude erhaschen, geschweige denn sie einfangen und ein ganzes Buch darüber schreiben.

Während meines Experiments bin ich es nur selten leid geworden, nach der Freude zu suchen. Ich wurde es allerdings leid, über die Freude nachzudenken und über sie zu schreiben. Ich sehnte mich danach, die Freude nicht zu studieren, sondern mich einfach an ihr zu erfreuen. Oft war ich versucht, jeden Gedanken an das Schreiben eines Buchs aufzugeben. Ich hielt nur durch, weil ich das Gefühl hatte, dass es der Wille Gottes war. Was mich ermüdet hat, war nicht die Freude an sich. Es war die Verpflichtung, sie ständig zu beobachten, ein Prozess, der im Grunde verhindert, dass man Freude überhaupt empfindet. Freude schrumpft, wenn man sie anstarrt, weil sie nur ein Nebenprodukt ist, wenn man seine Aufmerksamkeit auf etwas anderes richtet. Die Freude findet ihre Mitte nicht in sich selbst. Sie findet sie in anderen, vor allem in Gott. Die Freude spricht lieber darüber, was und besonders wen sie liebt und redet nicht gern über sich selbst. Wenn Sie glauben, dass das Wichtigste nur die Freude selbst ist (nicht ihr Objekt), dann wird sie leblos.

Aus diesem Grund rät Paulus: „Wer fröhlich ist, lasse sich nicht von seiner Freude gefangen nehmen.“ Den gleichen Rat weitet er auf Trauernde aus. Wahre Freude findet sich zwischen diesen beiden Extremen: nicht der Melancholie nachgeben und sich nicht im Glück sonnen.

70 Neue Augen

„Aus dem Auge leuchtet das Innere des Menschen:
Wenn dein Auge klar blickt, ist deine ganze Erscheinung hell […].“

Matthäus 6,22

Die Freude lebt vom richtigen Verstehen. Es kommt tatsächlich immer darauf an, wie man die Dinge betrachtet. Je weiter ich mit meinem Experiment vorankam, desto mehr stellte ich fest, dass sich meine Sicht der Welt und meines eigenen Lebens veränderte. Ich fing an, die Welt mit neuen Augen zu sehen. Alles, was ich betrachtete und worüber ich nachdachte, war plötzlich im Licht der Freude gebadet. Es war, als hätte ich bisher im Schatten des Lebens gelebt, und nun träte plötzlich die Sonne hervor. Wenn die Sonne scheint, scheint sie auf alles. Auch die Schatten sorgen im Grunde nur dafür, dass das Sonnenlicht noch schöner und strahlender aussieht.

Eines Tages, ich war gerade auf dem Weg zum Briefkasten, wurde mein Blick von einer rosafarbenen Rosenknospe gefesselt, die kurz davor stand, sich zu öffnen. Ich blieb stehen, schaute sie mir sehr lange an und sog ihren Duft ein. Obwohl der Tag nicht gerade schön war, schien diese Blume aus sich heraus zu strahlen, was durch die Patina winziger, silberner Regentropfen nur noch verstärkt wurde.

Wenn wir einmal darauf achten, werden wir merken, dass uns die Freude überall regelrecht entgegenspringt! Als ich am Ende des Tages aufschreiben wollte, was mir am meisten Freude bereitet hatte, war es diese Blume. Da ich im Laufe des Tages immer wieder an diese kleine Rosenknospe gedacht hatte und schließlich darüber schrieb, wurde meine Freude immer größer. Selbst in diesem Augenblick, als ich mich daran erinnerte, kehrt die Freude zurück.

„Seht euch die Blumen auf den Feldern an“, sagte Jesus, „wie sie wachsen! Sie arbeiten nicht und machen sich keine Kleider“ (Lukas 12,27). Ist Ihr Leben mit Arbeit angefüllt und kaufen Sie sich laufend neue Kleidung? Dann versuchen Sie doch einmal, einen langen Blick auf eine Blume zu werfen, und betrachten Sie, wie einfach und natürlich das Leben sein kann.

Während ich über die Schönheit meiner Blume nachdachte, wanderten meine Gedanken auch zum Reich Gottes, das selbst heute inmitten der dunklen Welt regiert. Wenn ich ein Auge dafür habe, kann ich erkennen, dass überall Zeichen von Gottes Herrlichkeit blühen. „Wie das Meer voll Wasser ist, so wird die ganze Erde erfüllt werden von Erkenntnis der Herrlichkeit des Herrn" (Habakuk 2,14). Da ich alles mit neuen Augen betrachte, kann ich diese Herrlichkeit schon jetzt sehen. Ich kann bereits „die Heilige Stadt, das neue Jerusalem, von Gott aus dem Himmel" herabkommen sehen (Offenbarung 21,2). Das wäre mir nicht möglich, wenn ich die Welt mit einem skeptischen, abgestumpften Verstand betrachten würde. Weil ich nun aber mit den Augen der Freude sehe, finde ich bereits zwischen mir und dem Briefkasten 100 Gründe, die Tatsache zu feiern, dass ich schon im Reich Gottes lebe.

„Denn wo Gott seine Herrschaft aufrichtet", lehrt Paulus, „geht es nicht um Essen und Trinken, sondern um ein Leben unter der rettenden Treue Gottes und in Frieden und Freude, wie es der Heilige Geist schenkt" (Römer 14,17). Häufig lassen wir uns durch unwichtige Dinge ablenken und vernachlässigen das, was wirklich wichtig ist. Wir vergessen, dass das Reich Gottes auf Frieden und Freude gegründet ist, und handeln stattdessen, als sei es vor allem auf Arbeit aufgebaut; wir tun unsere Pflicht, verdienen genug Geld, bauen Kirchen, organisieren Gebetstreffen oder weisen Christen zurecht. Warum fällt es so schwer, zu glauben, dass Freude im Mittelpunkt und nicht am Rand des geistlichen Lebens steht? Dabei ist Freude doch das, was allem anderen den besonderen „Geschmack" gibt. Mit Freude können wir viel mehr leisten – ohne Freude werden wir arbeiten und dennoch nicht viel erreichen.

Freude ist die reine, süße Frucht des Heiligen Geistes und Einfachheit ist ihr Markenzeichen. Man erkennt eine wirklich gute Sache an ihrer ungeschminkten Reinheit. Freude wird sich nicht lange mit Zweifeln, Ablehnung, Entschuldigungen und Kompromissen aufhalten. Entweder die Zweifel verschwinden oder die Freude ist weg. Freude will alles oder nichts. Es geht der Freude nur um eines: Gott auf der ganzen Welt zu verherrlichen.

71 Die Sprache der Liebe

„[...] dann dürfen sie in mein Heiligtum auf dem Zionsberg kommen und die Festfreude meines Volkes teilen."

Jesaja 56,7

Wo immer die oben genannte Bibelstelle zitiert wird, hören wir normalerweise nur die zweite Hälfte: „Mein Tempel soll eine Stätte sein, an der alle Völker zu mir beten können." Doch dabei entgeht uns, dass das Haus der Anbetung ein Haus der Freude sein soll. Jesus zitierte diesen Vers, als er die Geldwechsler aus dem Tempel trieb (vgl. Markus 11,17). Hinter seiner ärgerlichen Reaktion verbarg sich der Wunsch, Freude zu bringen.

Freude und Gebet gehören untrennbar zusammen. Auch Paulus sah dies so und schrieb deshalb an die Gemeinde in Thessalonich: „Freut euch immerzu! Betet unablässig! Dankt Gott in jeder Lebenslage! Das will Gott von euch als Menschen, die mit Jesus Christus verbunden sind" (1. Thessalonicher 5,16–18).Viele Christen haben sich gefragt, wie es wohl möglich ist, „unablässig zu beten". Dabei haben die meisten übersehen, dass es zuerst heißt: „Freut euch immerzu!" Der Aufruf zum Gebet ist uns vertrauter als der Aufruf zur Freude. Wir kennen den Ausspruch: „Gott liebt fröhliche Geber" (2. Korinther 9,7). Aber haben wir schon erkannt, dass er auch fröhliche Beter liebt?

Viele beten nicht gern, weil Beten ihnen keine Freude macht. Das liegt entweder daran, dass sie ihr Gebet so stark ritualisiert haben, dass kein Leben mehr darin steckt und es ihnen nichts mehr bedeutet, oder sie quetschen es im Verlauf ihres Tages in kleine Pausen, sodass man es eher mit einem Steh-Frühstück vergleichen kann als mit einem romantischen Abendessen bei Kerzenlicht. Gebet ist die Sprache der Liebe, das heißt einer innigen Beziehung. Versuchen Sie also nicht länger, dem Boss zu imponieren! Wenn Sie mit einem geliebten Menschen zusammen sind, dann tun Sie doch auch das, was Ihnen beiden Freude macht. Wenn Ihnen gute Musik beim Beten hilft, hören Sie gute Musik! Wenn Sie sich gern im Freien aufhalten, gehen Sie hinaus! Wenn Sie ein heißes Bad lieben, baden Sie! Tun Sie alles, was Sie für ein liebevolles Gespräch mit Gott entspannt.

Es gibt viele Möglichkeiten zu beten, und die meisten von uns versuchen alles Mögliche außer dem einen, was ihnen wirklich Freude macht. Ein pflichtbewusstes, freudloses Gebet bewirkt nur wenig. Es wäre besser, auf ein solches Gebet ganz zu verzichten und sich nach Freude auszustrecken. Suchen Sie, was Ihnen Freude macht, dann wird das Gebet *Sie* schon finden!

Bitten Sie Gott um Freude. Jakobus schrieb: „Ihr verzehrt euch nach etwas, was ihr gerne hättet. [...] aber ihr bekommt trotzdem nicht, was ihr wollt, weil ihr Gott nicht darum bittet" (Jakobus 4,2). Im Vaterunser bitten wir um unser tägliches Brot. Genauso sollten wir regelmäßig um Freude bitten, wie David es tat: „Auf dich richte ich mein Herz und meinen Sinn; erfülle mich doch wieder mit Freude!" (Psalm 86,4). Das Bittgebet ist ein kraftvolles Gebet. Es setzt seinen ganzen Glauben in Gott, da er die Quelle alles Guten ist. Natürlich kann etwas, das ich getan oder unterlassen habe, meine Freude blockieren. Dann ist es an mir, die Sache in Ordnung zu bringen. Häufiger kommt die Freude, um die ich Gott gebeten habe, irgendwann einfach so, manchmal sogar sofort. Das habe ich während meines Experiments immer wieder erfahren.

Das Leben in der Freude kann man mit einem kleinen Jungen vergleichen, der ein PS-starkes Speedboot fährt. Eine Weile lang lässt der Vater sein Kind ganz allein steuern, und das ist aufregend. Aber über kurz oder lang entstehen Probleme: Gefährliche Sandbänke drohen, Grünzeug verfängt sich in der Schraube des Bootes, oder das Kind wird müde und es bekommt Angst: „Hilfe!" Und Hilfe ist immer greifbar nah. Es braucht nur zu sagen: „Papa, bitte übernimm du wieder das Steuer!"

Worte sind beim Beten nicht wichtig. Nicht Worte machen ein Gebet aus, sondern dass Sie Ihr Herz Gott zuwenden. Man kann viele Worte machen oder lange meditieren und nichts geschieht. Aber wenn Sie Ihr Herz auf Gott ausrichten und nur von ihm allein etwas erwarten, wird er zweifellos antworten. Es gibt Zeiten, da bin ich so schwach oder schleppe so viele Sorgen mit mir herum, dass ich nur noch eines tun kann: meinen Blick auf ihn richten. Das ist alles. Wenn ich meinen Blick nicht auf Gott richte, dann werde ich nicht beten und keine Freude empfinden können.

72 Überschwänglicher Lobpreis

„Gott ist zu seinem Thron hinaufgestiegen, unter Jubelrufen und Hörnerschall nimmt er ihn ein."

Psalm 47,6

Wenn wir Psalm 47, einen fantastischen Krönungshymnus, verstehen wollen, müssen wir an Davids Tanz vor der Bundeslade zurückdenken. „Unterwegs tanzte [David] mit ganzer Hingabe vor dem Herrn und seiner Lade her. Er hatte nur einen leinenen Priesterschurz um. So überführten David und die Männer aus ganz Israel die Lade des Herrn unter Jubelgeschrei und dem Schall der Widderhörner nach Jerusalem" (2. Samuel 6,14–15). Was war das für ein Fest, als die irdische Behausung Gottes zum ersten Mal in die Stadt Jerusalem, ihren eigentlichen Wohnort, getragen wurde! Der Psalm gedenkt daran, dass Gott sich an einem angemessenen Ort hier auf Erden niedergelassen hat, und blickt in die Zeit voraus, wenn Gott nicht nur über eine Stadt oder ein Volk regieren wird, sondern über die ganze Welt. „Denn Gott ist der König der ganzen Erde" (Psalm 47,8).

In der Zwischenzeit findet eine andere Art der Inthronisation statt, und zwar für jeden Menschen, der Gott als König in seinem eigenen Herzen regieren lässt. Wenn wir ihm den ersten Platz in unserem Herzen einräumen, jubeln wir vor Freude, denn Freude und Jubel sind das spontane Ergebnis, wenn wir Gott als König ehren. Im Vergleich zu einem angemessenen Jubel der Verehrung ist Freude ein Zeichen der Wahrhaftigkeit. Freude entsteht, wenn jemand Gott den Platz einräumt, der ihm zusteht.

Wahres Lob ist nicht von Worten, Musik und Ritualen abhängig. Es ist eine innere Zuwendung des Herzens zu Gott, dem Herrn. Der Lobpreis braucht keinen besonderen Zeitpunkt oder einen besonderen Ort. Überall und zu jeder Zeit kann und sollte Gott gelobt werden. „Wie glücklich sind alle, die in deinem Haus Wohnrecht haben und dich dort immerzu preisen können!" (Psalm 84,5). Der Lobpreis und die Anbetung Gottes sind eine Denkweise und eine Haltung, die wir in allen Lebenslagen einnehmen sollen. Wenn wir lobend leben, ist die Freude unser ständiger Begleiter.

Lobpreis ist nicht so kompliziert, wie es klingt. Er ist vielmehr eine natürliche Folge, wenn man Gott als den erkennt, der er ist. Wenn ich Gott nicht bereitwillig und fröhlich lobe, dann entgehen mir seine Segnungen, und ich weiß nicht, wer er wirklich ist. Wenn mir seine Majestät und seine unendliche Liebe tatsächlich bewusst werden, *will* ich ihn loben - ich kann gar nicht anders. Lobpreis und Anbetung kennzeichnen die Haltung eines Menschen, der Jesus nicht nur nachfolgt, sondern ihm regelrecht nachjagt. Wenn Sie wüssten, dass er gerade an Ihrem Haus vorübergeht, würden Sie dann nicht hinausrennen, um ihn zu treffen? Menschen, die zutiefst glücklich sind, gehen nicht nur zu Gott. Sie sind so begeistert, dass sie zu ihm hin*rennen*!

Wenn es mir nicht gut geht und ich schlecht gelaunt bin, werfe ich mich zu Jesu Füßen, bis er mich nach und nach (oder manchmal auch ganz plötzlich) mit seiner Freude und Begeisterung erfüllt. Das macht mir immer wieder die direkte Verbindung zwischen Lob und Freude deutlich, die allerdings nicht ungehindert fließt. Wie oft habe ich mich schon in einer schlaflosen Nacht flehentlich an den allmächtigen Gott gewandt und nicht sofort Hilfe gefunden. Am Morgen danach wachte ich allerdings fröhlich auf.

Wenn uns die Freude fehlt, dann kann das unter Umständen daran liegen, dass wir ein gewisses Maß an Zweifeln hegen, die uns daran hindern, unseren König von ganzem Herzen zu loben. Die Freude kehrt erst ein, wenn wir ihm mit allem, was wir sind und haben, vertrauen. Glücklichsein ist nichts für halbherzige Menschen. Wenn wir nicht bereit sind, unser ganzes Sein dem Gott der Freude zu schenken, wird die Freude sich uns entziehen. Geben wir uns Gott aber vorbehaltlos hin, gehen die Schleusen der Freude auf, weil echter Lobpreis immer auch eine Reaktion nach sich zieht. Freude ist Gottes Erwiderung auf unsere von Herzen kommende Anbetung.

73 Lasst uns feiern!

„Ich sage euch: Genauso ist bei Gott im Himmel mehr Freude über einen Sünder, der ein neues Leben anfängt, als über neunundneunzig andere, die das nicht nötig haben."

Lukas 15,7

Auf den ersten Blick scheint in diesem Vers etwas nicht zu stimmen. Ja, es ist schon ein Grund zur Freude, wenn Menschen zum Glauben an Christus finden. Aber freut sich Gott denn nicht auch über Menschen, die schon lange eine Beziehung zu ihm haben?

Ja, aber Gott freut sich tatsächlich *ganz besonders* über Menschen, die sich ihm neu zuwenden. Auch wir sollten uns von Herzen darüber freuen. Solange wir erwarten, dass es bei der Freude, die wir empfinden, vor allem um uns geht, werden wir weniger glücklich sein. Bei der Freude im Herrn geht es vor allem um Gott – um sein Wort, sein Wesen, das, was ihm am Herzen liegt. Wer die wahre Freude kennt, sollte sich mit Gott über alles freuen, was ihn glücklich macht. Die Bibel macht deutlich, dass Gott sich über Menschen, die ihn neu kennen lernen, mehr freut als über solche, die ihn schon lange kennen. Lassen Sie uns das einfach akzeptieren.

Nach einem arbeitsreichen Tag hatte ich mich gerade erschöpft in meinem Studierzimmer niedergelassen und wollte mich mit einigen christlichen Schriften beschäftigen, als es an der Haustür klingelte. Ich stöhnte. Von meinem Arbeitszimmer im ersten Stock aus hörte ich, wie meine Frau Gäste begrüßte, die unerwartet zu Besuch kamen. Rasch begriff ich, dass eine Frau, die wir seit zehn Jahren kannten und die ständig Beziehungsprobleme hatte, mit einem neuen Freund in unserem Hausflur stand. Wütend vertiefte ich mich in mein Buch, weil ich nicht die geringste Lust verspürte, meiner Frau, die nach mir rief, auch nur die geringste Antwort zu geben. *Sie hat das Paar reingelassen*, dachte ich verärgert, *also soll sie auch sehen, wie sie mit den beiden fertig wird.* Schließlich tauchte meine Tochter, ein lebhaftes Geschöpf, auf, sprang in mein Arbeitszimmer, zog mich aus meinem Sessel und führte mich an der Hand die Treppe hinunter.

Als ich ins Wohnzimmer trat, streckte ich dem Fremden die Hand entgegen und überfiel ihn regelrecht mit den Worten: „Nun sagen Sie mir einmal, was Sie von Jesus Christus halten!“ Normalerweise sieht es mir gar nicht ähnlich, jemanden so aggressiv mit dem Evangelium zu überfallen. Aber weil ich so unverschämt beim Lesen gestört worden war, hatte ich das Gefühl, mich wie ein bissiger Hund verteidigen zu müssen. Warum sollte ich Höflichkeitsfloskeln austauschen, wenn man mich ohne jede Absprache mit einem Besuch überfiel?

Drei Stunden lang führten dieser Bursche und ich eine höchst hitzige Debatte über den Glauben. Gegen Ende des Abends stand er endlich mit dem Rücken zur Wand, aber er wollte sich immer noch nicht ergeben. An diesem Abend kam er zwar noch nicht zum Glauben, doch kurz darauf hatte er eine intensive Begegnung mit Jesus und schließlich vertraute er ihm sein Leben an.

Und ich freute mich riesig darüber! Ich hatte beinahe schon den Eindruck, dass ich mich auf dem Fest befand, das in diesem Augenblick im Himmel gefeiert wurde. Wenn man schon selbst Teil von Gottes Familie ist, gibt es nur eines, das noch schöner ist: zu erleben, wie wieder jemand Neues hinzukommt. In jeder Sekunde wendet sich irgendwo auf der Welt ein Mensch Christus zu. Ist das allein nicht schon ein Grund, sich immer wieder zu freuen? Stellen Sie sich einmal vor, da strömen neugeborene Christen in wahren Scharen in die Herrlichkeit Gottes und wir „alten Hasen“ sitzen dort nur mürrisch und missmutig herum!

Im 15. Kapitel seines Evangeliums berichtet uns Lukas, dass Jesus drei Gleichnisse über reuige Sünder erzählte, und am Ende jedes Gleichnisses werden wir eingeladen, uns zu freuen. Der Hirte ruft: „Freut euch mit mir, ich habe mein verlorenes Schaf wiedergefunden!“ (Lukas 15,6). Die Frau ruft aus: „Freut euch mit mir, ich habe mein verlorenes Silberstück wiedergefunden!“ (Lukas 15,9). Der Vater des verlorenen Sohnes jubelt: „Wir wollen ein Fest feiern und uns freuen!“ (Lukas 15,23). Im Himmelreich wird ständig gefeiert. Und warum? Nicht, weil es keine Kriege mehr gibt, alles Leid ein Ende hat oder sich die ganze Welt Jesus zuwendet. Nein, dort wird gefeiert, weil ein verlorenes Schaf nach Hause gefunden hat. Das ist die Freude, die alle guten Gründe übersieht, pessimistisch zu sein, und bei einer schönen Blume, einem Vogelzwitschern, dem Lächeln eines Kindes oder bei der umwerfendsten Erschütterung eines menschlichen Herzens, das sich Gott öffnet, stehen bleibt. Wie wäre es, wenn wir unsere dunklen Studierzimmer verlassen und mit den Engeln feiern würden?

74 Freudengeschrei

„Kommt und jauchzt vor dem Herrn, wir begrüßen ihn mit Freudengeschrei; denn er ist unser starker Helfer!“

Psalm 95,1

Ich bin nicht gerade ein Fan von Maschinen. Ich mag ihren Lärm nicht und das, was sie mit der Umwelt anstellen. Gerade in diesem Augenblick stört eine der lautesten Maschinen, ein Laubsauger, die Ruhe meiner Nachbarschaft. Ich war sehr glücklich, als eine Organisation versuchte, Laubsauger vom Markt zu entfernen. Schon manches Mal habe ich mir gewünscht, ich wäre vor dem Zeitalter der Maschinen geboren worden, vor allem vor der Erfindung grölender Stereoanlagen.

Aber da ich nun einmal ein Kind unseres modernen Zeitalters bin, profitiere auch ich von ihnen. Maschinen haben mir beim Hausbau geholfen, sie helfen mir bei der Zubereitung von Mahlzeiten, und Maschinen transportieren mich über weite Entfernungen zu Menschen, die ich liebe. Ich gebe ja zu, dass Maschinen mir viel Gutes tun, doch leider kann ich mich nur sehr bedingt für sie erwärmen.

Während meines Experiments wurde über Nacht eine riesige Baustelle in einer ruhigen Straße eröffnet, in der ich gern spazieren gehe. Als eines Tages ein Mammutkran meinen Weg blockierte, war meine erste Reaktion die des Pharisäers: Ich wollte empört die Straßenseite wechseln! Stattdessen folgte ich einer winzigen Eingebung und ging geradeaus weiter. Wie ein Mann, der absichtlich unter einer Leiter hindurchgeht, ging ich unter diesem Kranungeheuer vorüber, lächelte zu dem Kranführer hinauf und nahm das Dröhnen des Maschinenmonstrums bewusst in mich auf. Anschließend setzte ich singend meinen Weg fort.

Das war zwar nur eine kleine Begebenheit, trotzdem war meine Haltung für mich von großer Bedeutung. Ein paar Monate zuvor hatte ich nämlich mit einem Freund in einer Espresso-Bar gesessen, als er mir aus irgendeinem Grund ein Geheimnis anvertraute, das er bisher nur mit seiner Frau geteilt hatte. Er blickte kurz über die Schulter, beugte sich zu mir hinüber und gestand leise: „Ich singe so gern mit Maschinen.“

„Was tust du?!“

„Ich singe mit Maschinen. Ich weiß, das hört sich komisch an, aber genau das tue ich.“

Mein Freund erklärte mir daraufhin, dass jede Maschine, auch wenn sie noch so laut ist, ihren eigenen musikalischen Sound hat. Eine Maschine kann Musik machen, indem sie ihren Grundton beibehält und dann Umgebungsgeräusche hineinwebt.

Fasziniert bat ich um eine Demonstration. In diesem Augenblick rasselte im Hintergrund die Espresso-Maschine los. Mein Freund summte einen Begleitton, wechselte zu einem zweiten, fügte dann einige liedhafte Silben hinzu und kurz darauf sang er im Duo mit der Espresso-Maschine. Dieses exotische Duett war so außergewöhnlich schön, dass es mich tief in meinem Inneren berührte. In dem Augenblick, als es begann, erfüllte mich die Freude des Heiligen Geistes – eine Freude, die noch lange nachklang und die sich sogar jetzt wieder einstellt, wenn ich mich an das heitere Geräusch erinnere. Begeistert ermutigte ich meinen Freund, seine eigene CD zu kreieren, auf der er im Duo mit Lastwagen, Rasierapparaten, Mixern und vielleicht sogar mit Laubsaugern sang. An jenem Tag ging ich mit einer neuen Hochachtung, ja sogar einer tief empfundenen Zärtlichkeit gegenüber Maschinen nach Hause.

Meine üblichen Vorbehalte gegenüber Maschinen beruhten auf einem Vorurteil, einer Haltung, die man gegenüber alles und jeden einnehmen kann – gegenüber Menschen, der Arbeit, dem Wetter, der Politik. Ein freudiger Mensch dagegen schafft es nicht, bei seinen Vorurteilen stehen zu bleiben. Freude macht nur dann glücklich, wenn die ganze Welt vorurteilsfrei vor einem liegt, unzertrampelt und unzensiert. Die reale Welt ist sehr viel größer und herrlicher als die kleine Ecke, aus der wir normalerweise unsere Urteile fällen. Zeitweise tut sich diese große weite Welt unerwartet vor uns auf. Den Weg der Freude zu gehen bedeutet, dass man Vorurteile beseitigt, absichtlich auf das zugeht, was man nicht mag, und die Grundmelodie darin entdeckt.

75 Ein einfaches Vergnügen

„Voller Freude werdet ihr Wasser schöpfen an Gottes reichen Quellen, aus denen euch seine Hilfe strömt."

Jesaja 12,3

Ich bin schon seit langer Zeit ein Fan des Jazz-Pianisten Keith Jarrett. Während meines Experiments bestellte ich mir ein Exemplar seiner letzten CD, die den Titel *The Melody at Night, with You* („Die Melodie der Nacht, bei dir") trägt. Sie traf bei uns ein, als ich gerade in ziemlich gedrückter Stimmung war. Ich legte die CD gleich auf, und während ich mir das erste Stück anhörte, wurde mir ungewöhnlich leicht ums Herz, und ich war voller Freude. *Das ist etwas außergewöhnlich Schönes*, so dachte ich mir, *weil es völlig ungekünstelt und einfach klingt.* Es war der reine Klang einer aufrichtigen Seele.

Die Geschichte von Keith Jarrett erklärt einiges. Als erfolgreicher Performer erkrankte Keith 1996 an chronischer Müdigkeit und muss seine öffentlichen Konzerte absagen. *The Melody at Night* war die erste CD, die er seit seiner Erkrankung veröffentlichte. Hier ist sein persönlicher Bericht über die Entstehungsgeschichte dieser CD:

„Ich habe sie im Dezember 1997 als Weihnachtsgeschenk für meine Frau produziert. Ich hatte gerade mein Hamburg-Steinway-Piano stimmen lassen und wollte das Klavier ausprobieren. Mein Studio liegt direkt neben unserem Haus. Ich beschloss, einfach das Band mitlaufen zu lassen und einige Minuten Klavier zu spielen, falls ich aufwachen sollte und einen halbwegs guten Tag hatte. Zu mehr war ich einfach zu müde. Da klickte etwas im Mikrophon – das hatte etwas mit der Neueinstellung des Instruments zu tun –, ich konnte so soft spielen und mich völlig der Dynamik der Melodien, die in den Liedern stecken, überlassen! Es war eines der kleinen Wunder, auf die man vorbereitet sein muss. Teil des Wunders war, dass ich einfach nicht genügend Energie hatte, um mir viele Gedanken zu machen. [...] *Und so war das Album schließlich ein Beispiel dafür, wie man Melodien spielt, ohne sich vorab viele Gedanken darüber zu machen."*[18]

Sein letzter Satz – „wie man Melodien spielt, ohne sich vorab viele Gedanken darüber zu machen" – ist für mich die angemessene Beschreibung davon, wie Freude entsteht. In diesem Buch habe ich mich immer wieder gegen das Bedürfnis gewehrt, kluge Worte zu finden, um diesen Sachverhalt zu beschreiben. Sie passen einfach nicht zur Freude. Freude ist ein einfaches Vergnügen, das sich nicht vom Verstand umwerben lässt. Wie bei jeder zu Herzen gehenden Musik lässt sich auch die Freude nicht verstandesmäßig erfassen; sie lässt sich nur erleben.

Mein Experiment veranlasste mich, die tiefen Quellen der Freude in meinen Leben freizulegen. Solche Quellen lassen sich nicht immer bereitwillig erschließen; man muss nach ihnen wie nach einem seltenen Tier im Dschungel suchen. Das bedeutet aber auch, dass jeder von uns persönlich nach dem für ihn spezifischen Weg suchen und seinen Freuden Raum geben muss, weil uns das Glück sonst wieder verlässt.

Während ich mit Keith Jarretts Musik allein in meinem dunklen Wohnzimmer saß, erlebte ich ein schlichtes Vergnügen, das ich seit Jahren nicht mehr erlebt hatte – das Vergnügen, Musik zu hören, besonders Klaviermusik, und nichts anders zu tun, sie also nicht als Hintergrundmusik zu benutzen, sondern diesen Klängen meine ganze Aufmerksamkeit zu schenken. Dabei stellte ich fest, wie sehr ich dieses Vergnügen vermisst hatte, und beschloss, es neu zu kultivieren. Für mich ist es eine erstaunlich zuverlässige Quelle der Freude geworden.

Um die Freude in seinem Leben zu entdecken, muss man sie vielleicht wie eine lockere Bekannte behandeln, mit der man sich näher anfreunden möchte. Sie ist wirklich wie eine Person, die einen eigenwilligen Charakter und einen bestimmten Geschmack hat. Könnte es sein, dass Sie, falls Sie die Freude nicht gut kennen, ihre Gesellschaft nicht allzu oft genossen und Ihre Tage mit schlechteren Kumpanen verbracht haben? Was können wir tun, um uns mit der Freude anzufreunden? Sie will, genau wie alle anderen, bemerkt werden, wertgeschätzt, liebkost und herzlich aufgenommen sein. Lauschen Sie den Worten der alten Quäker-Hymne *Simple Gifts* („Einfache Geschenke"):

„'Tis the gift to be simple, 'tis the gift to be free,
'Tis the gift to come down where we ought to be;
And when we find ourselves in the place just right,
'Twill be in the valley of love and delight."

(„Einfachheit ist ein Geschenk. Freisein ist ein Geschenk.
Da zu sein, wo wir sein sollen, ist ein Geschenk,
und wenn wir uns am richtigen Platz wissen,
ist dieser im Tal der Liebe und der Freude.")

76 Näher als man meint

„Alles, was auf der Erde geschieht, hat seine von Gott bestimmte Zeit: […] wehklagen und tanzen."

Prediger 3,1.4

Wir wollen uns nichts vormachen: Auch wenn wir in der Bibel immer wieder dazu aufgefordert werden, uns zu freuen, hat der Prediger Recht: Wir sind nicht immer glücklich und werden nicht immer glücklich sein. Jeder Menschen erlebt Situationen, bei denen er weint und wehklagt. Freude ist trotz allem nur *ein* Aspekt der Frucht des Heiligen Geistes, und manchmal ist es wichtig, anderen Aspekten wie Geduld und Selbstbeherrschung Vorrang einzuräumen. In solchen Zeiten ist die Freude verschwunden. Aber stimmt das wirklich? Nein. Denn wo der Heilige Geist gegenwärtig ist, da ist auch die Freude zugegen. Wir können die Gemeinschaft mit Gott mit dem Wetter vergleichen: Es gibt sonnige Tage, graue Tage und Stürme. Aber der Himmel verschwindet nie. Während sich Sonne, Sturm und Regen unseres Lebens auf unsere Gemeinschaft mit dem Heiligen Geist auswirken, hängt die Freude davon ab, ob wir selbst in der Dunkelheit das Beste aus dem vorhandenen Licht machen. Wenn Sie sich gerade im Winter befinden, warum zünden Sie sich nicht wenigstens ein Feuer im Kamin an? Wenn Sie einen von den Tagen erwischen, an denen man am liebsten im Bett bleiben würde – einen Tag, dem Sie auf einer Skala von 0 bis 10 höchstens eine 2 geben würden –, warum machen Sie dann nicht das Beste aus der 2? Ich kann aus meiner Erfahrung sagen, dass das obere Ende der 2 sich viel besser anfühlt als ihr unteres Ende. Sobald ich versucht habe, das Beste aus der 2 zu machen, war ich oft überrascht zu erleben, dass die 10 in greifbare Nähe rückte. Die Freude ist immer näher, als man denkt.

Manchmal ist es notwendig, Traurigkeit, ja sogar Depressionen zu durchleben, um danach glücklichere Gefühle zu entwickeln. Herzeleid kann ein guter Lehrer sein. Wir können Gott auch dann ehren, wenn wir uns nicht danach fühlen und in schlechter Stimmung sind. Es gibt allerdings einen Unterschied zwischen echtem Herzeleid und Selbstmitleid, zwischen gesunder Trauer und Verweigerung.

Jesus weinte um Lazarus. Wenig später weckte er ihn von den Toten auf. Glückliche Menschen sind zwar nicht immer glücklich, aber sie sind nie lange traurig. Sie sind immer in Bewegung. Sie bewegen sich auf die Freude zu.

Solange es Menschen gibt, die von Natur aus glücklich sind, ohne viel daran arbeiten zu müssen, müssen wir zugeben, dass Glücklichsein nicht unbedingt ein Zeichen von starkem Glauben oder Reife sein muss. Es ist ein Geschenk der Gnade. Kann es sein, dass Gott dieses Geschenk manchmal zurückhält? Nein. Gott wünscht sich nichts mehr, als dass wir glücklich sind, und er tut alles dafür, dass wir Grund zur Freude haben. Das Leben eines Christen ist nie hoffnungslos elend. Gott macht die Welt nicht unglücklich. Das schaffen wir ganz allein. Damit möchte ich nicht sagen, dass ein unglücklicher Mensch sich schuldig fühlen soll, denn Schuldgefühle verlängern und verschlimmern das Unglücklichsein. Es bedeutet vielmehr, dass jeder Tag, jeder Augenblick Möglichkeiten bietet, sich über irgendetwas zu freuen. Es gibt keine Situation, in der wir uns nicht dem Licht zuwenden können. So wie es auch in 1. Korinther 10, Vers 13 heißt: „Wenn [Gott] euch auf die Probe stellt, sorgt er auch dafür, dass ihr sie bestehen könnt.“ Gott zeigt uns immer einen Ausweg aus dem Leid.

Zugegeben: Glücklichsein hängt von vielen Faktoren ab, die wir nicht kontrollieren können. Wir sind nicht nur Individuen, sondern auch Teil einer Familie, einer Kirche, eines himmlischen Königreichs, einer Stadt, einer Kultur, einer Welt. Sehen wir uns allein die letzten Bereiche an. Wer weiß, welche Dinge sich täglich, ja stündlich, ereignen und unseren persönlichen stillen Freudenpool durch sanfte Wogen oder haushohe Wellen aufwühlen?

Das soll nicht bedeuten, dass wir hilflos sind oder keinen Einfluss auf den Verlauf haben, den die Freude nimmt. Niemand hat größeren Einfluss auf unsere Freude als wir selbst. Da nicht alle Faktoren, die die Freude beeinflussen, innerhalb unserer Reichweite liegen, sollten wir so handeln, als wären sie es. Erst wenn wir beginnen, in jeder Situation nach der Freude zu greifen, bekommen wir eine Vorstellung davon, wie glücklich wir sein könnten. Wir können viel glücklicher sein, als wir glauben. Wir selbst sind für unsere Emotionen mitverantwortlich. Wer das versteht, macht einen kräftigen Schritt auf die Freude zu.

Auf Grund der Launen unseres Lebens kann nicht jeden Tag für uns die Sonne scheinen. Und doch können wir ein glückliches Leben führen. Wir bringen uns in die beste Ausgangsposition, um ein glückliches Leben zu führen, indem wir handeln, als sei das Glück immer in greifbarer Nähe. Nur das Unmögliche ist unsere Anstrengung wert.

77 Eine feste Grundlage

„Wir wollen den Blick auf Jesus richten, der uns auf dem Weg vertrauenden Glaubens vorangegangen ist und uns auch ans Ziel bringt. Er hat das Kreuz auf sich genommen und die Schande des Todes für nichts gehalten, weil eine so große Freude auf ihn wartete."

Hebräer 12,2

In dem Augenblick, in dem wir uns vorstellen, wie es wohl wäre, immer glücklich zu sein, stellen sich uns tausend Hindernisse in den Weg.

„Aber ich bin von Natur aus kein glücklicher Mensch. Ich bin es nie gewesen."

„Ich bin ein Künstlertyp. Um kreativ zu sein, brauche ich meine Höhen und meine Tiefen."

„Ist es nicht normal, dass man verschiedene Lebensphasen durchmachen muss?"

Viele Menschen wollen sich nicht danach ausstrecken, glücklich zu sein, weil sie dieses Ziel zu primitiv, ja vielleicht zu selbstsüchtig finden. „Immer nur glücklich sein? Nein, danke. Das Leben ist viel komplexer und reichhaltiger!", meinen sie überlegen. Sie wollen ihren Kopf nicht in den Sand stecken. Vieles, das zum Leben hinzugehört, hat mit Freude nichts zu tun. Schauen Sie sich nur Jesus an: Als er ans Kreuz ging, ging es ihm doch nicht um sein persönliches Glück, oder? Er hatte Größeres im Sinn. In der amerikanischen Unabhängigkeitserklärung ist das Recht auf Glück vorgesehen, aber in der Bibel?

Der Verfasser des Hebräerbriefs bestätigt klar und deutlich, warum Jesus ans Kreuz gegangen ist: „...weil eine so große Freude auf ihn wartete" (Hebräer 12,2). Er opferte sein eigenes Glück nicht für ein höheres Ziel. Er sah durch die Dunkelheit auf das dahinter liegende Licht. Der Lohn in Form der Freude trieb ihn voran, weil er wusste: „Wenn ich dieses Ziel verfolge, werden andere dadurch glücklich werden."

Ein unglücklicher Mensch kann niemanden glücklich machen. Der einzige Weg, um für andere zum Segen zu werden, besteht darin, selbst glücklich zu sein. Menschen, die sich nach Freude ausstrecken, brauchen sich keine Sorgen darum zu machen, dass sie dadurch etwas verpassen. Ich verspreche Ihnen, die Härten des Lebens und der Kummer werden Sie aufspüren, ob Sie es wollen oder nicht. Was allerdings die Freude angeht: Wenn Sie nicht von ganzem Herzen nach ihr suchen und beschließen, alles zu tun, was notwendig ist, um sie zu ergreifen, werden Sie sie verpassen. Niemand entkommt dem Leid, aber viele verpassen die Freude.

Wenn wir der Auffassung sind, dass Glücklichsein eine oberflächliche Angelegenheit sei, tragen wir unter Umständen dasselbe Missverständnis über den Himmel mit uns herum. „Gott hat unser Leben durch die vielen Gebote so stark eingegrenzt und im Himmel wird es schrecklich langweilig sein. Die Freude, von der die Bibel spricht, ist einschläfernd, nichts, was wirklich Spaß macht. Der Himmel ist bestimmt etwas, das man nicht auf Dauer ertragen kann." Schauen wir einmal genau hin: Der Grund, aus dem wir dem Glück nicht trauen, ist derselbe, aus dem wir Gott nicht trauen. Wir wollen uns selbst durchboxen. Wir wollen tolerant sein und uns alle möglichen Wege offen halten. Im Gegensatz dazu heißt es in der Bibel: „Aber das Tor, das zum Leben führt, ist eng und der Weg dorthin schmal. Nur wenige finden ihn" (Matthäus 7,14).

Glücklichsein heißt nicht, dass man von der ganzen Skala der normalen menschlichen Gefühle abgeschnitten ist. Glückliche Menschen halten nicht mit ihrer Meinung zurück oder unterdrücken ihre Gefühle. In Wirklichkeit erleben sie ihre Gefühle viel tiefer als andere Menschen. Launenhaftigkeit tötet gesunde Emotionen. Dagegen ist Freude emotional lebendig. Jeder, der seiner Traurigkeit, seinem Zorn oder dem Leid keinen Raum gibt, kann nicht glücklich sein. Die Freude, die Gott uns schenkt, schließt alles ein. Sie leitet ihre Stärke von der Tatsache ab, dass sie sorgsam jeden Aspekt der Wirklichkeit berücksichtigt und trotzdem glücklich bleibt.

Versuchen Sie, Ihr Leben auf etwas anderes als Freude aufzubauen, und Sie werden unbeständig werden. Nur Freude schafft ein solides Fundament, das das ganze Seelenleben tragen kann. Der Name Gottes „Ich-bin-da" (Exodus 3,14) beschreibt seine Beständigkeit. Er ist derselbe gestern, heute und morgen. Wir dagegen zeichnen uns durch Unbeständigkeit aus, sodass es uns kaum gelingt, immer fröhlich zu sein. Wir gehen den Herausforderungen eines solchen Lebens aus dem Weg und sagen, es sei zu eng, während wir in Wirklichkeit die Entwicklung eines Charakters umgehen, der so verlässlich ist wie das Wesen Gottes.

78 An der Freude festhalten

„Der Samen ist die Botschaft Gottes. [...] Bei anderen ist es wie bei dem Samen, der auf felsigen Boden fällt. Sie hören die Botschaft und nehmen sie mit Freuden an. Aber sie sind Menschen ohne Wurzel: Eine Zeit lang halten sie sich an die Botschaft; aber wenn sie auf die Probe gestellt werden, fallen sie ab.“

Lukas 8,11.13

In Jesu Gleichnis vom Sämann wird der Same von Gottes Wort selbst von denen mit Freuden aufgenommen, die Herzen aus Stein haben. Leider sind sie nicht in der Lage, an der Botschaft festzuhalten. Diese Geschichte beschreibt sowohl verschiedene Menschentypen als auch verschiedene Herzenshaltungen. Das gleiche Herz kann an einem Tag steinig oder dornig sein und an einem anderen Tag aufnahmefähig und fruchtbar.

Wie sieht Ihre Herzenshaltung heute aus? Haben Sie das Wort Gottes mit Freuden aufgenommen? Oder haben Sie sich die Freude, die er Ihnen schenkt, durch die Finger rinnen lassen? Vielleicht haben Sie die Freude abgelehnt, als er sie Ihnen angeboten hat, und haben es vorgezogen, Ihren Groll zu pflegen? Der Psalmist warnt: „Heute gilt es! Hört, was er euch sagt. ‚Seid doch nicht so starrsinnig [...]!‘“ (Psalm 95,7-8). Der Verfasser des Hebräerbriefs greift diesen Vers auf und ermahnt uns: „Ermutigt einander jeden Tag, solange jenes ‚Heute‘ gilt“ (Hebräer 3,13). Um welchen Tag geht es? Um das *Heute*, den Tag zum Freuen.

Sollten Sie das Gefühl haben, dass Gott heute nicht freundlich zu Ihnen gesprochen hat, wie war das mit gestern? Oder hat Gott Ihnen vielleicht in der letzten Woche eine Freude gemacht und Sie haben in dieser Woche nicht darum gebeten? Reichen Ihre Wurzeln nicht tief genug in die Erde oder halten Sie die Freude, die Gott Ihnen schenken will, nicht gut genug fest? Wenn Sie in der Vergangenheit glücklich waren, warum haben Sie Ihr Glücklichsein nicht gepflegt? Ist die Gute Nachricht heute irgendwie weniger gut als damals, als Sie sie zum ersten Mal gehört haben? Ist sie für Sie zu einer schalen Neuigkeit geworden? Wenn die Gute Nachricht es geschafft hat, Sie damals frei zu machen, ist sie heute nicht mehr stark genug, um Sie aus der gegenwärtigen Krise herauszuholen? Darum: „Ihr habt Jesus Christus als den Herrn angenommen; darum lebt auch in der Gemeinschaft mit ihm und nach seiner Art!“ (Kolosser 2,6).

Freude ist einer der Wege, auf denen Gott sein Wort bestätigt. Vielleicht verlangt er etwas Schwieriges von uns. Aber weil er seine Anweisung zusammen mit Freude gibt, glauben wir ihm und sind bereit zu gehorchen. Wenn wir die Freude vergessen, die er uns geschenkt hat, verlieren wir nur zu leicht die Kraft, seine Gebote auszuführen. Wenn wir es versäumen, uns an frohe Erfahrungen zu erinnern, vergessen wir auch die Verheißungen, die damit verbunden sind. Jesus verspricht: „Wer aber von dem Wasser trinkt, das ich ihm geben werde, wird nie mehr Durst haben“ (Johannes 4,14). Wir müssen starke, tiefe Wurzeln ziehen, Wurzeln, die genug Wasser aufnehmen, wenn es regnet, und uns versorgen, wenn Zeiten der Dürre kommen.

Natürlich ist es nicht einfach, sich immer wieder an die Freude zu erinnern und daran festzuhalten. Aus diesem Grund fordert uns das Neue Testament wiederholt auf: „Haltet fest am Guten“ (1. Thessalonicher 5,21; Luther). Menschen müssen sich an etwas festhalten. Wenn ich das Gute nicht festhalte, halte ich das Schlechte fest und kann meine Probleme nicht lösen. Mein Experiment hat mich gelehrt, angesichts von Problemen eine andere Haltung einzunehmen. Wo ich Probleme früher als unerträgliche Fesseln empfunden habe, wurden sie inzwischen für mich zu alten Flammen, in die ich seit langem nicht mehr verliebt bin. Sie haben nicht mehr die Macht, mich zu fesseln. Durch meine glückliche „Ehe“ mit der Freude fiel es mir leichter, mich von ihnen zu trennen. Chronische Probleme haben die Angewohnheit, sich wie ein Hamster im Rad zu drehen. Ein fröhlicher Mensch verliert das Interesse daran. Freude hat etwas Besseres zu bieten.

Dass wir uns nicht missverstehen: Schwierigkeiten werden kommen. Zeitweise sieht selbst mein fröhliches Leben so aus, als würde ich mich im Sturm an einen Mast klammern. Ja, ich werde bis an die Grenzen des Erträglichen auf die Probe gestellt, denn wenn das nicht geschieht, wie will ich je die Grenzen der Freude kennen lernen? Je mehr ich mich in solchen Zeiten am Guten festhalte, desto fester wird mein Griff. Es ist, als wäre ein Loch oder viele Löcher in meinem Geist zugestopft worden, sodass ich nicht mehr wie ein Sieb, sondern vielmehr wie ein Gefäß bin, das die ganze Fülle des Heiligen Geistes aufnehmen kann.

79 Ausharren

„Darum lasst uns durchhalten in dem Wettlauf,
zu dem wir angetreten sind, und alles ablegen, was uns dabei hindert,
vor allem die Sünde, die uns so leicht umgarnt."

Hebräer 12,1

In diesem Vers fällt mir das Wort „leicht" ins Auge. Wie leicht lassen wir uns durch kleinste Schwierigkeiten die Freude nehmen! Der Rasenmäher geht kaputt, unsere Nase trieft, Katzengejammer stört unseren Schlaf, und plötzlich erscheint uns unser Schicksal grausam und unfair. Wenn uns so geringe Unannehmlichkeiten bereits aus dem Gleichgewicht bringen, wie wollen wir dann mit echten Tragödien fertig werden?

In Wahrheit ist es jedoch so, dass es keinen Zusammenhang zwischen dem Ausmaß der Freude in unserem Leben und der Schwere unserer Leiden gibt. Einige Menschen, die echte Tragödien durchlebt haben, haben ein großes Freudenpotenzial, während andere, die nie einen Schicksalsschlag erleiden mussten, auch keine Freude erfahren. Vielleicht ist das eigentlich Tragische nicht das Leid, das uns trifft, sondern unsere Neigung, ohne Freude auszukommen, ohne zu merken, wie gut wir es eigentlich haben.

Wenn ich höre, dass Menschen sich darüber beklagen, dass sie wegen dem einen oder anderen Vorfall nicht glücklich sein können, möchte ich am liebsten fragen: „Waren Sie vor dem unangenehmen Ereignis glücklich? Waren Sie unter normalen Lebensumständen ein glücklicher Mensch, und hat Ihnen das, was Sie augenblicklich zu bewältigen haben, Ihre Freude genommen? Oder haben Sie sich schon immer von Ihren Sorgen unterkriegen lassen?" Einige Tragödien reichen unter Umständen bis in die früheste Kindheit zurück – so etwas gibt es –, und dadurch entsteht der Eindruck, dass das Leben noch nie „normal" gewesen sei und es auch nicht werden könne. Aber auch hier gibt es beides: Kinder mit einer offenbar glücklichen Kindheit wachsen zu unglücklichen Menschen heran, während Kinder mit traumatischen Kindheitserlebnissen das Geheimnis der Freude kennen lernen.

Es gibt also keine allgemein gültigen Regeln und Gesetzmäßigkeiten. Was bleibt, ist das Geheimnis, dass Gott jedem Menschen die Freiheit gibt, sein Leben wie ein Rennen so zu führen, wie er es will. Bei jedem Schritt kann er murren oder danken, klagen oder sich freuen.

In diesem Lauf haftet sich gern die Sünde an unsere Fersen. Es braucht nicht viel, um uns aus der Spur zu bringen. Wenn Marathonläufer sich bei ihrem Lauf so leicht aus dem Konzept bringen ließen wie wir auf unserer Suche nach dem Glück, würden nur sehr wenige den 42-Kilometer-Lauf durchstehen. Warum bringen wir bei der Freude nicht so viel Ausdauer auf wie beim Erreichen von weltlichen Zielen – dem Gewinnen von Medaillen, dem Erreichen von guten Zensuren, dem Schreiben von Büchern? Als Schriftsteller weiß ich, dass ich dieses Buch schreiben kann; ich habe schon einige Bücher geschrieben. Warum also nicht entsprechend zugeben, dass ich weiß, wie ich glücklich sein kann? Gestern hatte ich einen guten Tag. Das kann ich von dem heutigen Tag auch sagen. Es geht wie beim Laufen darum, immer einen Fuß vor den anderen zu setzen.

Der Verfasser des Hebräerbriefs fordert uns auf „alles ab[zu]legen, was uns dabei hindert", um den Lauf zu gewinnen. Das Neue Testament bezeichnet diese Fähigkeit als „Ausharren" und stellt eine direkte Verbindung zur Freude her. Paulus sagt es mit folgenden Worten: „[...] sondern wir rühmen uns auch in den Bedrängnissen, da wir wissen, dass die Bedrängnis Ausharren bewirkt" (Römer 5,3; Elberfelder). Freude und Leid werden in der Bibel nicht getrennt; sie werden durch Ausharren und Geduld miteinander verbunden. Ausharren bedeutet nicht, grimmig die Zähne zusammenzubeißen. Ausharren birgt echte Freude. Disziplin bringt Freude; diese zeigt sich in Aufrichtigkeit, und sie ist erfahrbar, wenn ich geradlinig das tue, was ich mir vorgenommen habe. Der Schlüssel zu einem solchen Durchhaltevermögen ist der ernsthafte Entschluss. Wenn wir uns entschließen, etwas von ganzem Herzen zu tun, ist es schon so gut wie erledigt. Freude entsteht, wo wir entdecken, dass ein gut durchdachter Entschluss unendliche Kraft birgt – und dazu gehört auch unser Entschluss, um jeden Preis glücklich zu sein.

Ein Gefängniswärter, der viele Gefangenenaufstände erlebt hatte, erzählte mir einmal von seiner Arbeit. Sein Geheimnis: „In einer Krise plane ich die Lösung. Ich weiß, dass die Sache in einer Woche oder einem Monat vorbei sein wird, darum fange ich jetzt an, für diese Zeit vorauszuplanen." Ausharren heißt, das, was ich mir vornehme, zu planen. Immer wiederkehrende Miseren werden aus der Angst geboren; Wunder geschehen durch Glauben.

80 Das Geheimnis Jesu

„Nun haben wir Grund, uns zu rühmen, weil wir die gewisse Hoffnung haben, dass Gott uns an seiner Herrlichkeit teilhaben lässt. Mehr noch: Wir rühmen uns sogar der Leiden, die wir für Christus auf uns nehmen müssen."

Römer 5,2-3

Als C. S. Lewis seiner frühen Autobiografie den Titel „Überrascht von Freude" gab, wusste er wohl kaum, wie prophetisch dieser Titel noch einmal für ihn werden würde. In seinen späteren Jahren wurde der Autor wortwörtlich von Joy („Freude") überrascht, einer gleichnamigen Frau, die er heiratete, die aber wenig später an Krebs starb. Für Lewis waren, wie bei jedem authentischen Christen, Freude und Leid unauflösbar miteinander verwoben.

Im Neuen Testament sind Freude und Leiden so stark ineinander verschlungen, dass uns immer wieder gesagt wird: „Es ist ein Grund zur Freude, dass wir jetzt noch leiden müssen." Derselbe Apostel, der geschrieben hat „Freut euch immerzu", beschreibt sich selbst mit den Worten: „Ich erlebe Kummer und bin doch immer fröhlich" (2. Korinther 6,10), und startet dann voll durch: „Trotz aller Not bin ich zuversichtlich und voll überschwänglicher Freude" (2. Korinther 7,4). In Römer 16, Vers 19 bestätigt er, dass er sich über seine Römer freut, und an anderer Stelle schreibt er: „Ich bin tieftraurig, und es quält mich unablässig, wenn ich an meine Brüder und Schwestern denke" (Römer 9,2). Wie passt das zusammen?

Glücklich zu sein bedeutet zu wissen, wie man mit seinem Leid umgeht und wie man es mit Freude verknüpft. Wenn wir die richtige Haltung zum Leid einnehmen, durchziehen Freudenfäden unseren Schmerz. Sie sind so eng mit dem Leid verflochten wie Finger, die zum Gebet gefaltet sind, sodass eine Hand nicht über die andere verfügen kann. Hören Sie, was Jesus zusagt: „Was *ich* anordne, ist gut für euch, und was *ich* euch zu tragen gebe, ist keine Last" (Matthäus 11,30). Niemand hat jemals die Last der Welt und ihre Angst stärker zu spüren bekommen als Jesus. Und doch spricht er von einer Last, die leicht ist und nicht schwer. Was war sein Geheimnis?

Jesu Geheimnis ist das Kreuz. Am Kreuz stoßen Realität und religiöse Erwartung zusammen. Das Kreuz ist der Teil des Lebens, der nicht vergeistlicht werden kann und sich weigert, in einen schönen warmen Glanz gehüllt zu werden. Das Kreuz ist das, was wir in unserem Leben nicht akzeptieren wollen, was aber da ist. Jesus fleht uns an, dieses Kreuz auf uns zu nehmen, denn wenn wir das tun, werden wir merken, dass es gar nicht so schwer ist. Wenn das Kreuz, das wir tragen, schwer ist, haben wir uns vielleicht das falsche Kreuz aufgeladen. Lassen Sie uns das schwere Kreuz ablegen und das Kreuz suchen, das leicht ist. Jesus will nicht, dass wir uns mit schweren Lasten beladen. Er hat die Last auf seine Schultern genommen. Ja, wir sind dazu bestimmt, Christi Leiden zu teilen, aber niemand kann so leiden, wie er gelitten hat, denn „wegen unserer Schuld wurde er gequält und wegen unseres Ungehorsams geschlagen. Die Strafe für unsere Schuld traf ihn und wir sind gerettet. Er wurde verwundet und wir sind heil geworden" (Jesaja 53,5).

Die Freude, die Gott uns schenkt, nimmt dem Leid seine zerstörerische Kraft. Die Welt lehnt das Leid ab, doch die Freude findet auch in den Schutthaufen des Lebens ein glückliches Zuhause. Keine Situation ist so düster, dass sie nicht vom Licht der Freude erreicht werden kann. Wenn Zeiten kommen, in denen Ihnen nur noch das Leid bleibt, dann leiden Sie richtig. Natürlich können Sie immer um Befreiung bitten, doch Beten bedeutet, zu bitten und zu vertrauen. Es bedeutet nicht, Vorwürfe zu machen und zu fordern. Aus Vertrauen erwächst mehr Freude als aus dem selbstbewussten „Das schaffe ich schon".

Wie sieht Ihr Kreuz aus? Ist es Krankheit? Scheidung? Der Tod eines geliebten Menschen? Es gibt nur eines, das Sie mit diesem Kreuz machen können: Nehmen Sie es an und freuen Sie sich dennoch. Richten Sie Ihren Blick auf das Kreuz Christi, weil damit das Kreuz auf Ihren Schultern leichter wird. Das Kreuz ist nur dann schwer, wenn wir es uns unwillig aufbürden. Unsere eigene Bitterkeit drückt es nieder.

Am Kreuz Jesu vereinen sich Freude und Leid. Unsere sündige Natur will uns einreden, dass wir unser Leid erst loswerden müssten, bevor wir uns richtig freuen können. Aber das ist eine Lüge. Wahr ist, dass Freude gerade in der Akzeptanz des Leidens besteht, das wir eigentlich um jeden Preis vermeiden möchten. Gefangene, die das erkannt haben, haben bekanntlich ihre Fesseln geküsst.

81 Habenichtse und Reiche

„Denn wer viel hat, soll noch mehr bekommen, bis er mehr als genug hat. Wer aber wenig hat, dem wird auch noch das Letzte weggenommen werden."

Matthäus 25,29

Wer glücklich ist, gehört nicht zu den Habenichtsen. Er zählt zu den Reichen. Wer sich freut, weiß, dass er alles hat, was er braucht und oft noch viel mehr. Wer sich seinen Überfluss bewusst macht, ist dankbar und aus der Dankbarkeit entspringt neue Freude. So wird die Freude immer größer. Auch wenn wir uns an einen leeren Tisch setzen, danken wir Gott, und irgendwann liegt die Freude auf dem Tisch – genau wie damals, als Jesus die Menge mit dem Lunchpaket eines kleinen Jungen speiste. Wer für das dankbar ist, was er hat, und mag es noch so wenig sein, wird niemals ohne Glück sein.

Wenn wir uns dagegen als bedauernswerte Habenichtse sehen, machen sich die beiden Diebe namens Unzufriedenheit und Angst schnell ans Werk und stehlen uns auch noch das, was wir haben. Genau das passierte Adam und Eva, als die Schlange ihnen das Gefühl gab, Habenichtse zu sein. So verloren sie das Paradies! Menschen wurden dazu geschaffen, glücklich zu sein, und es gibt nichts, was dagegen spricht. Es ist verständlich, wenn jemand einmal unglücklich ist, aber es gibt keinen guten Grund, dauerhaft eine solche Haltung einzunehmen. Wenn uns eingeflüstert wird, dass wir unglücklich sind, wird dieses Gefühl des Unglücklichseins selbst für uns zur Falle. Alle Sünde entspringt im Grunde der Unzufriedenheit. Dagegen wird der Mensch, der sich an dem freut, was Gott ihm schenkt, nicht vom richtigen Weg abkommen.

Adam und Eva hatten keinen Grund, habgierig zu sein. Wären sie mit dem Paradies zufrieden gewesen, hätte Gott ihnen immer mehr gegeben, weil sich das Glück ganz automatisch unaufhaltsam vermehrt. Freude, wie Gott sie schenkt, ist eine lebendige Sache; sie hat ewig Bestand und wächst unaufhaltsam. Nichts kann sie daran hindern, immer weiter in das Himmelreich, das unendlich ist, einzudringen.

Wenn ich auf mein Leben als Christ zurückblicke, erkenne ich, dass mein Glaube an Gott ständig gewachsen ist, zeitweise sogar von Tag zu

Tag. Selbst in schlimmen Zeiten habe ich intuitiv gespürt, dass mein Glaube weiter wuchs. Warum sollte das nicht auch für die Freude gelten? Warum sollte Freude nicht wie ein Baum sein, ein riesiger Mammutbaum, der unendlich wächst? Ein Baum stößt nie mit seiner Krone ans Himmelszelt. Warum sollte das bei der Freude anders sein? Freude kennt keine Grenzen.

Als der auferstandene Jesus plötzlich vor den Jüngern stand, konnten „sie es in ihrer Freude und Verwunderung [...] nicht fassen" (Lukas 24,41). So geht es uns auch manchmal. Wir können offenbar gar nicht glauben, dass Freude real ist und bleibt. Es stimmt, wir sind oft enttäuscht worden, und Enttäuschung vertreibt die Freude. Unsere Furcht, dass die Freude nicht von Dauer ist, tut genau das, wovor wir uns am meisten fürchten: Sie vertreibt die Freude. Unbewusst gehen wir davon aus, dass Freude etwas ist, das wir haben sollten – aber noch nicht besitzen. Damit Freude Teil unseres Lebens wird, müssen wir die Gesellschaft der Habenichtse verlassen und uns zu den Habenden gesellen, zu denen, die wissen, dass die Freude, die sie jetzt haben, wachsen und immer weiter wachsen wird und dass sie stets Freude im Überfluss haben werden.

Stellen Sie sich einmal vor, dass ein Zauberer in seinen Zylinder greift und ein kurzes Stück – sagen wir 30 Zentimeter – rotes Band herauszieht. Nur der Zauberer weiß, dass er heimlich etwa 3 Meter Band in seinem Hut versteckt hat. Er beginnt also zu ziehen und er zieht und zieht und nach etwa 3 Metern kommen die Zuschauer aus dem Stauen nicht mehr heraus. Wo kommt das lange Band her?

Nun stellen Sie sich einmal vor, dass das Band auch nach 3 Metern noch nicht am Ende angekommen ist. Zur Überraschung der Zuschauer und des Zauberers kommt immer mehr Band zum Vorschein – 30 Meter, 100, 200... ein Kilometer Band! Das ist wirklich unglaublich! Es ist mehr als ein Zauber, es ist ein *Wunder*. Dieser Zylinder ist schier unerschöpflich! Und genauso ist es mit der Freude, die Gott uns schenkt.

82 Ein ständiger Wechsel

„Eure Trauer wird sich in Freude verwandeln […].
Dann wird euer Herz voll Freude sein und diese Freude kann euch niemand nehmen […], damit eure Freude vollkommen und ungetrübt ist.“

Johannes 16,20–24

Insgesamt verspricht Jesus in diesen fünf Versen fünf Mal Freude. Der Satz: „diese Freude kann euch niemand nehmen“, beschäftigt mich ganz besonders. Offensichtlich spricht er von etwas Beständigem.

Als ich damit begann, mich „immerzu zu freuen“ (vgl. Philipper 4,4), hatte ich zunächst Angst, dass sich mein Glücklichsein schon bald verflüchtigen würde. Das hatte mich jedenfalls die Erfahrung gelehrt. Freude, so glaubte ich, konnte gar nicht von Dauer sein. Oder konnte sie es doch? Wenn das stimmt, was in Römer 8, Vers 39 steht: „Nichts in der ganzen Welt kann uns jemals trennen von der Liebe Gottes, die uns verbürgt ist in Jesus Christus, unserem Herrn“, könnte das nicht auch für die Freude gelten, die er uns schenkt?

Zu meinem Experiment gehörten ganz fürchterliche Tage, von denen ich nicht ehrlichen Herzens behaupten kann, dass ich an ihnen viel Freude empfand. Entweder hatte ich schlecht geschlafen, der Morgen begann mit einem unangenehmen Telefonat, ich sah mich einem riesigen Berg schmutziger Wäsche gegenüber, es waren Besorgungen zu erledigen, oder ich musste zu einem Meeting, und mitten in meinem dichten Zeitplan ging etwas schief, oder aus verschiedenen Gründen war ich den ganzen Tag auf den Beinen und hatte kaum eine Chance, Luft zu holen. Obwohl an einem solchen Tag kaum Zeit für echte Freude blieb, stellte ich fest, dass ich mit den Herausforderungen leben konnte, ohne ärgerlich zu werden, und das war eine neue Erfahrung für mich. Diese neue Gelassenheit war so befriedigend, dass ich am Ende des Tages darüber nachdachte und spürte, dass eine tiefe Freude in mich zurückkehrte. Das war gerade so, als sei sie bereits in mir vorhanden gewesen und habe nur darauf gewartet, bemerkt zu werden.

Und das stimmt: Die Freude *war* bereits die ganze Zeit da, weil Freude keine Sache, sondern eine Herzensangelegenheit ist. Wenn Sie

Ihr Haus anbauen, wird Ihr Haus größer. Diese Veränderung gilt für immer; das Haus wird nie mehr so klein, wie es früher einmal war. Genauso ist es mit der Freude. Wenn die Freude größer wird, hat sich eine endgültige Veränderung vollzogen. Man merkt sofort, die Freude ist größer als je zuvor. Im Herzen wurde ein neuer Raum für Freude geschaffen und Ihr Herz vergisst das nicht. Auch die Freude erinnert sich an die Größe und an den Raum in Ihrem Herzen und an das Gefühl, bei Ihnen zu wohnen.

Freude ist ein Teil von Ihnen. Sie *sind* Freude. Gott freut sich über Sie und mich, wir freuen uns über ihn und erfreuen uns aneinander. Paulus nennt die Philipper „meine Freude und mein Siegeskranz“ (Philipper 4,1). Der Psalmist nennt Gott „den Grund meiner Freude“ (Psalm 43,4). Und Gott stimmt mit ein und sagt: „Ich mache Jerusalem zur Stadt der Freude und seine Bewohner erfülle ich mit Glück. Ich selbst will an Jerusalem wieder Freude haben und über mein Volk glücklich sein“ (Jesaja 65,18-19). Da Freude kein Besitz, sondern ein Teil von uns ist, können wir sie gar nicht verlieren.

In der Praxis bedeutet das also: Wenn ich mich von der Freude abgeschnitten fühle, ist das nicht schlimmer, als hätte ich meinen Autoschlüssel verlegt. Ja, es ist in Wirklichkeit gar nicht schlimm, denn was die Freude angeht, so ist der Verlust eine Illusion. Ich kann zwar meine Schlüssel verlieren, aber meine Freude kann ich in Wirklichkeit gar nicht verlegen. Wo soll sie denn bleiben? Sollte die Freude aus meiner Tasche fallen und in einem schwarzen Loch verschwinden? Nein, Freude ist eine beständige Facette von Gottes Wesen. Und Gott wohnt durch den Heiligen Geist in mir. Je mehr ich das glaube, umso mehr verändere ich mich. Diese Veränderung ist kein Strohfeuer; sie ist eine bleibende Veränderung meines Charakters.

Jesus hat mir versprochen, dass mir meine Freude nie mehr genommen werden kann. Sie hat ihren Platz in mir, einen Platz, den niemand und nichts berühren oder beeinflussen kann, solange ich ihn sorgfältig hüte. Ich kann der Freude kündigen, aber niemand und keine Lebensumstände können mir die Freude nehmen. Sie bleibt in mir, solange ich ihr vertraue. Wenn ich die Freude ängstlich bewache, weil sie mir entgleiten könnte, kann ich mich nicht entspannt an ihr freuen. Solange ich nicht an die Beständigkeit der Freude glaube, werde ich sie als unzuverlässige Freundin betrachten - die genauso wankelmütig ist wie mein Glaube.

83 Die Freude festhalten

„Anschließend wurden eine Menge Tiere für das Opfermahl geschlachtet. Alle waren fröhlich, denn Gott hatte ihr Werk gelingen lassen.“

Nehemia 12,43

Was tun Sie, wenn Gott Ihnen große Freude schenkt? Nutzen Sie diese Freude, um sich an ihm zu erfreuen, oder setzen Sie sie lieber in praktische Dinge um? Oft ertappe ich mich dabei, dass ich Freude in Arbeit umsetze. Ich nutze sie, um noch mehr zu schreiben, um endlose Pläne zu machen, um allerlei Besorgungen zu erledigen. Freude gibt mir das Gefühl, als hätte ich eine dicke Brieftasche mit Geld, mit der ich einkaufen gehen könne. Mein Kopf und mein Körper bewegen sich immer schneller, während ich von einem Kaufhaus zum anderen hetze. Am Ende meiner Kauforgie frage ich mich dann, was aus all der Freude geworden ist. Sind die Dinge, die ich gegen die Freude eingetauscht habe, wirklich den hohen Preis wert?

Obwohl es nicht verkehrt ist, die Energie der Freude für praktische Dinge zu nutzen und manches endlich zu erledigen, ist das nicht ihr vorrangiger Zweck. Eigentlich sollte sie mich dazu motivieren, mich an Gott zu erfreuen, dem Freudenspender, und an allen seinen guten Werken. Wenn wir das im Blick behalten, wird unsere Freude bleiben.

Ja, Freude hat einen großen praktischen Nutzen, allerdings kann sie auch schnell in Leichtfertigkeit ausarten und sinnlos verplempert werden. Wenn wir glücklich sind, fühlen wir uns sowohl emotional als auch moralisch gut. Diese Kombination kann aber gefährlich werden. Wir fangen vielleicht an, mehr von uns zu halten, als gut für uns ist. Und so kann dann ein erstaunlich kleines Ereignis einen starken Stimmungsumschwung auslösen. Je größer die Freude, umso schneller vergeht sie manchmal auch wieder. So kann ein heiterer Mensch genauso leicht einer Prüfung zum Opfer fallen wie ein trauriger Mensch, aber der Heitere fällt schneller.

Oft verlieren wir die Freude, weil wir nicht wissen, wie wir sie festhalten können. Wir müssen lernen, die Freude zu genießen, ohne sie zu verschwenden. Das Wort „Verschwendung“ bezieht sich auf die Vergeudung oder die leichtsinnige Ausgabe von etwas. Es geht um das Verwöhnen mit Genüssen, die uns letztlich schaden. Viele Christen, die großzügig mit Zigaretten und Alkohol umgehen, gehen oft kleinlich mit der Freude um. Fröhlich nutzen wir ohne Rücksicht auf Verluste ein Hoch und wundern uns dann, warum wir eine Bruchlandung erleiden und in einem emotionalen Tief landen. In glücklichen Zeiten müssen wir uns genauso kontrollieren wie in schwierigen Zeiten. Nur so bleibt uns die Freude erhalten.

Vor seiner Entscheidung für Christus suchte C. S. Lewis viele Jahre lang mit zunehmender Verwirrung nach „Freude". Schließlich kam er zu dem Schluss, „dass ich [...] mich ebenso geirrt hatte, als ich glaubte, die Freude selbst zu begehren. Die Freude selbst, einfach als Ereignis in meinem eigenen Geist betrachtet, erwies sich als vollkommen wertlos. Der ganze Wert lag allein in dem, was die Freude begehrte." Lewis strebte im Grunde nicht nur nach Freude, sondern nach „etwas außerhalb von dir" – ein Objekt, auf das die Freude hinwies.[19]

Menschen, die ihr Leben ohne Gott führen, sind vielleicht aus vielen Gründen glücklich. Die Freude der Christen ist jedoch ein Geschenk Gottes. Göttliche Freude ist eine reine und selbstlose Aktivität der Seele ohne hinterhältige Motive. So frei wie die Freude verschenkt und weitergegeben wird, so frei kehrt sie ohne Bedingungen zu ihrer Quelle zurück. Übergeordnete Aktivitäten können die Freude begleiten, aber wenn die Freude selbst nicht rein ist und als ein Opfer betrachtet wird, wird die Freude sehr schnell vergeudet. Wer sich aufrichtig an Gott freut, erneuert ständig seine Freude.

Es wäre verrückt, eine Menge Energie darin zu investieren, seinem Glück nachzujagen, aber nicht zu lernen, wie man sein Glück bewahren kann. Solange wir glauben, dass das Glück von Natur aus launisch und unbeständig ist, neigen wir dazu, uns ihm gegenüber genauso zu verhalten. Sobald wir der Freude vertrauen, wird sie uns treu bleiben, denn sie ist Ausdruck von Gottes eigenem unveränderlichen Wesen.

84 Raum für Geheimnisse

„Pracht und Hoheit umgeben ihn,
Macht und Freude erfüllen seine Wohnung."

1. Chronik 16,27

Wir alle haben so unsere Fragen an Gott. Wissen wir nicht insgeheim beziehungsweise müssen wir nicht verlegen zugeben, dass alle Fragen verschwinden würden, wenn wir in diesem Moment die Möglichkeit hätten, bei Gott zu sein? In seiner Nähe würden sich alle unsere Fragen erübrigen.

Und wissen Sie was? Wir *sind* in seiner Nähe und er *ist* bei uns. Warum entspannen wir uns nicht einfach und freuen uns an ihm? Unbeantwortete Fragen können frustrierend sein; sie können aber auch eine unerschöpfliche Quelle der Freude sein. Knabbern Sie ängstlich an Ihren Fragen herum oder können Sie Ihre Fragen als sorgfältig verpackte Geschenkpäckchen betrachten, deren Inhalt Sie zu gegebener Zeit freudig überraschen wird? Haben Sie in Ihrem Leben Raum für Geheimnisse?

Die Freude an sich ist schon etwas Geheimnisvolles. Manchmal freue ich mich, und ich weiß nicht, warum. Dann wieder muss ich die Freude mühsam wie den Eingang zu einer unterirdischen Höhle suchen. Warum steht mir die Freude hin und wieder auf geheimnisvolle Weise plötzlich zur Verfügung und warum scheint sie mir dann wieder so unerreichbar fern?

Die Freude ist offenbar ein himmlisches Wesen, das tut, was es will. Die Freude will nicht nach unserer Pfeife tanzen. Wir müssen nach *ihrer* Pfeife tanzen. Und das tun wir auch. Unser Glücklichsein ergibt sich nicht zwangsläufig aus dem, was wir glauben oder tun. Oft ist es ein Geschenk Gottes, der sich über etwas freut, und nur er allein weiß, worüber. In der Freude zu leben heißt nicht unbedingt, dieses Geheimnis zu entschlüsseln oder Antworten auf alle unsere Probleme zu finden. Wenn der, der die Antwort auf meine Fragen tatsächlich hat, bei mir ist, verlieren die Fragen plötzlich ihre Dringlichkeit, denn im Grunde sehnen wir uns nicht nach den Antworten, die er für uns hat, sondern nach ihm selbst. Letztlich sind wir in seiner Nähe mit Geheimnissen glücklicher und zufriedener als mit einem Berg von Erklärungen.

Freude hat ihre Wurzeln nicht im Was, Wie, Wann oder Warum, sondern im Wer. Am meisten Freude finden wir im bloßen Zusammensein mit unserem himmlischen Liebhaber. In dieser Erfahrung kommen alle Fragen zur Ruhe. Unsere Freude würde nicht größer, wenn wir alle Geheimnisse verstehen könnten. Freude wird durch den Gott der Macht und Herrlichkeit gespeist, der unseren Verstand übersteigt.

Vielleicht leben wir in den Randzonen von Gottes Reich und meiden absichtlich alles, was wir nicht verstehen können. Was würde es für uns bedeuten, wenn wir uns in das Zentrum von Gottes Reich wagen würden, wo sich das wahre Leben abspielt? Wie können wir uns selbst lieben, ohne gleichzeitig auch das Unbegreifliche zu lieben? Wie können wir ausreichend entspannen, um spontan zu handeln, wenn wir uns mit dem Unbegreiflichen unwohl fühlen? Wir werden in unserem Leben keine Überraschungen erleben, weil wir nie etwas wagen, was für uns untypisch ist. Obwohl unser Leben auf guten christlichen Prinzipien beruht, die mit vielen Bibelversen gespickt sind, werden wir nie wahre Freude erfahren. Die Bibel ist voller Abschnitte, die wir nie bemerkt haben, weil wir nie einen unbekannten Weg eingeschlagen haben: Wir haben nie einen Kaffee mit einem Drogensüchtigen getrunken, sind nie Wasserski gefahren oder mit einem Paragleiter gesegelt, haben nie alle unsere Freunde zu einer großen Party eingeladen und haben nie verliebt im Regen getanzt.

Es gibt Zeiten, in denen werden wir nur von der Freude überrascht, wenn wir das schwarze Buch (nicht die Bibel selbst, sondern unsere enge Interpretation der Bibel) zur Seite legen und in völliger Freiheit handeln – die alten Grenzen überschreiten und etwas tun, das wir noch nie getan haben, etwas Fremdartiges und Wildes. Dann erst werden wir die wahre Freude kennen lernen und nicht nur das bestehende Geheimnis annehmen, sondern im Fortschreiten auch weitere Geheimnisse. Wir werden uns immer mehr selbst überraschen und auf eine so mysteriöse Weise handeln, die sich nur dadurch erklären lässt, dass Gott durch uns handelt.

85 Der göttliche Gärtner

„Ja, der Herr hat Großes für uns getan und wir waren glücklich."

Psalm 126,3

Eines Abends – ich war gerade an einem Tiefpunkt meines Experiments angelangt –saß ich in einem Schulkonzert. Ich fühlte mich fehl am Platz und ruhelos und war nicht ganz bei der Sache. Plötzlich geschah etwas, das ich mir auch heute noch nicht erklären kann. Es hatte nichts mit Dingen zu tun, die mich beschäftigten. Aus irgendeinem Grund stellte ich plötzlich fest, dass ich einen Mann im Publikum beobachtete, der einige Reihen vor mir saß. Plötzlich schien sein Kopf, den ich nur von hinten sehen konnte, mein eigener Kopf zu sein. Obwohl er meinem Kopf überhaupt nicht ähnlich sah, hatte ich das Gefühl, ich würde mich in einem Spiegel sehen. Eine höchst merkwürdige Situation.

Damit aber nicht genug. Ich hatte das Gefühl, als könne ich in diesen Kopf hineinschauen und seine Gedanken lesen. Es waren meine eigenen Gedanken. Da ich sie aber aus einiger Distanz, also außerhalb von mir selbst, betrachtete, verloren sie sofort ihre Macht über mich. Ich hatte negative Gedanken gewälzt und fragte mich, warum ich nicht glücklich war und was ich denn nun machen solle. Mit erstaunlicher Klarheit nahm ich wahr, dass ich meine eigene Haltung im Grunde negativ beeinflusst hatte und dass meine Gedanken mit selbstmitleidigem Kämpfen und Aufbegehren angefüllt waren.

In jenem Augenblick griff Gott ein und fegte diese überflüssigen Gedanken zur Seite. Dann nahm er ein winziges Körnchen echter Freude zwischen seine Fingerspitzen und drückte es tief in mein Herz, wie ein Gärtner, der ein einzelnes Samenkorn sät.

Ist das nicht toll? Ich kam später von dem Konzert nach Hause, sang fröhlich und ungezwungen und schlief in jener Nacht wie ein Säugling. Am nächsten Tag war ich so voller Freude und Energie, dass ich kaum wusste, was ich damit tun sollte. Gott hatte in mein Herz ein kleines Körnchen Freude gepflanzt, das noch Tage später reiche Früchte trug und deutlich machte, dass alle menschlichen Pläne, die ich in meinem kleinen überhitzten Gehirn geschmiedet hatte, nichts wert waren. Wieder einmal hatte Gott mir gezeigt, dass himmlische

Freude nicht aus irdischen Plänen sprießt, denn: „Lauter gute Gaben, nur vollkommene Gaben kommen von oben, von dem Schöpfer der Gestirne" (Jakobus 1,17).

Das soll nicht heißen, dass wir uns nicht bemühen sollten, Freude zu planen und darauf hinzuarbeiten. Es soll heißen, dass Freude zu rein und heilig ist, zu unergründlich und unerschöpflich, um ausschließlich aus menschlichen Quellen zu fließen. Und was bleibt dann noch von unseren „guten Werken" übrig? Hauptsächlich geht es bei unseren Anstrengungen darum, dass uns ein wenig bewusst wird, welchen Anteil Gott an unserer Freude hat. Ein fauler Fatalist bleibt freudlos, weil er die Freude nicht wirklich zu schätzen weiß.

In den letzten Stadien meines Experiments empfand ich eine sehr, sehr tiefe Freude, die immer mehr direkt von Gott zu kommen schien und nicht so sehr das Resultat dessen war, was ich tat. Je mehr meine Freude anwuchs, desto lustloser führte ich allerdings auch mein Experiment durch, bis ich das erstaunliche Gefühl hatte, dass Gott mich trug und mir Freude schenkte, für die ich überhaupt nichts tun musste. Ja, ich wusste, dass ich weiterarbeiten, -kämpfen, -glauben und -gehorchen sollte – aber er wollte mich auch wissen lassen, dass seine Freude ein Geschenk ist und dass er sie ganz allein in mir mehren (oder etwas anderes in oder durch mich tun) konnte, ohne dass ich ihm überhaupt dabei half.

Haben Sie auch schon mal gemerkt, dass es im Grunde unmöglich ist, ein christliches Leben zu führen? Norman Grubb drückt es folgendermaßen aus: „Du kannst das christliche Leben nicht leben, sondern Christus ist in dir, und er will dein Leben leben."[20] Wenn Sie noch Zweifel daran haben, ob man jeden Tag glücklich sein kann, liegt das vielleicht daran, dass Sie befürchten, es sei unmöglich. Und das stimmt. Genau das ist der Punkt. Genauso wenig, wie wir es „machen" können, dass Gott in uns lebt, können wir auch Freude in uns selbst erzeugen. Freude ist ein Werk Gottes. Und das zu glauben, ist bei dieser ganzen Sache unsere Aufgabe.

86 Freude, die bleibt

„Ja, die Seinen, die der Herr befreit hat, kehren heim; voll Jubel kommen sie zum Zionsberg. Aus ihren Augen strahlt grenzenloses Glück. Freude und Wonne bleiben bei ihnen, Sorgen und Seufzen sind für immer vorbei."

Jesaja 51,11

Als ich dieses Buch schrieb, befürchtete ich zeitweise, dass mir die Ideen ausgehen würden. Wie viel kann man denn schon über dieses ziemlich begrenzte Thema schreiben? Aber jedes Mal, wenn ich es am wenigstens erwartete, überraschte mich Gott mit frischer Freude und neuen Gedankengängen. Nach und nach merkte ich, dass mir die Inspirationen über die Freude niemals ausgehen würden, weil ich an die Quelle der Freude angeschlossen war, deren Ideen grenzenlos sind. Freude ist tatsächlich unerschöpflich. Das ist einfach Teil ihres Wesens. Freude wird nicht aus dem Vergänglichen, sondern aus dem gespeist, was ewig Bestand hat.

Wir brauchen gar nicht erst bis zum Tod zu warten, um bleibende Freude zu erleben. Wenn Freude wirklich ewig Bestand hat, dann gibt es sie bereits hier und heute, und dann hat es sie auch von Anfang an gegeben. Freude ist wie ein Fluss, der schon seit ewigen Zeiten strömt; wir müssen nur in den Fluss hineinspringen.

An manchen Tagen, wenn ich traurig bin, schaue ich mir die Bäume, Blumen und den Himmel an - Wunder, die mir zeitweise so viel Freude gebracht haben -, und ich denke so bei mir: *Warum kann ich diese Freude nicht auch in diesem Augenblick empfinden? Was ist mit mir los?* Was mit mir los ist? Ich schenke den Lügen Gehör. Auch wenn sich an dieser schönen Szenerie nichts Wesentliches verändert hat, gibt es da doch diese eine Stimme in meinem Kopf, die mir einzureden versucht: „Die Schönheit dieser Wunder hat sich abgenutzt. Sie ist vorbei und du wirst sie nie mehr nachempfinden können." Oder die Stimme flüstert mir hin und wieder zu: „Die Schönheit ist wohl da, aber sie packt dich nicht. Vielleicht morgen, aber heute nicht. Der heutige Tag ist gelaufen; du hast nichts Gescheites geschafft. Hast du vergessen, dass du aus dem Garten Eden verbannt worden bist?"

Das sind Lügen. Die Schönheit von Gottes Schöpfung ist von ewiger Dauer (obwohl diese Welt, in der wir leben, vergehen wird). Dass wir dieser Stimme der Lüge Glauben schenken, ist in erster Linie der Grund dafür, warum wir aus dem Paradies verbannt wurden. Wie lange wollen wir noch auf das eingehen, was „der Vater der Lüge“(Johannes 8,44; Luther) uns einredet?

Je weiter mein Experiment fortschritt, desto mehr erkannte ich, dass Unglücklichsein uns über die Realität täuscht. Die Freudlosigkeit überfiel mich unversehens und nistete sich in meine Gedanken ein, sodass ich eine Zeit lang gar nicht bemerkte, was los war. Aber ich wurde immer geschickter darin, den Nebel der Lügen zu verscheuchen und mich wieder in der Wahrheit zu sonnen, sobald ich bemerkte, was los war. Ich kann heute düstere Stimmungen, die mich früher stunden- oder oft tagelang gefangen hielten, innerhalb eines Augenblicks abschütteln, indem ich herauszufinden versuche, worauf sie zurückzuführen sind, und mir bewusst mache, dass sie wirklich nur kurzlebig sind.

Für Menschen, die keine Beziehung zu Gott haben, ist Unglücklichsein eine alltägliche Erfahrung; es bleibt bestehen. Für Gläubige dagegen sollte Unglücklichsein keine reale Erfahrung sein, weil es wieder verschwindet, da sie an die Quelle der wahren Freude angeschlossen sind. Bei jedem Kummer können wir vertrauensvoll sagen: „Auch der geht wieder vorüber.“ Vollkommene Freude werden wir erst im Himmel erleben und unsere ständigen Kämpfe hier auf dieser Erde werden im Vergleich dazu wie Schatten vorüberziehen. Obwohl irdische Freuden im Vergleich zu den Freuden, die noch kommen werden, auch nur Schatten sind, sind wir aufgerufen, das Reich Gottes hier und heute aufzubauen. Wir brauchen uns nicht darüber zu beklagen, dass wir unvollkommen sind. Allein die Tatsache, auf die auch Paulus in seinem zweiten Brief an die Korinther hinweist – „Je schwächer du bist, desto stärker erweist sich an dir meine Kraft“ (2. Korinther 12,9) –, schafft unbegrenzte Möglichkeiten schon in dieser Welt „in die ganze Fülle [hineinzuwachsen], die Christus in sich umfasst“ (Epheser 4,13). Da unser Bestimmungsort gesichert ist, können wir uns jetzt bereits so freuen, als wären wir schon dort.

Freude ist wie ein herrlicher Ort, den man nie mehr vergessen kann, wenn man ihn einmal gesehen hat. Zeitweise erscheint es uns, als hätten wir uns von diesem Ort entfernt, und wir fragen uns, wie wir dorthin zurückfinden können. Schließlich erkennen wir aber, dass dieser Ort nicht irgendwo in der Ferne liegt, sondern in unserem Herzen seinen festen Patz gefunden hat. Je klarer wir diese Wahrheit begreifen, desto stärker schmecken wir bereits heute die ewige Freude.

87 Auferstehung

„Wir wollen euch nicht im Unklaren lassen, liebe Brüder und Schwestern, wie es mit denen aus eurer Gemeinde steht, die schon gestorben sind. Dann braucht ihr nicht traurig zu sein wie die übrigen Menschen, die keine Hoffnung haben.“

1. Thessalonicher 4,13

Der glücklichste Mensch, den ich je gesehen habe, lag in einem Sarg.

Und das Ganze war folgendermaßen passiert: Im November 1961 nahm ich an einer Konferenz teil. Ich hatte ein Hotelzimmer mit Balkon und konnte von dort aus den Harrison Lake in British Columbia überblicken. Ich wachte am Sonntagmorgen gegen acht Uhr auf und empfand eine ungewöhnliche, fast überirdische Freude in mir. Es war die tiefste und reinste Freude, die ich je erlebt hatte. Damals konnte ich mir gar nicht vorstellen, woher diese Freude kam. Es war in den vergangenen Tagen nichts Besonderes passiert. Lange Zeit blieb ich im Bett liegen und sonnte mich in meiner Freude. Dann setzte ich mich auf den Balkon und blickte voller Begeisterung über den ruhigen See zu den Bergen, die sich in der Ferne abzeichneten. Diese ungewöhnliche Stimmung umgab mich den ganzen Tag.

Spät in der Nacht kehrte ich nach Hause zurück und ging gegen Mitternacht zu Bett. Um sechs Uhr läutete das Telefon. Mit zitternder Stimme offenbarte mir mein Vater, dass meine Mutter am frühen Sonntagmorgen verstorben sei. Ihr Tod war genau in dem Augenblick eingetreten, als ich in meinem Hotelzimmer erwacht war. Plötzlich war das Rätsel über die unglaubliche Freude, die ich empfunden hatte, gelöst. Dieses ungewöhnliche Glücksgefühl bestätigte mir ohne jeden Zweifel, dass meine Mutter im Himmel war, um für immer bei Jesus zu sein.

Es war für mich wichtig, das zu wissen. Meine Mutter hatte nie mit mir über den Glauben gesprochen. Ich wusste gar nicht so genau, was sie glaubte. Ohne dieses Erlebnis mit der Freude hätte ich, was ihr Schicksal angeht, weiterhin im Dunkeln getappt.

Freude hilft uns, Geheimnisse zu erfassen, die sich auf andere Weise nicht erklären lassen. Freude ist ein prophetisches Zeichen, ein erster

Vorgeschmack auf das tiefe und bleibende Glück, auf das alle, die an Christus glauben, schneller zuschreiten, als sie denken. Diese Gewissheit ist der einzig mögliche Trost angesichts des Todes. Freude ist eine Botschaft, die direkt aus dem Herzen Gottes kommt und uns bestätigt, dass alles in Ordnung ist.

Die Freude ist aber nicht nur prophetisch, sie hat auch schon im Jetzt ganz konkrete Funktionen. Nach dem Telefonat mit meinem Vater buchte ich sofort einen Flug, packte meine Sachen und machte mich auf eine weite Reise. Im Verlauf der Woche, die mit unzähligen Dingen und Pflichten vollgestopft war, war die Freude meine ständige Begleiterin. Ich erfuhr hautnah die Zusage aus dem Buch Nehemia: „Seid nicht bekümmert, denn die Freude am Herrn ist eure Stärke!“ (Nehemia 8,10; Luther). Das soll nicht heißen, dass ich keine Trauer empfand. Natürlich war ich sehr traurig. Aber ich brauchte „nicht traurig zu sein wie die übrigen Menschen, die keine Hoffnung haben“, denn ich hatte einen handfesten Beweis erhalten, dass meine Mutter am glücklichsten Ort war, den man sich nur denken kann und an dem ich sie bald wiedersehen werde.

Damit ist die Geschichte aber noch nicht zu Ende. Vor der Beerdigung versammelten sich die Familienmitglieder um den offenen Sarg, um mit dem Pastor ein kurzes Gebet zu sprechen. Bei dieser Gelegenheit tat ich etwas, das ich normalerweise nicht tue: Ich behielt meine Augen offen und schaute meiner Mutter die ganze Zeit ins Gesicht. Ich wusste, diese wenigen Minuten waren meine letzte Gelegenheit auf Erden, ihre körperliche Gestalt zu sehen, und ich wollte mich an sie erinnern können. In den letzten Jahren war sie bei schlechter Gesundheit gewesen und hatte viel gelitten. Aber jetzt erschien sie mir zehn Jahre jünger. Sie war ganz entspannt und wirkte auf geheimnisvolle Weise natürlich. In dem Augenblick, als der Pastor zu beten begann, hatte ich den Eindruck, als käme etwas Farbe in ihr Gesicht, ein Hauch von Leben und Wärme. Während des Gebets wurde dieser lebhafte Eindruck verstärkt, bis ich tatsächlich glaubte, dass meine Mutter lächelte. Am Schluss des Gebets leuchtete ihr Gesicht regelrecht und sie sah strahlend froh und friedlich aus. Sobald das Amen gesprochen war, verschwand dieser Eindruck, und wenige Augenblicke später wurde der Sarg zum letzten Mal geschlossen. Aber ich hatte eine Erinnerung erhalten, die für immer bleiben wird – ein unauslöschliches, geistiges Foto meiner strahlenden Mutter, das glücklichste Gesicht, das ich je sah.[21]

88 Vertrauen

„Lass uns jeden Morgen spüren, dass du zu uns hältst, dann sind unsere Tage erfüllt von Jubel und Dank.“

Psalm 90,14

Für den Verfasser des 90. Psalms ist es keine unvernünftige Vorstellung, dass unsere Tage von Jubel und Dank erfüllt sind – und er meint damit jeden Tag, von morgens bis abends, bis zu unserem Lebensende. Er gibt allerdings zu, dass eine solche Freude täglich neu die Zusicherung braucht, dass Gott zu uns hält.

Das Wissen, dass Gott uns liebt, ist Grundlage der Freude. Als ich einmal die fröhlichste Frau, die ich kenne, bat, mir ihr Geheimnis zu verraten, antwortete sie, ohne zu zögern, mit einem Wort: „Vertrauen.“ Mein 90-Tage-Experiment kann mit diesem einen Wort zusammengefasst werden, denn ich hätte es gar nicht ohne ein gutes Maß an Vertrauen beginnen, geschweige denn erfolgreich beenden können. Rückblickend erkenne ich aber, dass das Vertrauen, mit dem ich mich auf meinen Weg machte, weitgehend Selbstvertrauen war. Gegen Ende des Experiments hatte es sich aber in ein viel tieferes Vertauen in Gott verwandelt. Zwischen diesen beiden Polen liegt ein weiter Unterschied. Das erste Vertrauen, das seine Wurzeln in der Begeisterung hat, ist wie ein lauter Triumphzug, während das zweite Vertrauen, das im Staunen wurzelt, ruhige Anbetung ist.

Unsere Lebensqualität hängt von den Fragen ab, die wir stellen. Zu Beginn meines Experiments stellte ich mir jeden Morgen die Frage: „Werde ich heute glücklich sein?“ Gegen Ende des Experiments fragte ich Gott: „Wie wird mein Glücklichsein heute aussehen?“ Indem ich meine Fragestellung grundlegend veränderte, veränderte sich auch meine Lebensweise radikal, denn die Frage, die ich zu Anfang stellte, löste Ängste aus. Die Frage, die ich heute stelle, lässt mich in vertrauensvoller Erwartung leben.

Wenn ich ein Leben voller Freude führen will, dann darf ich den Tag nicht mit Angst und Sorge beginnen, sondern in gläubigem Vertrauen auf Gott. Dieses Vertrauen ist besonders dann gefragt, wenn unsere Lebensumstände uns das Fürchten lehren. „Werft nur euer Vertrauen nicht weg! Es wird sich erfüllen, worauf ihr hofft“ (Hebräer 10,35;

Hoffnung für alle). Oft denken wir, Glaube sei etwas, das wir hervorbringen müssten. Aber genau das ist Glaube *nicht*. Glaube motiviert uns, etwas zu tun, doch der Glaube selbst hat mit unserem Werk direkt nichts zu tun, sondern nur mit Gottes Werk in uns. Der Glaube schaut direkt auf Jesus. „Doch Segen soll über alle kommen, die allein auf mich, den Herrn, ihr Vertrauen setzen!" (Jeremia 17,7). Die Freude entspringt dem tiefen, gefestigten Vertrauen, dass Gottes Leben in uns unzerstörbar und unveräußerlich ist. Selbst wenn wir es versuchen würden, könnten wir es kaum loswerden. Das ist etwas, das Gott getan hat, und sein Werk hat Bestand.

Ist unser Glaube an dieser Stelle nicht sehr, sehr schwach? Statt zu glauben, dass Freude zuverlässig ist, halten wir sie für zerbrechlich. So bleiben unsere Gefühle wie Korken, die auf einer Meereswoge schwimmen. „Will Gott wirklich, dass wir glücklich sind? Ist es in der heutigen Zeit überhaupt angebracht, fröhlich zu sein? Ist es machbar oder überhaupt möglich, jeden Tag fröhlich zu sein?" Solange uns solche Fragen beschäftigen, können wir uns nicht genügend entspannen, um wirklich glücklich zu sein. Glücklichsein hängt davon ab, ob wir diese Fragen mit einem überzeugten *Ja!* beantworten können oder nicht. David spürte ein solches tiefes Vertrauen, als er Psalm 23 mit den Worten abschloss: „Deine Güte und Liebe umgeben mich an jedem neuen Tag; in deinem Haus darf ich nun bleiben mein Leben lang" (Psalm 23,6).

Gegen Ende der 90 Tage hatte sich meine Blickrichtung verändert. Ich blickte nicht mehr länger auf mich – „Kann ich das wirklich schaffen?" –, sondern auf Gott: „Wie wunderbar ist er, dass er dies für mich tut!" Anfangs schien es mir, als müsste ich schrecklich viel tun, um die Freude zu erhalten. Gegen Ende spürte ich, dass Gott alles tat – mir gute Nerven gab, meine Zweifel ausräumte, mich vor Versuchungen schützte, mich nahezu mit anhaltender Freude erfüllte und mir neu Klarheit darüber schenkte, wie jeder Gläubige Zugang zu einem mit Freude erfüllten Leben findet. Es war, als hätte Gott, der treue Urheber meines Glaubens, noch einmal alle Fäden meines Experiments aufgenommen und sie zu einem glücklichen Ergebnis zusammengefasst, gerade so wie ein Romanautor seine Geschichte zu einem Happyend führt.

89 Alles, was ich sehe

„Wie glücklich sind deine Frauen und deine Minister, die täglich um dich sind und deine klugen Worte hören!“

1. Könige 10,8

Die oben zitierten Worte stammen von der Königin von Saba, die Salomo einen Besuch abstattete und den Glanz seines Hofes und seine sprichwörtliche Weisheit bewunderte. Die Königin hatte genau verstanden, dass wahre Weisheit glücklich macht und Freude verbreitet.

Wie weit trifft das auf unsere Kirchen und Gemeinden zu? Sind sie Orte, an denen Weisheit regiert, die Gemeindemitglieder glücklich und ihre Besucher völlig begeistert sind? Salomo hat, trotz aller Weisheit, gravierende Fehler begangen und sein Königreich ist untergegangen. Als Christen haben wir hingegen ständig Zugang zu dem Hof des Königs aller Könige, zu seinem Königreich, das „niemals vergeht oder verdirbt oder aufgezehrt wird“ (1. Petrus 1,4). Wir müssen nicht wie die Königin von Saba viele Kilometer in ein fernes Land reisen, um zu den Füßen der Weisheit, vor dem einen wahren Gott, dem majestätischen Herrn der Himmel und der Erde sitzen zu dürfen, der durch seinen Heiligen Geist in uns regiert. „Und das ist der Geist, den wir empfangen haben: der Geist von Christus, dem Herrn“ (1. Korinther 2,16). Gott spricht durch unsere eigenen Gedanken zu uns, weil er durch seinen Heiligen Geist in uns lebt. Wie glücklich können wir uns schätzen!

Eine Geschichte berichtet von einem kleinen Jungen, der zufällig auf einen Künstler stieß, der gerade an einem kleinen See saß und malte. Weil der Kleine zu schüchtern war, um näher heranzutreten, versteckte er sich im Gebüsch und schaute dem Künstler zu. Eine Woche lang kam der Junge jeden Tag zum See und war ganz fasziniert von der riesigen Anzahl an unterschiedlichen Pinseln und Farben und der Staffelei und ganz besonders von dem Hauptmotiv der Bilder, denn die ganze Zeit malte der Künstler nur eine Sache – Wale. Eine Zeichnung nach der anderen und immer nur Wale.

Was denkt sich der Maler eigentlich?, fragte sich der Junge. *In dem kleinen See gibt es doch gar keine Wale!*

Schließlich siegte die Neugier des Jungen über seine Schüchternheit. Er näherte sich dem Künstler und stellte ihm einige Fragen. Als er es nicht länger aushielt, pflanzte der Knirps sich direkt vor dem Maler auf und stellte die eine große Frage, die in ihm brannte. „Sag mal, warum malst du nur Wale?"

Der Maler blickte über den See. Ein geheimnisvolles Lächeln erhellte sein Gesicht und er antwortete verträumt: „Ich male Wale, weil ich nur Wale sehe."[22]

Während ich mich dem Ende meines Buches nähere, sehe ich nichts als Freude. Da ich mich nun schon so lange mit Freude beschäftige und mich mit ihr angefreundet habe, füllt sie meine ganze Vorstellungskraft. Obwohl ich noch in dieser Welt lebe, sozusagen nur neben einem kleinen See, vielleicht sogar auch nur einem Tümpel, und den strahlend schönen Ozean noch lange nicht erreicht habe, bin ich in meinem Herzen trotzdem ein Seefahrer. Ich spüre die Weite des Meeres und kann seiner Anziehungskraft nicht widerstehen. Durch Gottes Gnade bin ich nun am Ozean angelangt und bade bereits im Meer der Freude. Jahrelang habe ich mich gefragt, wo ich, geistlich gesehen, meine nächste Mahlzeit hernehmen soll. Und heute kann ich mich an einem reichhaltigen Büffet bedienen. Während andere hungrig sind, sehe ich überall etwas zu essen. Das heißt nicht, dass mich nicht auch das Leid dieser Welt beschäftigt, aber nun kann ich auf Grund der Macht der Gewohnheit nicht anders, als hinter dem Jammer auch etwas Reales, Beständiges, Überzeugendes, Fesselndes zu sehen.

Der Schriftsteller Michael O'Brien porträtiert in einem Roman einen Mann, der schneeblind wird, als er an einem einsamen See in Nord-Ontario kampiert. Nachdem er im Winter einige Wochen lang blind und unter fürchterlichen Schmerzen in seinem Zelt gelegen hat, kehrt seine Sehkraft zurück. Voller Freude rennt der Mann hinaus und sieht, was viele Menschen in ihrem ganzen Leben niemals sehen: „Es war unbegreiflich schön! Ich rannte hinaus und ich sah!"

„Was hast du gesehen?"

„Ich sah, dass alles so wunderschön ist, dass wir auf unsere Knie fallen und Gott hundert Mal am Tag anbeten sollten."[23]

90 Verzückung

„In diesem Augenblick erfüllte eine Wolke den Tempel, das Haus des Herrn. Die Priester konnten ihren Dienst wegen der Wolke nicht fortsetzen, denn die Herrlichkeit des Herrn erfüllte das ganze Heiligtum.“

2. Chronik 5,13–14

Wenn man Tag für Tag über Freude nachdenkt und schreibt, ist das, als nähme man täglich himmlische Nahrung zu sich. Häufig erscheint mir diese Diät zu reichhaltig für meine arme Seele, und ich muss bewusst zu einigen profanen Arbeiten zurückkehren, um den leidenschaftlichen Gedankenfluss zu stoppen und meine Füße wieder auf festen Grund zu stellen. Jeden Tag erfüllt mich Gott mit seiner Freude, die viel größer ist, als ich es in einem Buch ausdrücken kann. Es ist, als habe er lange darauf gewartet, vielleicht seit Jahrhunderten oder seit Äonen, bis er mir, seinem Sohn Mike Mason, alles über die Freude beibringen konnte.

O, diese Geheimnisse, die er mir enthüllt, und die Freuden, mit denen er meine Seele überschüttet hat! Wenn zwei Menschen einander lieben, teilen sie Dinge, die sonst niemand in der Welt wissen kann. Solche tiefen Geheimnisse sind unaussprechlich, manchmal sogar für die Betroffenen selbst. Es lassen sich keine Worte dafür finden, keine Ausdrucksformen mit rationalem Inhalt. Es ist vielmehr eine direkte Infusion mit reiner Energie. Es ist unmöglich, solche Dinge auszusprechen, und man hat auch nicht das Bedürfnis, es zu tun. Das ist Privatsache der Liebenden.

Wie schade! Wie viele Bücher könnten geschrieben werden, wenn sich Mysterien in Worte fassen ließen! Aus diesem Grund kann dieses Buch meiner Meinung nach nur die Oberfläche dieses Themas berühren. Sobald ich mich nämlich den Tiefen nähere und versuche, meine Empfindungen in Worte zu fassen, sträubt sich etwas in mir, und ich kann mich nicht richtig ausdrücken. Schon allein das Wort „Freude“ an sich ist zu schwach und kann meine Erfahrung nicht wiedergeben. Das einzige Wort, das der Empfindung nahe kommt, ist Verzückung.

Verzückung ist die übergroße Freude, die unserem Geist direkt ohne wahrnehmbaren Inhalt mitgeteilt wird. Verzückung übersteigt unseren Verstand so sehr, dass ich bestenfalls ihre äußere Erscheinungsform – wie sie typischerweise abläuft – beschreiben kann. Zum Beispiel erwachte ich während meines Experiments eines Morgens voller Freude, ohne zu wissen, warum. Ich versuchte zu schreiben, aber die Freude war so stark, dass ich bald jegliches Interesse am Schreiben und an jeder anderen Tätigkeit verlor. Obwohl ich versuchte zu beten, konnte ich nicht einmal das. Ich konnte nicht klar denken, konnte mich noch nicht einmal hilflos in Gottes Gegenwart begeben. Schließlich gab ich es auf und tat absolut gar nichts. Und in diesem Augenblick eskalierte die Freude und verwandelte sich in reine Euphorie – Euphorie, die auf nichts Bestimmtes ausgerichtet war, keinen besonderen Inhalt hatte, nichts, an das ich eine einzige Idee verschwendet hätte. Es war nichts anderes als reine Verzückung. In diesem Zustand lag ich ein oder zwei Stunden und trieb auf dem Ozean des Entzückens.

Was das war? Soweit ich weiß, war es Gott, Gott in einer so überwältigenden Reinheit, dass alle anderen Gedanken wie weggeblasen waren. Es war, als hätte ich versucht, eine unglaublich große Datenmenge herunterzuladen, viel zu viele freudige Informationen, die eine Person allein gar nicht verarbeiten, geschweige denn an andere weitergeben kann.

Ist das nicht eine Ironie des Schicksals? Ich begann mein Experiment, weil ich glaubte, ich könnte einiges dafür tun, um Freude zu kultivieren. Ich wollte untersuchen, wie man fröhlich lebt, fröhlich betet, fröhlich jeden Tag mit Gott geht, und wollte diese Prinzipien auch anderen vermitteln. Dabei stellte ich jedoch letztlich fest, dass die tiefste Freude einfach so vom Himmel fällt, ungeplant und unberechenbar, und nicht, weil jemand betet oder meditiert oder einen großen Glauben hat, und auch nicht, weil jemand sehr gut ist oder alles richtig gemacht hat, sondern nur weil Gott selbst die Güte und Gerechtigkeit in Person ist und weil die Tiefe seiner Freude unseren Verstand übersteigt.

Wenn ich sage, dass man nicht vermitteln kann, wie Verzückung in unserem Inneren abläuft, heißt das nicht, dass diese Erfahrung vage und verworren ist. Im Gegenteil: „Sie ist zu speziell auf die jeweilige Person zugeschnitten, um sie in Worte zu fassen“, so sagte es Mendelssohn und meinte damit die Musik. Verzückung ist das äußerste Wort für Freude. Sie ist Champagner für die Seele.

Nachwort

„Komm zum Freudenfest deines Herrn!“

Matthäus 25,21

Im April 1994 – fünf Jahre vor meinem Experiment – hatte ich eine Vision von Jesus. Ich betete mit einem Freund in meinem Wohnzimmer, als plötzlich Jesus vor mir stand. Ich gebrauche das Wort „Vision“, doch was geschah, war für mich so real, dass es nicht den geringsten Anschein einer Vision hatte. Schlicht und ergreifend begegnete ich Jesus von Nazareth von Angesicht zu Angesicht. Ich hatte überhaupt keinen Zweifel daran, dass er es wirklich war; ich hätte ihn sofort überall erkannt.

An jenem Tag fühlte ich mich nicht besonders heilig. Ganz im Gegenteil. In wenigen Stunden wollte ich ein Flugzeug besteigen und meine Eltern an ihrem 50. Hochzeitstag besuchen und ich war mit den Plänen für dieses große Fest voll beschäftigt. Ich hatte auch noch nicht gepackt und musste an tausend Sachen denken. Außerdem war ich durch die laute Musik, die aus dem Zimmer meiner Tochter nebenan dröhnte, abgelenkt. Ich hatte nicht einmal Zeit für ein stilles Gebet. Als mein Freund mir den Vorschlag machte: „Komm, wir beten!“, erklärte ich mich eigentlich nur deshalb einverstanden, um ihm seinen Willen zu lassen.

In dieser unwahrscheinlichen Situation erschien mir Jesus. Eine derartige Vision hatte ich vorher, aber auch nachher noch nicht erlebt. Sie hat mich so beeindruckt, dass ich sie seither wie ein Foto in meiner Brieftasche auf meinem Herzen trage. Während ich diese Worte hier schreibe, sehe ich ihn wieder, besonders sein Gesicht. Wäre ich ein Künstler, würde ich ihn malen. Ich kann nur sagen, dass Jesus keinem der vertrauten Bilder gleicht, die ich bisher gesehen habe. Er sah aus, wie Jesaja ihn beschrieben hat: „Er war weder schön noch stattlich, wir fanden nichts Anziehendes an ihm“ (Jesaja 53,2). Ja, der Jesus, den ich sah, ist kein ansehnlicher Mann. Bei einem normalen Menschen würde man fast sagen, er sei hässlich – aber Jesus ist nicht hässlich. Er ist wunderschön. Er ist so strahlend und voller Liebe, dass alle normalen Normen körperlicher Schönheit verblassen müssen.

Am stärksten traf mich seine Freude. Er strahlte vor Glück wie zehntausend Sonnen, und ich spürte, dass die ganze Freude für mich bestimmt war. Er freute sich so, mich zu sehen! Ja, mehr noch, er lud mich ein, sein Glück mit ihm zu teilen!

Ich spürte, dass ich darauf antworten musste – aber wie und was? Ich wollte etwas zu meinem Herrn sagen. Allerdings ist es etwas ganz anderes, zu dem realen, sichtbaren Jesus zu reden, als ein Gebet in einen leeren Raum zu sprechen.

„O Herr", stammelte ich, „es ist so schön, bei dir zu sein ..." Was auch immer ich sagte, es klang so nichts sagend, dumm, erzwungen, künstlich. Hier war die Chance meines Lebens und ich verpasste sie. Was glaubte ich denn, wer ich sei, dass ich Jesus Christus sehen und mit ihm sprechen durfte?

An dieser Stelle verblasste meine Vision. Eine Weile lang verhielt ich mich ganz still und versuchte, ihn mir wieder vorzustellen. Aber nein, die Erfahrung war vorüber. Als ich schließlich meine Augen öffnete, saß ich wieder mit meinem Freund im Wohnzimmer. Die laute Musik tönte noch immer von nebenan und alles war wie zuvor. Und doch war alles anders, weil ich nun mit Freude erfüllt war. Ich war regelrecht entzückt!

Irgendwie schaffte ich es, meinen Koffer zu packen und zum Flughafen zu fahren. Während des vierstündigen Fluges lehnte ich mich in meinem Sessel zurück und träumte von Jesus. Ich stellte mir immer wieder sein Gesicht vor und studierte ihn von allen Seiten. Anschließend erlebte ich den schönsten Besuch bei meinen Eltern, den ich bislang erlebt hatte, und feierte mit ihnen ihre Goldene Hochzeit. Ich erzählte niemandem von meiner Erfahrung. Ich brauchte es auch nicht. Ich war mit Freude erfüllt, die direkt von Gott kam, und aus diesem Grund war der Kontakt zu anderen Menschen in den nächsten Tagen anders als jemals zuvor.

Trotzdem konnte ich nicht ewig in diesem Zustand weiterleben, obwohl die Freude über die Vision bei mir einige Tage anhielt. Ich kehrte in den normalen Alltag zurück und schließlich dachte ich wieder weniger über das Glücklichsein mit Jesus als über meine eigenen Schwierigkeiten nach. Ich fühlte mich nicht gut, weil ich, als ich Jesus gegenüberstand, nicht gewusst hatte, wie ich mit ihm reden sollte oder wie ich seine Freude teilen konnte. Und so blieb ich mit einem Gefühl der Unvollkommenheit zurück, das sich nach und nach in eine Einladung verwandelte.

Dieses Buch, so glaube ich, ist die Erfüllung eines Auftrags, den Jesus mir vor Jahren in jener Vision gab. Er lud mich ein, sein Glück mit ihm zu teilen. Damals waren mein Glaube zu unsicher und meine Selbstzweifel zu stark, als dass ich mir hätte vorstellen können, ein Leben zu beginnen, das von ständiger Freude geprägt war. Und doch ist eine Einladung von Jesus ein starker Aufruf. Nun bin ich, dank seiner Gnade, diesem Ruf gefolgt.

Durch mein Experiment mit der Freude hat sich mir eine ganz neue Dimension des Christseins eröffnet, die sich mit einer wunderschönen Blume vergleichen lässt, die aus einer lange verschlossenen Knospe aufbricht. Diese neue Spiritualität ist von einer solchen Schönheit, einem Licht und einer Grazie, dass sie mich ganz durchdringt. Ich hatte schon immer vermutet, dass es so etwas gibt, und vieles wies auch darauf hin. Wie anders ist jetzt mein Vertrauen, wo ich den Weg in dieses neue Land kenne und weiß, wie man dort lebt, weil ich selbst entdeckt habe, dass es eine reale Welt ist. Ich glaube! Endlich glaube ich dem Angebot der Bibel, die sagt, dass die Freude ewig währt! Und dieser Glaube reicht aus, um mich die Erfüllung dieser großen Verheißung in meinem eigenen Leben sehen zu lassen. Ich werde nie mehr der sein, der ich einmal war. Der Schleier der Lügen dieser Welt hat sich gehoben, und nun weiß ich ganz gewiss, dass das Leben eines Christen ein Leben in der Freude sein soll. Mit dem Verfasser des Hebräerbriefes kann ich sagen, dass ich bereits „zur Stadt des lebendigen Gottes“ gekommen bin und zur „festlichen Versammlung [...], zur Gemeinde von Gottes erstgeborenen Söhnen und Töchtern“ (Hebräer 12,22-23).

Mein Experiment war über Erwarten erfolgreich. Freude ist tatsächlich zu einem festen Bestandteil meiner Seele und damit zu einem Teil von mir geworden. Ich kann gar nicht verstehen, wie ich fast ein halbes Jahrhundert ohne sie leben konnte! Ich bin heute nicht nur viel glücklicher als vorher, sondern ich weiß, dass es möglich ist, mich weiterhin auf die Freude zuzubewegen und mehr von ihr zu genießen. Auf der Suche nach Freude erreichen wir irgendwann einen Punkt, an dem sich die Waage zu unseren Gunsten neigt. Wir suchen nicht mehr nach dem Glück - wir sind einfach glücklich. Es ist, als würde man von einer Zahlungsverpflichtung befreit. Ohne eine hohe Ratenzahlung, die jeden Monat fällig ist, bekommt man ein ganz neues Lebensgefühl. Schwierigkeiten wird es immer geben, vielleicht sogar sehr gravierende. Aber die Freude fließt weiterhin in die Wunden wie ein sich selbst speisender Strom.

Ist es wirklich möglich, sich immerzu zu freuen? Drei Jahre nach meinem Experiment kann ich Bruder Lorenz noch nicht ganz beipflichten, der sagte: „Ich bin immer sehr glücklich.“ Ich kann aber sagen, dass jeder Tag mit vielen glücklichen Augenblicken erfüllt ist, die so zahlreich sind wie die Sterne am Himmel. Schaue ich in den Himmel, sehe ich zunächst einen ungeheuer weiten, kalten, schwarzen Weltraum. Aber nicht er ist es, der meinen Blick fesselt. Mein Blick und mein Verständnis haben sich verändert. An Gott zu glauben heißt, an das Gute zu glauben und zu erkennen, dass es alles Leid überwiegt. Heute sehe ich überwiegend die schönen Momente der Freude, die immer wieder wie Juwelen in meinem Tagesablauf aufblinken und die kein Haufen zielloser Funken sind, sondern ein großes strahlendes Bild ergeben – eine Vision, die so schön ist, dass sie die Dunkelheit besiegt.

Anmerkungen

[1] Robert Cormier: *Other Bells for Us to Ring.* New York: Delacorte Press, 1990. S. 116–117.

[2] Brian Jones, zitiert in Bertrand Piccard: „Around at Last!“ In: *National Geographic*, September 1999. S. 44.

[3] Bruder Lorenz: *The Practice of the Presence of God.* New York: Image Books, 1977. S. 47 und 56.

[4] Brent Curtis, zitiert in John Eldredge: *Wild at Heart.* Nashville: Nelson, 2001. S. 149.

[5] Roald Dahl: *Going Solo.* New York: Farrar, Straus & Giroux, 1986. S. 112.

[6] John Bunyan: „Pilgerreise“. Lahr: Johannis, 2001. S. 47–48.

[7] Unter www.burtrosenberg.com gefunden (ein Besuch von Burts Website lohnt sich!).

[8] William Butler Yeats: „Sailing to Byzantium“. Aus: *The Collected Poems of William Butler Yeats.* London: Macmillan, 1933. S. 215.

[9] Jerry Spinelli: *Maniac McGee.* Boston: Little, Brown, 1990. S. 102.

[10] E. L. Konigsburg: *From the Mixed-Up Files of Mrs. Basil E. Frankweiler.* New York: Simon & Schuster, 1967. S. 151.

[11] Bruder Lorenz: *The Practice of the Presence of God.* A. a. O. S. 90.

[12] M. Scott Peck: „Der wunderbare Weg“. München: Goldmann Verlag, 1997. S. 15.

[13] Jim Brandenburg: *Chased by the Light: A 90-Day Journey.* Minnetonka, Minn.: NorthWord Press, 1998. S. 28 und 36.

[14] Ron Suseks Buch *Silent Night, Holy War* war 2003 noch nicht veröffentlicht.

[15] T. S. Eliot: *Collected Poems 1909–1962.* London: Faber & Faber, 1963. S. 110.

[16] Franz Kafka, aus einem Brief an Oscar Pollak, 27. Januar 1904. Zitiert in Ernst Pawel: *The Nightmare of Reason: A Life of Franz Kafka.* New York: Farrat, Straus & Giroux, 1984. S. 328.

[17] Robert Brow: *Living totally without Guilt.* Kingston, Ontario: Brow Publications, 1983.

[18] Keit Jarret, zitiert in Terry Teachout: „Directly from the Heart“. In: *Time,* 15. November 1999. S. 51.

[19] C. S. Lewis: „Überrascht von Freude". Wuppertal: Brockhaus 1982. S. 264–265.

[20] Norman Grubb, zitiert in: Dan Stone und Greg Smith: *The Rest of the Gospel.* Dallas: One Press, 2000. S. 23.

[21] Zu diesem Statement gibt es eine Ausnahme, von der ich in meinem Nachwort berichte: Das glücklichste Gesicht, das ich gesehen habe, ist das Gesicht Jesu.

[22] Cynthia Rylant: *All I See.* New York: Orchard Books, 1988.

[23] Michael D. O'Brien: *Strangers And Sojourners.* San Francisco: Ignatius Press, 1997. S. 35.